Wendorff
Im Netz der Zeit

EDITION
UNIVERSITAS

Herausgegeben von Christian Rotta und Ingrid Jung

Weitere erschienene und geplante Titel:

Alexander Roßnagel:
Freiheit im Griff
Informationsgesellschaft und Grundgesetz

Till Bastian:
Herausforderung Freud
Ökologie, Psychotherapie und politisches Handeln

Wolfgang Gerok:
**Ordnung und Chaos
in der unbelebten und belebten Natur**

Manfred Schleker / Ulrich Wacker:
Einmischungen
Israel, der Nahe Osten und die Deutschen

Ulrich Jüdes / Günter Eulefeld / Thorsten Kapune:
Evolution der Biosphäre

Ulrich Lüke:
Evolutionäre Erkenntnistheorie und Theologie

Martin Faulstich / Karl-Erich Lorber:
Ganzheitlicher Umweltschutz

S. HIRZEL
Wissenschaftliche Verlagsgesellschaft Stuttgart

EDITION
UNIVERSITAS

Im Netz der Zeit

Menschliches Zeiterleben interdisziplinär

Herausgegeben von Rudolf Wendorff

Mit Beiträgen von
Gerhard Dohrn-van Rossum · Julius T. Fraser ·
Horst Fuhrmann · Peter Gendolla · Christian
Graf von Krockow · Hermann Lübbe · Theo
Rudolf Payk · Ernst Pöppel · Jürgen P.
Rinderspacher · Gerhard Schmied · Regula Schräder-
Naef · Jean Starobinski · Rudolf Wendorff

S. HIRZEL
Wissenschaftliche Verlagsgesellschaft Stuttgart 1989

CIP-Titelaufnahme der Deutschen Bibliothek

Im Netz der Zeit: Menschliches Zeiterleben interdisziplinär / hrsg. von Rudolf Wendorff. Mit Beitr. von Gerhard Dohrn-van Rossum. ... – Stuttgart: Hirzel; Stuttgart: Wiss. Verl.-Ges., 1989
(Edition UNIVERSITAS)
ISBN 3-8047-1057-3
NE: Wendorff, Rudolf [Hrsg.]; Dohrn-van Rossum, Gerhard [Mitverf.]

© 1989 Wissenschaftliche Verlagsgesellschaft mbH, Birkenwaldstraße 44, 7000 Stuttgart 1
Printed in the Federal Republic of Germany
Satz und Druck: Weberdruck, Pforzheim
Umschlaggestaltung: Atelier Schäfer, Esslingen

Inhalt

Vorwort

Es gibt Kulturen, denen es ziemlich gleichgültig ist, daß Zeit unaufhörlich in einer bestimmten Richtung zu fließen scheint, daß nichts sich wirklich wiederholt oder für eine Weile festgehalten werden könnte, daß jede Lebensstunde eine einmalige Chance ist, daß das Netz der durch Kalender und Uhren gegliederten Zeit schicksalhaft ist für Existenz, Denken, Erleben und Handeln.

Die sogenannte „westliche Zivilisation", der wir angehören in Fortsetzung dessen, was abendländisch-christliche oder europäische Kultur genannt wurde, zeichnet sich dagegen seit ihrer „Geburt" im vorderen Orient durch eine ganz besondere Sensibilität für „Zeit" aus. Wie ein roter Faden zieht sich dies durch etwa drei Jahrtausende hin. Man kann von Jahrhundert zu Jahrhundert verfolgen, wie sich das Zeitbewußtsein ständig gewandelt, wie es auf neue Herausforderungen geantwortet, wie es geschichtliche Erfahrungen, ökonomische und soziale Veränderungen, neue naturwissenschaftliche Erkenntnisse und zivilisatorische Neuerungen aufgefangen und gewissermaßen "verarbeitet" hat.

Gegenwärtig werden alle Erfahrungen im Umgang mit dem Phänomen Zeit in öffentlichem wie privatem Leben kritisch befragt: Überschätzen wir die Bedeutung von Zeit? Lassen wir uns durch Überbe-wertung von Pünktlichkeit und Schnelligkeit, durch immer mehr präzise Sychronisation, durch Zwänge der Zeitdisziplin so überfordern, daß Zeit-Streß uns normale Gelassenheit, ruhiges Selbstbewußtsein und Stunden des Glücks raubt? Sollten wir nach Jahrzehnten fortschrittlicher Zukunftsgläubigkeit nicht wieder das entspannte Verweilen in der Gegenwart entdecken wie den Sinn von Langsamkeit (statt übertriebenen Tempokults) oder in der Meditation mystisches Eindringen in eine überdauernde Schicht zeitloser Ewigkeit?

Bei Beobachtung des Mentalitätswandels in den letzten Jahrzehnten sehen wir, daß die uralte Kategorie „Zeit" oft wie ein unerwartetes modernes Phänomen, als lästiges Kind der industriellen Zivilisation erlebt wurde und auch jetzt von vielen gespürt und vorwiegend negativ empfunden wird. Wer dagegen die Kontinuität kulturellen Wandels über viele Jahrhunderte hinweg überblickt, mag wissend und etwas hochmütig über diese zeitgenössische Aufgeregtheit lächeln und daran denken, daß viele Grundprobleme menschlicher Zeiterfahrung schon früh erkannt und formuliert worden sind. Aber dies kann nicht überdecken, daß insbesondere in der jüngeren Generation eben viele sich an der profanen Erfahrung reiben, daß „Zeit"

ihnen vor allem als ein gewissermaßen
kontingentiertes Gut, als eine quantitativ
meßbare und in vielen Fällen auch bezahl-
bare Ware begegnet und eine vorwiegend
ökonomische Bewertung von Zeit an einer
Minderung unserer Lebensqualität betei-
ligt sei.

Die Autoren dieses Bandes wissen um
die aktuelle Bedeutung der Zeitproblema-
tik, aber sie liefern keine modischen Feuil-
letons mit den üblichen Klagen über das
Leiden an der gegliederten und gemesse-
nen Zeit, sondern sprechen aufgrund ihres
weitergespannten Horizonts über einige
Zeit-Probleme, die über den Tag hinaus
von Bedeutung sind. Dazu mögen einige
Bemerkungen vorangestellt sein.

Seit etwa hundert Jahren fragt die Psychologie danach, was zwischen Vergangenheit und Zukunft eigentlich den gegenwärtigen Augenblick ausmacht, wie er zu
erfassen und vielleicht präziser zu bestimmen sei. Erst in neuerer Zeit wurden dazu
konkrete Erkenntnisse gewonnen, über
die der Direktor des Instituts für medizinische Psychologie in München hier berichtet. Zu dem praktischen Problem des „Kei-
ne-Zeit-Habens" schreibt eine erfahrene
schweizer Psychologin und Pädagogin, die
das oft allzu unüberlegte Jammern über
Zeitmangel in den vernünftigen Zusammenhang stellt. Wie man sich den Tag am
besten einteilt und ausschöpft, wenn man
ihn denn für wertvoll hält, zeigt in einem
Gang von der Antike bis ins 19. Jahrhundert Jean Starobinski aus Genf. Es ist erstaunlich, daß diese Thematik bisher so gut
wie nie und so gründlich und lebendig wie
hier dargestellt worden ist. In einer weiteren historischen Betrachtung zur Entwicklung des Zeitbewußtseins in Europa wird
gezeigt, wie sich von den technischen Voraussetzungen der Schlaguhr her seit dem
Mittelalter eine „öffentliche Zeit" Schritt
um Schritt durchsetzte und welche Folgen

sich aus der nun allgegenwärtigen Stundenrechnung ergaben.

Daß die führenden Männer der internationalen Zeit-Forschung nicht nur die
ständig tickende Uhrzeit, sondern gelegentlich auch das Gegenteil, die Sehnsucht
nach Zeitlosigkeit, im Blick haben, wird in
dem Beitrag des Amerikaners J.T. Fraser
deutlich, der als Gründer der International
Society for the Study of Time und mit ge-
wichtigen vorwiegend naturwissenschaftlichen Veröffentlichungen heute die zentrale Figur der interdisziplinären und internationalen Zeitforschung ist.

Unser als „normal" angesehenes Zeitverständnis wird erst dort ganz deutlich,
wo es mit Zeiterlebnissen anderer Art kon-
trastiert wird, die der Psychiater als „Abweichungen" beobachtet. Der Verfasser
eines Grundrisses der Chronopathologie
unter dem Titel „Mensch und Zeit" handelt nicht nur von den Deformationen des
Zeitsinns, sondern unternimmt auch notwendige Begriffsklärungen wie in der
Unterscheidung psychologischer, historischer und physikalischer Zeit. Der Soziologe und Politikwissenschaftler Graf von
Krockow gibt einen sehr anschaulichen gedrängten Überblick über die wichtigsten
und meistdiskutierten Zeitprobleme in den
modernen Industriegesellschaften. Ein
jüngerer, den Zeit-Forderungen der deutschen Gewerkschaften nahestehender
Wissenschaftler aus dem Feld von Soziologie und Theologie wurde aufgefordert,
über aktuelle Probleme hinaus in der jüngeren Vergangenheit den Zusammenhängen zwischen Ökonomie und Zeit nachzu-
gehen — einem Feld, das erstaunlicherwei-
se erst in allerletzter Zeit wissenschaftlich
und publizistisch stärkere Beachtung findet. Der Herausgeber dieses Bandes skizziert Formen des in der Dritten Welt vor-
herrschenden, aber nach regionalen Kul-
turkreisen wiederum differenzierten Zeit-

bewußtseins, die sich vom europäischen Denken stark unterscheiden. Dabei geht es nicht zuletzt um Schwierigkeiten, die von diesen Zivilisationsvoraussetzungen her für wirtschaftliches Denken und Handeln folgen.

Bei historischen Betrachtungen zum Zeitbewußtsein, beim Vergleich mit dem Zeitverständnis in anderen Kulturen sowie in systematischer Hinsicht stößt man immer wieder auf das Gegensatzpaar von zyklischer und linearer Zeit, ohne daß damit immer ausreichend klare Vorstellungen verbunden werden. Es schien deshalb an der Zeit, diesen Begriffen historisch und systematisch nachzuspüren. Dabei ist es gelungen, auch die Verbindung zur Gegenwartsproblematik sichtbar zu machen. Für Peter Gendolla folgt auf die zyklische Zeiterfahrung der alten Völker und die lineare des Christentums und der modernen westlichen Welt jetzt eine Art „Punkt-Zeit". Damit zieht er eine Konsequenz aus Entwicklungen der modernen Informationstechnologie mit einer Minimalisierung der historischen Dimension zu einer Art „flimmernder Gleichzeitigkeit".

Der deutsch-schweizerische Historiker und Politikwissenschaftler Hermann Lübbe macht uns nachhaltig darauf aufmerksam, daß wir gewissermaßen immer mehr Vergangenheit und weniger Zukunft im Blick und im Griff haben, weil sich das zivilisatorische Entwicklungstempo weiterhin beschleunigt. Dadurch verändert sich zwangsläufig langfristig unser Verständnis des Phänomens „Geschichte" überhaupt. Den Abschluß bildet ein Essay des Doyens der deutschen Mittelalterforschung, des Präsidenten der Monumenta Germaniae Historica, über die Art, wie seit dem Mittelalter der Vergangenheit im kalendarischen Rahmen gedacht wurde — ein Beitrag, dessen hin und wieder durchschimmerndes Schmunzeln uns auch anregen könnte. Zeit ernst, aber niemals zu ernst zu nehmen.   R.W.

Gegenwart — psychologisch gesehen

Ernst Pöppel, München

Mit dem Begriff Gegenwart ist jene kurze Zeitstrecke angesprochen, die gleichsam an der Grenze von Vergangenheit und Zukunft liegt. Sie kann auch als „Jetzt" bezeichnet werden. Hat Gegenwart, hat der erlebte Augenblick eine zeitliche Dauer?

Geht man von einem Begriff von Gegenwart aus, der sich an der Physik orientiert, dann könnte man meinen, daß Gegenwart eigentlich keine Ausdehnung haben dürfte, sondern mit Gegenwart das gemeint ist, was die Grenze zwischen Vergangenem und Zukünftigem bestimmt. Wir können für diese Überlegung den Zeitbegriff von Isaac Newton heranziehen, der gesagt hat: „Die absolute, wahre und mathematische Zeit fließt aus sich selbst heraus gemäß der ihr eigenen Natur gleichförmig dahin, ohne Beziehung zu etwas Äußerem."[1] Auf der Grundlage eines solchen Zeitbegriffs können wir nur meinen, daß das, was als Gegenwart aufgefaßt wird, ausdehnungslos sein muß und sich gleichsam punktförmig bewegt, wobei dieser Punkt kontinuierlich Vergangenheit von Zukunft trennt.

Wenn wir jedoch in der Alltagserfahrung von etwas Gegenwärtigem sprechen, dann meinen wir damit nicht nur einen ausdehnungslosen Zeitpunkt, sondern wir haben den Eindruck, als müsse es sich hier um ein *Zeitintervall* handeln, das subjektiv für eine bestimmte Dauer verfügbar ist. Einen solchen Gegenwartsbegriff, der nicht punktuell aufzufassen ist, kann man bei dem Kirchenvater Augustinus finden, der im 11. Buch seiner „Bekenntnisse" geschrieben hat, daß wir davon ausgehen müssen, daß es *nur* Gegenwart gibt.[2] Er vertrat die Auffassung, daß Vergangenheit und Zukunft nur als Gegenwärtiges verfügbar sind und zwar ist die Gegenwart des Vergangenen die Erinnerung (memoria) und die Gegenwart des Zukünftigen die Erwartung (expectatio). Nehmen wir

Prof. Dr. **Ernst Pöppel**, geb. 1940 in Schwessin/Pommern. Wissenschaftliche Arbeiten an den Max-Planck-Instituten für Verhaltensphysiologie und Psychiatrie, am Massachusetts Institute of Technology, Cambridge/USA, und seit 1977 am Institut für Medizinische Psychologie in München. Habilitationen für Sinnesphysiologie 1974 an der Medizinischen Fakultät der Universität München und für Psychologie 1976 an der Naturwissenschaftlichen Fakultät der Universität Innsbruck. Veröffentlichungen zur zeitlichen Struktur des Erlebens und Verhaltens und zu Problemen der visuellen Wahrnehmung.

Prof. Dr. Ernst Pöppel, Institut für Medizinische Psychologie, Goethestraße 31/I, 8000 München 2

einen solchen der unmittelbaren Erfahrung näheren Begriff von Gegenwart, dann können wir prüfen, ob hiermit auch eine Dauer gemeint ist, die meßbar ist. Dazu soll in der folgenden Erörterung ein Umweg gegangen werden, um uns einen Weg zu einem besseren Verständnis des psychologischen Gegenwartsbegriffes zu weisen.

Die Grenze zwischen Gleichzeitigkeit und Ungleichzeitigkeit

Fragen wir uns, wie Zeiterleben in unserem subjektiven Erleben aufgebaut ist, dann lassen sich verschiedene elementare Zeiterlebnisse nennen, die wir unterscheiden können.[3] Diese elementaren Zeiterlebnisse sind hierarchisch aufeinander bezogen und lassen sich jeweils bestimmten Prozessen des Gehirns und unserer Erfahrung zuordnen. Die grundlegendste Zeiterfahrung ist die der Gleichzeitigkeit. Aus der Gleichzeitigkeit definiert sich die Möglichkeit von Ungleichzeitigkeit. Damit Ereignisse als ungleichzeitig erfahren werden können, muß eine bestimmte zeitliche Grenze zwischen ihnen überschritten werden.

Es ist eine interessante Beobachtung der psychologischen Forschung, daß Ungleichzeitigkeit von Ereignissen an die Funktionsweise unserer Sinnesorgane gebunden ist. Man hat festgestellt, daß das Hören durch das kürzeste Intervall zwischen Gleichzeitigkeit und Ungleichzeitigkeit gekennzeichnet ist. Ein Experiment sieht beispielsweise so aus, daß man über einen Kopfhörer zwei kurz dauernde Töne anbietet (in jedes Ohr einen), und man die Versuchsperson fragt, ob sie jeweils einen oder zwei Töne gehört hat. Man stellt fest, daß dann, wenn die beiden Töne physikalisch gleichzeitig sind, nur ein Ton gehört wird und nicht zwei. Dieser eine Ton wird merkwürdigerweise in der Mitte des Kopfes gehört. Fügt man nun ein kleines zeitliches Intervall zwischen die beiden Töne, so daß der eine beispielsweise eine Tausendstelsekunde später als der andere auftritt, dann hört man immer noch einen Ton, das heißt die beiden Reize werden zu einem Wahrnehmungsakt verschmolzen, doch wird dieser Ton nicht mehr an derselben Stelle im Kopf gehört. Daraus folgt bereits, daß physikalische Ungleichzeitigkeit – in diesem Falle eine Tausendstelsekunde Unterschied – nicht hinreichend ist, um subjektiv den Eindruck zu bewirken, daß es sich hier um zwei Ereignisse handelt. In diesem Fall liegt der zeitliche Unterschied zwischen den beiden Reizen noch unterhalb einer zeitlichen Fusionsschwelle, so daß ein einziger Stimulus gehört wird. Beträgt die zeitliche Grenze zwischen den beiden Reizen jedoch mehr als etwa drei Tausendstelsekunden, dann wird vom Hörer berichtet, daß plötzlich nicht mehr einer, sondern zwei Töne gehört werden. Bei dieser Grenze ist also der Schritt von der Gleichzeitigkeit zur Ungleichzeitigkeit gegeben.

Von der Ungleichzeitigkeit zur zeitlichen Folge

Nun könnte man meinen, daß jemand, der wie in dem beschriebenen Experiment, zwei Töne statt einen hört, auch in der Lage sein sollte, deren zeitliche Aufeinanderfolge anzugeben. Da die beiden Reize physikalisch ungleichzeitig sind und zwei Reize gehört werden, sollte die hinreichende Bedingung erfüllt sein, auch die zeitliche Abfolge der Ereignisse anzugeben. Merkwürdigerweise ist dies jedoch nicht der Fall. Man ist nicht in der Lage, bei derart kleinen Zeitunterschieden, wenn deutlich zwei Reize gehört werden, diese in eine zeitliche Ordnung zu stellen. Es muß deshalb mehr Zeit zwischen den beiden Reizen verstreichen, um von der Erfahrung der Zweiheit der Reize zur Erfahrung einer zeitlichen Folge fortzuschreiten. Dieses Intervall liegt etwa bei 30 Tausendstelsekunden. Wir sprechen in diesem Fall von einer zeitlichen Ordnungsschwelle, die beim Hörsinn etwa zehnmal so hoch liegt wie die zeitliche Fusionsschwelle. Zwischen der Fusionsschwelle von 3 und der Ordnungsschwelle von etwa 30 Tausendstelsekunden bewegen wir uns also in einem Bereich von Ungleichzeitigkeit, in dem wir bereits wissen, daß es sich um verschiedene Ereignisse handelt, in dem wir aber nicht sagen können, welches der erste und welches der zweite Reiz war.

Führt man ein ähnliches Experiment in einem anderen Sinnessystem durch (beispielsweise das Sehen), so stellt man fest, daß beim Sehen ebenfalls ein Unterschied besteht zwischen der Erfahrung von Einheit gegenüber Zweiheit und zeitlicher Ordnung. Allerdings ist der visuelle Sinn sehr viel träger als der Hörsinn, so daß die Fusionsschwelle viel höher liegt, etwa bei 20 bis 25 Tausendstelsekunden (unter optimalen Bedingungen). Das zeitliche Unsicherheitsintervall, das den Übergang von dem Eindruck der Zweiheit zur zeitlichen Ordnung angibt, ist also viel kleiner als beim Hörsinn. Während man beim Sehen und Hören einen deutlichen Unterschied vom Übergang der Gleichzeitigkeit zur Ungleichzeitigkeit beobachtet, findet man dagegen in beiden Sinnessystemen experimentell Gleichheit für jenes Zeitintervall, das uns subjektiv zeitliche Ordnung verfügbar macht.

Eine zeitliche Gemeinsamkeit verschiedener Sinnessysteme: Ereignisidentifikation

Hier deutet sich ein interessantes Prinzip der neuronalen Verarbeitung zeitlich verteilter Reize an. Das Phänomen der Gleichzeitigkeit gegenüber der Ungleichzeitigkeit ist abhängig von der Funktionsweise unserer Sinnesorgane. Jedes Sinnesorgan ist durch einen eigenen Transduktionsmechanismus gekennzeichnet, das heißt die Umwandlung von physikalischen Reizen in „Gehirnsprache" ist jeweils völlig verschieden, wobei die Zeitkonstanten dieser Umwandlungsprozesse unterschiedlich sind. Dies erklärt, daß die Schwelle zur Ungleichzeitigkeit für die bisher untersuchten Systeme, nämlich den Tastsinn, den Hörsinn und den Sehsinn, verschieden ist. Im Gegensatz dazu ist für die drei untersuchten Sinne die Angabe der zeitlichen Ordnung im selben Zeitbereich von etwa 30 Tausendstelsekunden zu beobachten. Diese Beobachtung weist darauf hin, daß für die Angabe einer zeitlichen Ordnung in den drei Sinnessystemen ein einheitlicher Mechanismus benutzt wird.

Ungleichzeitigkeit ist notwendig aber nicht hinreichend, um eine zeitliche Ordnung zu definieren. Physikalische Ungleichzeitigkeit war notwendig aber nicht hinreichend, um subjektive Ungleichzeitigkeit zu gewährleisten. Wir sehen, daß der Übergang von Gleichzeitigkeit zu Ungleichzeitigkeit von einem anderen Mechanismus abhängig ist als der Übergang von Ungleichzeitigkeit zur zeitlichen Folge. Da das *eine* jeweils Voraussetzung für das *andere* ist, kann man von einer hierarchischen Struktur im Aufbau unserer zeitlichen Erfahrung sprechen.

Damit man sagen kann, etwas ist in eine zeitliche Ordnung gestellt, ist Voraussetzung, daß ein Ereignis als solches erkannt worden ist. Mit der Angabe über jenes Intervall, das notwendig ist, um zeitliche Ordnung zu bestimmen, machen wir gleichzeitig eine Angabe über jenes Zeitintervall, das mindestens benötigt wird, um ein Ereignis als solches zu identifizieren. Offenbar verfügt das menschliche Gehirn über einen Mechanismus, der dadurch gekennzeichnet ist, daß er etwa 30 Tausendstelsekunden benötigt, um ein Ereignis festzuhalten. Erst wenn ein Ereignis definiert ist, läßt es sich in eine zeitliche Ordnung stellen. Reize, die schneller aufeinander folgen, können von dem menschlichen Gehirn nicht mehr getrennt verarbeitet werden, sondern werden zu einem Ereignis zusammengefaßt.

Die Drei-Sekunden-Segmentierung des Erlebens

Die Informationsverarbeitung des menschlichen Gehirns ist nun durch einen weiteren Mechanismus gekennzeichnet, der an den Begriff der subjektiven Gegenwart heranführt. Einzelne Ereignisse, die identifiziert und in eine zeitliche Folge gestellt worden sind, werden mit Hilfe dieses Mechanismus zu Wahrnehmungsgestalten zusammengefaßt. Elemente einer Folge werden nicht isoliert aufgenommen, sondern bilden in der Wahrnehmung stets den Teil einer umfassenderen Gestalt. Dieser Integrationsmechanismus folgt hierarchisch auf jenen, der die Ereignisidentifikation ermöglicht. Wir fragen uns nun, ob es für die Integration aufeinanderfolgender Ereignisse zu solchen Gestalten eine zeitliche Grenze gibt.

Zu dieser Frage gibt es zahlreiche Experimente, die darauf hinweisen, daß eine solche Grenze der Integration in der Tat gegeben ist, und zwar im Bereich um die drei Sekunden. Bereits seit über 100 Jahren ist aus der psychophysischen Forschung bekannt, daß man mit einer maximalen Integrationszeit aufeinanderfolgender Reize bis zu etwa drei Sekunden zu rechnen hat. In einem typischen psychophysischen Experiment wird zum Beispiel folgendes verlangt: Eine Versuchsperson bekommt den Auftrag, zwei Reize hinsichtlich ihrer Intensität miteinander zu vergleichen. Damit der Vergleich möglich ist, müssen die Reize nacheinander geboten werden. Es wurde festgestellt, daß bis zu einer Grenze von etwa drei Sekunden ein sinnvoller Vergleich zwischen den Reizen möglich ist. Wird die zeitliche Grenze zwischen den Reizen größer, dann kommt es zu einem systematischen Fehler, der als Zeitfehler in der Psychophysik bekannt ist. Offenbar ist nach einer Dauer von etwa drei Sekunden die neuronale Spur des ersten Reizes derart verblaßt, daß es bei größeren Zeitabständen zu einer Überschätzung des zweiten Reizes kommt.

Solche Vergleichsuntersuchungen sind auch mit Zeitdauern selbst durchgeführt worden. Bekommt eine Versuchsperson den Auftrag, die Dauer eines Reizes zu reproduzieren, dann stellt man fest, daß bis zu etwa drei Sekunden eine sehr präzise Reproduktion möglich ist; wird der zeitliche Abstand jedoch größer, dann kommt es zu einem Verblassen der Spur und die Reproduktionsdauer des zuerst gebotenen Intervalls sinkt unter ein Niveau herab. Es scheint, als würde ein Behälter in seiner Kapazität überfordert werden.[4] Solche Befunde lassen sich erklären durch einen Integrationsmechanismus des Gehirns, der in seiner Kapazität auf wenige Sekunden beschränkt ist.

Neben diesen klassischen Experimenten aus der Psychophysik gibt es zahlreiche andere Beobachtungen, die nahelegen, daß es eine Grenze der Integration gibt. Die natürliche Segmentierung der spontanen Sprache weist beispielsweise auch darauf hin. Wenn man einem Sprechenden zuhört, wird man feststellen (dies läßt sich auch messen), daß spontane Sprache zeitlich segmentiert ist. Nach etwa zwei bis vier Sekunden tritt meist eine Pause im Sprechen auf. Diese Segmentierung scheint daran zu liegen, daß die syntaktischen Einheiten von Sätzen nicht weiter in die Zukunft voraus geplant werden können als für ein paar Sekunden. Die zeitliche Segmentierung in der Sprache führt dazu, daß spontane Sprache gleichsam rhythmisiert erscheint.

Von Linguisten ist vermutet worden, daß dieser Aspekt der spontanen Sprache einen guten Sinn hat. Wenn die Sprache rhythmisch organisiert ist, dann kann der Hörer sich auf den Rhythmus des Sprechers einstellen und damit seine mentale Belastung reduzieren, indem er aufgrund der Synchronisation leichter das antizipieren kann, was in jedem nächsten Segment geäußert wird.

Subjektive Gegenwart als Ausdruck einer zeitlichen Segmentierung unseres Erlebens

Es wird nun der Vorschlag gemacht, daß die Integration von Information in Zeitintervallen von etwa drei Sekunden jenes Zeitintervall definiert, das wir subjektiv als gegenwärtig erleben. Die Gegenwart erhält so einen experimentell testbaren Sinn. Wir bezeichnen das als gegenwärtig, was uns jeweils für wenige Sekunden mental verfügbar ist. Diese Verfügbarkeit beruht auf einem Integrationsmechanismus des Gehirns, der über eine zeitliche Grenze von wenigen Sekunden hinaus nicht wirksam ist.

Mit dieser Auffassung, was Gegenwart im psychologischen Sinn bedeuten könnte, lassen sich nun verschiedene weitere Überlegungen anstellen. Man muß sich zunächst fragen, wie es möglich ist, daß wir trotz dieser zeitlichen Segmentierung dennoch das Gefühl einer Kontinuität in der Zeit haben. Dies scheint daran zu liegen, daß mit der Drei-Sekunden-Segmentie-

rung nur ein *formaler* Aspekt der Informationsverarbeitung des Gehirns und des Bewußtseins gekennzeichnet ist. *Was* jeweils repräsentiert ist – das Inhaltliche also –, ist das Wesentliche unserer geistigen Tätigkeit. Die Kontinuität unseres Erlebens wird dadurch gewährleistet, daß es eine inhaltliche Verknüpfung, eine semantische Vernetzung der verschiedenen Bewußtseinsinhalte gibt. Was jeweils in einem „Gegenwartsfenster" repräsentiert ist, und was im nächsten repräsentiert ist, das ist inhaltlich voneinander abhängig. Da das Inhaltliche für uns wichtig ist, fällt uns die formale Struktur, die zeitliche Segmentierung, nicht auf. Wird sie jedoch hinterfragt, dann stellt man fest, daß hier eine formale zeitliche Struktur vorliegt, die darauf hindeutet, daß eine Integration über wenige Sekunden hinaus nicht möglich ist.

Es gibt ein bemerkenswertes Phänomen in der Psychiatrie, nämlich die formale Denkstörung bei manchen schizophrenen Patienten, die dadurch gekennzeichnet ist, daß die semantische Vernetzung von jeweils in einem Gegenwartsfenster Repräsentierten nicht mehr möglich ist, so daß einzelne Bewußtseinsinseln wie isoliert in der Zeit liegen. Aufgrund der fehlenden inhaltlichen Verknüpfung aufeinander folgender Gegenwartsfenster kommt es zu einer Diskontinuität des Erlebens. Dieses pathologische Phänomen weist auf einen aktiven Mechanismus hin, der normalerweise unsere geistige Tätigkeit kennzeichnet.[5]

Die Drei-Sekunden-Segmentierung in der Kunst

Die subjektive Gegenwart als ein Drei-Sekunden-Fenster in der Zeit läßt sich auch im künstlerischen Bereich beobachten. Im musikalischen Bereich wurde festgestellt, daß viele Motive in der klassischen

Musik in ein Drei-Sekunden-Segment hinein zu fallen scheinen. Man denke beispielsweise an das berühmte Motiv aus Beethovens 5. Symphonie bzw. an das Holländer Motiv von Richard Wagner. Möglicherweise haben Komponisten implizit und ohne es zu wissen musikalische Motive häufig so gestaltet, daß sie optimal in ein zeitliches Integrationsintervall hinein passen, das den Menschen eigen ist.

Ein anderer Bereich, in dem zeitliche Segmentierung in Drei-Sekunden-Intervallen eine Rolle spielt, scheint die Dichtkunst zu sein.[6] Es wurde bereits darauf hingewiesen, daß spontane Sprache sich an eine Drei-Sekunden-Segmentierung zu halten scheint. Man kann nun feststellen, daß in Gedichten verschiedener Sprachen Verszeilen ebenfalls an ein zeitliches Fenster von etwa drei Sekunden angepaßt sind. Der Leser möge sich die zitierten Zeilen von Heinrich Heine laut vorlesen und dabei mit Hilfe des Sekundenzeigers seiner Uhr die Richtigkeit der Beobachtung überprüfen:

Zu fragmentarisch ist Welt und Leben!
Ich will mich zum deutschen Professor
begeben.
Der weiß das Leben zusammenzusetzen,
und er macht ein verständlich System daraus;
Mit seinen Nachtmützen und Schlafrockfetzen
stopft er die Lücken des Weltenbaus.

Es gibt keinen erkennbaren Grund in der Sprache selbst — beispielsweise in den syntaktischen Möglichkeiten —, der für die Drei-Sekunden-Segmentierung bei Verszeilen verantwortlich gemacht werden könnte. Offenbar unterliegt der Dichter von vornherein in seinem Schaffensprozeß den Randbedingungen zeitlicher Gestaltung, die vom Gehirn vorgeschrieben werden. Die Universalität dieser Beobachtung, daß sie in allen bisher untersuchten Sprachen gilt, weist auf einen einheitlichen Mechanismus hin, der alle Menschen kennzeichnet. Hier wird behauptet, daß die einheitliche Segmentierung in der Dichtkunst Ausdruck eines zeitlich begrenzten Integrationsmechanismus ist. Dieser Mechanismus ist die Grundlage der subjektiven Gegenwart — und der Vers des Gedichtes ist die künstlerische Gestaltung der Gegenwart.

[1] *Newton, J.:* Mathematical principles of natural philosophy. In: J. J. C. Smart (ed.): Problems of space and time. New York 1964. — [2] *Augustinus:* Bekenntnisse (Confessiones). München 1955 (Orig. 397/398). — [3] *Pöppel, E.:* Grenzen des Bewußtseins. Über Wirklichkeit und Welterfahrung. Stuttgart 1985. — [4] *Pöppel, E.:* Oscillations as possible basis for time perception. Studium Generale 24 (1971), S. 85 bis 107. — [5] *Pöppel, E.:* Taxonomie des Subjektiven auf der Grundlage eines pragmatischen Monismus. In: F. Böcker / W. Weig (Hrsg.): Aktuelle Kernfragen der Psychiatrie. Berlin 1988. — [6] *Turner, E. / Pöppel, E.:* The neural lyre: Poetic meter, brain and time. Poetry, August 1983, p. 227 – 309.

Zeit als Belastung?

Regula D. Schräder-Naef, Zürich/Schweiz

„Zeit" ist für die meisten Menschen – zumindest in den Industrienationen – ein mit starken Gefühlen besetzter Begriff. Er weckt Sehnsüchte und schürt Ängste. Zeitprobleme scheinen zum modernen Leben zu gehören wie Fernsehen und Kühlschrank – die Zahl der Menschen, die mit der Verwendung ihrer Zeit zufrieden sind, dürfte sehr klein sein.

Zeitnot ist ein so allgegenwärtiges Problem, daß kaum jemand nach den Ursachen fragt, sondern jeder schon die Antwort für gegeben hält: Er oder sie ist überlastet, hat zuviel zu tun, es bleibt keine Zeit für die wirklich wichtigen Dinge. Die Zeit wird als Belastung empfunden, die Beziehung dazu ist gestört, zwiespältig, konfliktreich.

Erscheinungsformen von Zeitproblemen

Die Störung der Beziehung zur Zeit äußert sich auf verschiedene Weise:

Hektik und Streß

Die auffälligste und verbreitetste Form zeigt sich im Gefühl, daß die zur Verfügung stehende Zeit nicht ausreicht. Die Arbeitszeit oder auch die 24 Stunden des Tages sind zu wenig, um allen Verpflichtungen nachzukommen und alle Bedürfnisse zu befriedigen. Daraus ergibt sich ein permanenter Zeitdruck. Ein großer Ar-

beitsberg erhebt sich vor den Betroffenen, versperrt den Überblick und erstickt jeden Versuch, den Tagesablauf selbst zu bestimmen: Das Bemühen, möglichst viel zu erledigen, führt zu Hektik und Planlosigkeit. Die Tätigkeit wird häufig gewechselt, weil immer wieder eine andere Aufgabe noch dringender erscheint oder weil Störungen

Regula Schräder-Naef, geb. 1943 in Zürich. Psychologiestudium in Zürich und Richmond. Virginia/USA. 1968 bis 1971 wiss. Mitarbeiterin am Institut für Arbeitspsychologie der Eidgenöss. Technischen Hochschule Zürich, 1972 – 1974 wiss. Mitarbeiterin an der Pädagogischen Abteilung der Erziehungsdirektion (Kultusministerium) des Kantons Zürich, 1974 – 1986 in der Bundesrepublik freiberuflich als Kursleiterin und Autorin tätig, seit 1986 Leiterin der Dienststelle für Erwachsenenbildung der Pädagogischen Abteilung der Erziehungsdirektion Zürich. Veröffentlichungen, u. a.: „Rationeller Lernen lernen" Weinheim, 15. Auflage 1989; „Schüler lernen Lernen", Weinheim 1976; „Von der Mittelschule zur Hochschule", Bern 1980; „Keine Zeit?", Weinheim 1984; „Was ist wissenswert?", Weinheim 1987.

Regula Schräder-Naef, Jacob-Burckhardt-Straße 19, CH-8049 Zürich/Schweiz

und Unterbrechungen dies verlangen. Da anspruchsvollere Arbeiten in der Regel eine Anlaufzeit und eine längerdauernde intensive Auseinandersetzung erfordern, ergibt sich aus diesem Vorgehen eine geringe Effizienz: Der Berg bleibt bestehen und kann weder abgebaut noch umgangen werden. Für jede erledigte Aufgabe kommen einige neue dazu, wobei gerade die zentralen und wichtigsten meist nur angefangen und verschoben werden.

Wer unter Streß steht, ist von Unruhe erfüllt und kann sich nicht auf die vor ihm liegende Arbeit konzentrieren, weil er ständig an die anderen Verpflichtungen denken muß. Am Abend ist er unzufrieden, weil er — meist zu Recht — das Gefühl hat, zuwenig und die falschen Dinge erledigt zu haben. Die in der Hektik des Tagesablaufes getroffenen Entscheidungen werden in Zweifel gezogen; ein Gefühl des Ungenügens und die Erkenntnis, nur auf Störungen reagiert, mit Mühe einen Termin nach dem andern eingehalten und dazwischen keine Zeit zur Verarbeitung, zur Planung oder Gestaltung gehabt zu haben, begleiten diese Einsichten.

Um seinen Pflichten dennoch nachkommen zu können, muß der Überlastete Überstunden leisten. Die körperlichen und sozialen Bedürfnisse werden vernachlässigt; der Hektiker fühlt sich getrieben und treibt sich selber an.

Als Symptom für die gestörte Beziehung zur Zeit kann auch die Tatsache gelten, daß Schlafmittel heute zu den verbreitetsten Medikamenten gehören: Hektik und Streß, die Gedanken an die unerledigten Arbeiten verhindern eine Entspannung und einen natürlichen Schlaf. Eine schlaflose Nacht wird aber als ineffizient angesehen: Tabletten sorgen dafür, daß die Nachtstunden nicht „ungenutzt" verstreichen.

Schlechtes Gewissen

Während der hektisch Arbeitende für alle Außenstehenden erkennbar unter Streß steht und deshalb wohl auch mit Mitleid und Nachsicht behandelt wird, spielen sich andere Zeitprobleme mehr im Innern des Betroffenen ab. Von der Umwelt erntet er öfter Vorwürfe als Verständnis.

Das schlechte Gewissen als Hauptsymptom von Zeitproblemen zeigt sich vor allem bei Berufen, in denen die Aufgaben nicht selbst gewählt werden können, sondern von mehreren Seiten erteilt werden; viele Mütter mit mehreren Kindern und berufstätige Mütter leiden darunter. Die Sekretärin, die für mehrere Mitarbeiter schreibt, ist ständigen Konflikten ausgesetzt, denn jeder betont, wie wichtig gerade seine Berichte und Briefe sind. Die Mütter stehen laufend vor der Entscheidung, welche Bedürfnisse sie befriedigen und welche sie vertrösten wollen. Gleichgültig, wie sie sich entscheiden — manche Forderungen bleiben unerfüllt und bilden Anlaß zu stillen oder offenen Vorwürfen.

Das schlechte Gewissen ergibt sich aus der Übernahme der Erwartungen der andern, sowie aus Illusionen über die eigenen Möglichkeiten und die effektiv verfügbare Zeit. Man nimmt sich mehr vor, verspricht und sichert zu, wobei die Entschuldigung, daß dieses oder jenes nicht erledigt werden konnte, bereits vorprogrammiert ist.

Wechselbäder

Das Unbehagen über die Verwendung der eigenen Zeit führt bei vielen Menschen zu heroischen Vorsätzen, ihr Leben in Zukunft anders zu gestalten, rationell zu planen, Prioritäten zu setzen und die gutgemeinten Ratschläge der anderen zu verwirklichen.

Oft sind es auch Schlüsselerlebnisse, wie eine verpatzte Prüfung, eine berufliche

Schlappe, körperliche Beschwerden oder eine schwere Krankheit, die den Betroffenen zum Nachdenken zwingen und ihm die Erkenntnis aufdrängen, daß seine Tagesgestaltung nicht mit seinen Bedürfnissen übereinstimmt. Es kommt zur „Umkehr durch Vernunft" — ohne daß sich aber die Beziehung zur Zeit ändert.

Meist können die guten Vorsätze deshalb nicht lange durchgehalten werden: Im Widerstreit zwischen Pflicht und Neigung, die der Betroffene glaubt, nicht in Einklang bringen zu können, erweisen sich die alten Gewohnheiten als stärker. Resigniert oder unmerklich kehrt er zu den früheren Verhaltensweisen zurück: Manch einer nimmt sich vor, sich in Zukunft systematisch weiterzubilden, regelmäßig Sport zu treiben, sich mehr um die Kinder zu kümmern, und läßt es bei kurzen Anläufen bewenden. Viele Vorsätze, seiner Einsicht entsprechend zu handeln, versickern auf diese Weise. Möglicherweise folgt allerdings bald ein neues Schlüsselerlebnis und damit die nächste Gewaltanstrengung...

Weil beide Phasen unbefriedigend verlaufen, wird früher oder später immer wieder von der zwanghaften Zeiteinteilung zum Verzicht auf jede Planung und zurück gewechselt.

Die Belastung durch zuviel Zeit

In den dreißiger Jahren wurde in Marienthal eine Untersuchung über die Probleme der Arbeitslosen durchgeführt.[1] Sie wies nach, daß viele erwerbslose Männer ihr Zeitgefühl verloren. Obwohl sie über ein unbegrenztes Zeitbudget verfügten, erschienen die Männer gemäß den Klagen ihrer Frauen unpünktlich zu den Mahlzeiten. Die Zeit zwischen dem Aufstehen und dem Mittagessen füllten sie mit einer Tätigkeit, die normalerweise nicht mehr als zehn Minuten gedauert hätte.

Unter zuviel Zeit leiden nicht nur Arbeitslose. Sowohl Rentner, Berufstätige als auch Hausfrauen können sich mit dem Problem konfrontiert sehen, daß mehr Zeit zur Verfügung steht, als sie mit einer geplanten Tätigkeit füllen können.

Langeweile kann als Ausdruck einer gestörten Beziehung zur Zeit gesehen werden und ist eng verbunden mit den geschilderten Zeitproblemen: Die Angst vor Leere und Langeweile führt oft dazu, daß mehr Aufgaben in Angriff genommen als in Ruhe bewältigt werden können. Langeweile entsteht zudem vor allem dann, wenn sich im hektischen Tagesablauf eine unvorhergesehene Lücke zeigt. Wer gewohnt ist, nur auf die Forderungen der Umwelt zu reagieren, ständig tätig zu sein, fällt in ein schwarzes Loch, wenn — am Wochenende, in den Ferien, bei Arbeitslosigkeit, im Rentenalter — nichts (mehr) vorgegeben ist.

Der Wunsch, den Tag zu füllen oder gefüllt zu erhalten, ist die Kehrseite der sonstigen Hektik. Unter zeitweiliger Langeweile leiden deshalb auch Kinder und Erwachsene, die keine Möglichkeit der eigenen Zielsetzung haben: Manche Berufstätige, die die ganze Woche unter Streß stehen, nehmen sich vor, am Wochenende einmal nichts zu planen und nur zu entspannen — und ertappen sich spätestens am Samstagnachmittag dabei, wie sie unzufrieden im Fernsehprogramm blättern, um über die Runden zu kommen. Bei Kindern läßt sich beobachten, daß sie sich vor allem dann langweilen, wenn im durchgeplanten Tagesablauf eine Lücke bleibt; sie müssen beispielsweise noch eine halbe Stunde warten, bis die Lieblingssendung im Fernsehen beginnt: Zur Überbrückung einer kurzen Zeitspanne lohnt es sich nicht, sich richtig auf ein Spiel einzulassen. Die Langeweile manifestiert sich als mangelnde Bereitschaft zum Engagement.

Ursachen der Zeitprobleme.
Warum ist Zeitnot so allgegenwärtig?

Menschen, die ihre Zeitnot schildern, fühlen sich im allgemeinen als hilflose Opfer einer widrigen Konstellation.

Zweifellos gibt es immer wieder Situationen, aus denen ein besonderer Zeitdruck erwächst: Infolge Urlaub oder Krankheit von Kollegen oder Angehörigen müssen mehr Arbeiten übernommen werden, äußere Ereignisse zwingen zu einem erhöhten Einsatz. Die Allgegenwart von Zeitproblemen läßt sich damit aber nicht erklären.

In früheren Zeitaltern, in der Antike wie unter den primitiven Agrarvölkern, machten die Ruhetage fast die Hälfte des Jahres aus.[2] Später nahm die Arbeitszeit zu, in den letzten hundert Jahren dagegen wieder stark ab.

Das moderne Leben bringt vor allem Zeitersparnis mit sich: Wir müssen uns nicht mehr auf wochenlange Wanderschaften, Kutschenfahrten oder Schiffsreisen begeben — Intercity-Züge und Flugzeuge bringen uns in wenigen Stunden an unser Ziel. Maschinen, Geräte, Rechner, Computer leisten ein Vielfaches des menschlichen Arbeitsvermögens. Die moderne Medizin hat unser Leben verlängert und unsere Krankheitszeiten verkürzt. Berechnungen ergeben, daß der heutige Mensch im Vergleich zu seinen Groß- oder Urgroßvätern einen wesentlich geringeren Teil seines Lebens mit Arbeit verbringt, einen wesentlich größeren dagegen selbst gestalten kann: Werden die Arbeitszeiten pro Woche, pro Jahr und pro Zahl der Lebensjahre zu einem „Lebenszeitbudget" zusammengefügt und als Prozentsatz aller Lebensstunden gemessen, ergeben sich für die Bundesrepublik knapp 14 Prozent — während dieser Wert noch Mitte des 19. Jahrhunderts bei über 30 Prozent lag.[3]

Die Gründe dafür, daß heute die Zeitnot als besonders groß empfunden wird, sind vor allem in psychologischen Faktoren zu suchen.

Gesellschaftliche Normen

Zu den zentralen Bedürfnissen des Menschen gehören das Bestreben, von seinen Mitmenschen akzeptiert zu werden, Anerkennung zu finden, eine sinnvolle Tätigkeit zu verrichten, Erfolg zu haben. Auf welche Weise diese Bedürfnisse befriedigt werden, hängt von den allgemeinen Wertvorstellungen, den gesellschaftlichen Normen auch hinsichtlich der Gestaltung der Zeit ab.

Philosophen und Theologen aller Epochen setzten sich mit der Frage auseinander, wie der Mensch seine Zeit zu nutzen habe. Sie betonten im allgemeinen die Wahlfreiheit des Individuums und die Gefahren, die von einer falschen Wahl ausgehen. Einigkeit herrschte meist, daß das bloße Vergnügen verwerflich sei. Zu unterschiedlichen Schlußfolgerungen kamen sie vor allem bei der Frage, ob der Arbeit oder der Kontemplation erste Priorität einzuräumen sei.

Die protestantische Ethik, die für die Industrienationen wegweisend war, besagt, daß nicht Muße und Genuß, sondern nur Handeln nach dem unzweideutig geoffenbarten Willen Gottes zur Mehrung seines Ruhmes diene. Zeitvergeudung ist die erste und prinzipiell schwerste aller Sünden.[4] Die Existenzberechtigung des Menschen wird aus seiner „Nützlichkeit" für die Gesellschaft abgeleitet, sein Wert über seine Leistung definiert.

Manche Orden streben dagegen eine Harmonie zwischen Aktivität und Meditation an. Die genaue Aufteilung der Tagesstunden zwischen Arbeit und Gebet wird heute noch in manchen Klöstern praktiziert.

In der heutigen Zeit herrscht jedoch die Meinung vor, daß der Mensch auch Zeit „für sich selbst" braucht, daß er nicht nur arbeiten soll, sondern täglich Stunden zur eigenen Gestaltung haben muß.

Zeitnot wird nicht dann empfunden, wenn die Zeit dem Menschen nicht gehört. Sie ergibt sich, wenn er einerseits Entscheidungsmöglichkeiten hat, andererseits die Ansprüche an seine Zeit nicht mit seinen eigenen Zielen und Prioritäten übereinstimmen. Die heutigen Probleme spiegeln somit vor allem die sich widersprechenden Normen: Aus Religion und Erziehungsidealen ist der Gedanke, daß Zeit nützlich verwendet werden muß, tief verwurzelt. Das Streben, ein nützliches Mitglied der menschlichen Gemeinschaft zu sein und seine Existenz zu legitimieren, ist internalisiert. Gleichzeitig wird das Bedürfnis, zumindest einen Teil seiner Zeit frei gestalten, eine Abgrenzung zwischen Arbeit und freier Zeit, die nicht nur der Regeneration und Vorbereitung auf die Arbeit dient, vornehmen zu können, allgemein anerkannt. Daraus ergeben sich nicht nur neue Ansprüche, sondern auch Leistungsstandards, was als „sinnvoll genutzte Freizeit" zu gelten hat.

Zeitmangel wird vor allem im Beruf als Beweis für die eigene Unersetzlichkeit genommen, Tätigsein als Wert an sich gesehen. Diese Einstellung führt beispielsweise dazu, daß viele Leute es vor sich selbst und anderen nicht verantworten können, die anfallende Arbeit zügig zu erledigen und anschließend die freie Zeit zu genießen; stattdessen dehnen sie die Arbeit so lange aus, daß sie den verfügbaren Rahmen füllt. Untätig darf man sich nicht zeigen, nicht gesehen werden. Wer hätte kein schlechtes Gewissen, wenn er mitten im Tag einfach an der Sonne sitzen würde?

Angst vor der Leere

Bewußt oder unbewußt streben viele Menschen nicht nach einem Überfluß, sondern nach einem Mangel an Zeit. Als Wurzel des Bedürfnisses nach möglichst ununterbrochener Tätigkeit kann die Angst vor der Auseinandersetzung mit sich selbst gesehen werden. Bei der Flucht vor den eigenen Problemen wird darauf geachtet, daß keine Lücken im Tagesablauf entstehen. Natürlich bildet sich daraus ein Teufelskreis: Das Verhalten steht nicht in Übereinstimmung mit den eigenen Bedürfnissen. Es darf keine Zeit zum Nachdenken bleiben, um die Unzufriedenheit nicht zutage treten zu lassen, keine Zeit, um Gefühle hochkommen zu lassen, die Frage nach dem Sinn zu stellen. Viele Probleme im Zusammenleben verharren ungelöst, weil die beteiligten Partner es vermeiden, Zeit zu finden, um ihre Konflikte zu besprechen.

Zeit haben – wofür?

Zahlreiche Menschen versichern sich täglich, sie hätten keine Zeit. Fragt man sie wofür, hat jeder eine andere Antwort, auch wenn er sie vielleicht nicht offen ausspricht: Zeit zum Träumen, zum Spielen, zum Nachdenken, für sich selbst, für seine Kinder, für eine schöpferische Tätigkeit.

Wer Zeit für diese Dinge hat, hat sie jedoch nicht gewonnen, weil er schneller gearbeitet hat oder von den Umständen begünstigt ist, sondern weil er sich die Zeit dafür „genommen" hat. Voraussetzung ist die entsprechende Einstellung.

Ein sinnvolles Verhalten beim Umgang mit einem für den Einzelnen begrenzt vorhandenen Gut, wie es die Zeit darstellt, wäre, sich Klarheit über die eigenen Bedürfnisse und Ziele zu verschaffen und die zur Verfügung stehende Zeit einzuteilen.

Dies wird aber nur in begrenztem Ausmaß getan, zuwenig für die zu verrichtenden Pflichten, noch viel weniger für die persönlichen Bedürfnisse. Der Grund liegt teilweise, wie oben ausgeführt, darin, daß viele entsprechend den übernommenen Normvorstellungen glauben, sich diese nicht „gönnen" zu dürfen: Für sich selbst darf die Zeit nur gebraucht werden, wenn sie „übrig" bleibt. Die beschriebenen Mechanismen sorgen jedoch dafür, daß dies entweder gar nicht der Fall ist oder aber unverwendbare „Splitterzeiten" entstehen.

Aus diesen Zusammenhängen erklärt sich auch die widersprüchliche Einstellung gegenüber dem Fernsehen: Kaum jemand äußert den Wunsch, dafür mehr Zeit zu haben. Dennoch verbringen auch jene Leute regelmäßig viele Stunden damit, die angeben, zu für sie wichtigeren Tätigkeiten nicht mehr zu kommen: Zum Fernsehen werden vor allem aber die „Rest-und Splitterzeiten" verwendet — jedoch mit schlechtem Gewissen und ohne das Gefühl, diese Zeit „gestaltet" zu haben.

Verlust der Gegenwart

Die ausgeprägte Fähigkeit, aus seinen Erfahrungen zu lernen und für zukünftige Situationen zu planen und Vorsorge zu treffen, ist ein wichtiges Unterscheidungsmerkmal zwischen Mensch und Tier. Der Mensch kann sich in andere Zeiträume versetzen, sich die Vergangenheit in allen Einzelheiten in Erinnerung rufen und als Richtlinie für sein Verhalten verwenden, oder sich zukünftige Situationen ausmalen — ein wesentlicher Grund für seinen „Aufstieg". Wir sind Produkte unserer Vergangenheit, jede Planung stellt eine Vorwegnahme der Zukunft dar.

Mit diesen wichtigen Eigenschaften sind allerdings auch Gefahren verbunden:

Manche Leute können sich von der Vergangenheit nicht mehr lösen, verharren wehmütig in ihren Erinnerungen oder versuchen jede Situation so anzugehen, wie sie einmal erfolgreich bewältigt wurde. Andere erwarten sich das „wirkliche Leben" immer erst von der Zukunft, wenn ein Abschluß geschafft, eine Beförderung erfolgt, eine Anschaffung getätigt, eine Familie gegründet sein wird — und verbringen ihr ganzes Leben in „Wartestellung". In beiden Fällen sind die Betroffenen niemals ganz „da", setzen sich nicht mit der Gegenwart auseinander und prüfen nicht, wie sie jetzt ihre Probleme lösen können.

Sehnsucht nach Freiheit

Die Kultur des linearen Zeitbewußtseins [5] ist zwar in den westlichen Industrienationen die vorherrschende, aber nicht die einzig mögliche Beziehung zur Zeit. Vor allem in den östlichen Philosophien wird die Zeit gelassener gesehen, nicht als eine fließende, sondern als eine den Menschen umgebende Einheit.

Im Beruf, im Alltag ist ein lineares Zeitbewußtsein, die Einhaltung von Terminen, erforderlich. In Momenten des Glücks haben wir jedoch kein Zeitempfinden, sondern leben völlig in der Gegenwart. Viele Menschen in Zeitnöten empfinden deshalb eine tiefe Abneigung gegen jede eigene Planung. Die Sehnsucht nach dem Zustand der Zeitlosigkeit, nach dem uneingeschränkten Erleben der Gegenwart, ist sicher ein Hauptgrund für die Widerstände gegen eine bewußte Einteilung der Zeit. Die meisten Menschen träumen von freien, unverplanten Tagen, an denen spontan alle die lange beiseite geschobenen Bedürfnisse befriedigt werden können. Die Verweigerung der Planung führt jedoch nicht zu Freiheit und bewußtem Erleben und meist auch nicht zu vermehrten

Gelegenheiten zur Selbstverwirklichung, sondern vielmehr zu einem Verlust an eigenen Gestaltungsmöglichkeiten: Wer keine eigenen Entscheidungen trifft, reagiert nur auf die Erfordernisse von außen, während die eigenen Bedürfnisse unberücksichtigt bleiben.

Das trügerische Zeitgefühl

Menschen haben ebenso wie andere Lebewesen eine innere Uhr. Deutlich wird dies vor allem bei Überseereisen und Schichtarbeiten: In Abhängigkeit von der Tageszeit sind wir entweder auf Ruhe, Entspannung oder Schlaf oder auf Aktivität, auf Essen usw. eingestellt. Eine Veränderung der gewohnten Zeiten ist nicht sofort möglich. Dieser Rhythmus ist körpereigen und läuft auch weiter, wenn äußere Zeitgeber wegfallen. Aus diesem Grund können wir beispielsweise auch ohne Wecker zu einer bestimmten Zeit aufwachen.

Völlig trügerisch ist das menschliche Zeitgefühl dagegen, wenn es darum geht, kurze Zeitabschnitte einzuschätzen. Viele Untersuchungen galten bereits der Klärung, von welchen Faktoren das subjektive Zeitempfinden abhängt. Eine Literaturübersicht [6] geht von fast 2000 wissenschaftlichen Arbeiten, beginnend schon ab 1864 aus, die sich mit dieser Fragestellung befaßten. Genannt werden:
- Bewertung (wird die Tätigkeit positiv oder negativ erlebt?)
- Menge (sind viele oder wenige Einheiten auszuführen?)
- Variabilität (ist die Beschäftigung abwechslungsreich oder monoton?)
- Schwierigkeit der Bewältigung.

Die Bedeutung der einzelnen Faktoren ist verschieden groß. Die Zeit verfliegt sehr schnell bei angenehmen Ereignissen, wenn viele variable Reize auftreten, bei relativ hohen Leistungsanforderungen, sehr langsam dagegen bei eintöniger, unangenehmer Arbeit.

In der Erinnerung kehrt sich das Zeitempfinden um: Lange, eintönige Wochen verschwinden zu nichts, erlebnisreiche Tage nehmen einen breiten Raum im Gedächtnis ein. Schätzungen darüber, wie der Tag verbracht wurde, wieviel Zeit die Ausführung einer bestimmten Aufgabe beansprucht hat, sind deshalb oft völlig unrealistisch. Dies wirkt sich wiederum auf die zukünftigen Planungen aus: Sie gehen von falschen Voraussetzungen aus und können deshalb nie eingehalten werden.

Ein weiterer Grund für das Unvermögen, die eigene Effizienz einzuschätzen, liegt in der mangelnden Kenntnis der Gesetzmäßigkeiten: Für anspruchsvolle Aufgaben ist nicht nur die Anzahl Minuten oder Stunden, die dafür zur Verfügung stehen, maßgeblich, sondern auch die Tageszeit, die Einteilung, die Abfolge, die Anzahl der Pausen. Viele Leute, die ein großes Arbeitspensum vor sich haben, verzichten auf Pausen und leisten ständige Überzeitarbeit. Da der Körper aber Erholungspausen braucht und die Leistungsfähigkeit in ermüdetem Zustand geringer ist, fällt das Ergebnis meist ungünstiger aus als erwartet.

Mangelnde Übung

Die Fähigkeit zur Zeiteinteilung ist nicht angeboren, sie muß gelernt werden. Dazu besteht allerdings meist wenig Gelegenheit: Vom Augenblick der Geburt an sind die Zeiten vorgegeben. Uhren und Stundenpläne bestimmen, wann gegessen, geschlafen, gelernt und gearbeitet wird, zu welchen Stunden sich die Kinder mit Lesen, Musik oder Sport beschäftigen. Auch Hausaufgaben geben nur scheinbar die Möglichkeit zur Selbständigkeit: Sie werden in der Regel sehr kurzfristig erteilt und von den Eltern streng überwacht.

Wenn alle Termine feststehen, besteht das Problem für die Kinder höchstens noch darin, die Lücken dazwischen sinnvoll zu füllen. Eine eigene Planung ist nicht möglich. Viele Studenten sehen sich deshalb mit großen Schwierigkeiten konfrontiert, wenn sie plötzlich aus diesem Zeitrahmen entlassen sind und selbst die Verantwortung übernehmen sollten. Die Gefahr ist groß, daß sie längerfristige Arbeiten grundsätzlich aufschieben und später unter Druck geraten.

Widerstände gegen Planung

In frühen Gruppen von Jägern und Hirten bestanden kaum Ansprüche an eine gemeinsame Zeitmessung. Je komplexer und arbeitsteiliger die Gesellschaft ist, desto wichtiger und unausweichlicher ist die Notwendigkeit der Koordination.[7] Eine genaue Zeiteinteilung dient vor allem dem Zusammenleben, der Abstimmung hinsichtlich des Beginns und des Endes von Treffen und gemeinsamen Aufgaben.

Trödeln, Zuspätkommen, Nichteinhalten von vereinbarten Terminen und Uhrzeiten können deshalb Äußerungen von Aggressionen gegen die Gesellschaft oder Einzelpersonen sein.

Die Ablösung Heranwachsender von der Gesellschaft manifestiert sich dann weniger in einer eigenen Tagesgestaltung als vielmehr in Protesten gegen die Tagesplanung der andern, in Versuchen, ihnen die Zeit zu „stehlen" — indem sie sie warten lassen — oder die Zeit „totzuschlagen" — indem sie nicht tun, was die anderen erwarten — aber auch nichts, was ihnen selbst entsprechen würde.

Nicht nein sagen können

Das menschliche Bedürfnis nach Akzeptation ist groß, das Leitbild des hilfreichen Kollegen allgegenwärtig. Im Bestreben, zu demonstrieren, wie tüchtig er ist, wie zügig er arbeitet, wie unentbehrlich er ist, übernimmt mancher Arbeiten und sagt Termine zu, die ihn später unter Druck setzen. Dies kann er nicht zugeben, um sein Image nicht zu gefährden — und die Spirale dreht sich weiter. Viele Vorgesetzte können nicht delegieren, weil dies mit ihrem Bild der Unersetzlichkeit unvereinbar wäre. Ähnliche Muster zeigen sich auch im Familien- und Freundeskreis: Die Angst vor Verletzung gesellschaftlicher Regeln bewirkt, daß kein Angriff auf die eigene Zeit abgewehrt wird.

Im Freizeitbereich führt die Unfähigkeit, nein zu sagen, zu wahllosem Konsum. Das heutige Freizeitangebot ist riesig, in den Freizeitmarkt investieren viele Unternehmen. Mit großem Werbeaufwand, der sich die Sehnsucht der Menschen nach Freiheit, nach intakter Natur und nach sofortiger Wunscherfüllung nutzbar nacht, soll ein ständiges Wachstum dieses Marktes ermöglicht werden. Ein Beispiel stellt die Animation in Clubs dar, die die Tage der Urlauber restlos beansprucht. Ohne eigene Entscheidung und eigene Schwerpunkte wird jeder Verlockung, jedem Zerstreuungsangebot nachgegangen. Die Tatsache, daß ein Angebot vorhanden ist, genügt bereits, um es auch wahrzunehmen.

Oft haben schon Kinder große Terminschwierigkeiten, weil sie, wie die Eltern, glauben, alles machen zu müssen, was die andern tun. Wer nicht gelernt hat, nein zu sagen, ist außenbestimmt, um dazuzugehören kann er auf nichts verzichten. Auch in der Freizeit gelten Standards — kann „man" nicht „nichts" tun — unterliegt man der Pflicht zum Glück, zum Mittun. Die Folge ist, daß man letztlich bei nichts „dabeisein" kann, weil immer der nächste Termin schon wartet.

Fazit

Das Problem Zeitnot ist komplexer als daß es mit der Formel „zuviele Ansinnen der andern in zuwenig Zeit" erklärt werden kann. Vielmehr geht es um den Unterschied zwischen frei „haben" und frei „sein". Die Reduktion der Arbeitszeit, wie auch die Abkehr von der Einstellung, daß das Leben nur aus Arbeit bestehen muß, hat dazu geführt, daß mehr Leute mehr Stunden zur eigenen Gestaltung „haben". Normvorstellungen, Ängste, Zwänge führen aber dazu, daß sie nicht frei „sind", diese ihren Bedürfnissen und Zielsetzungen entsprechend zu verwenden. Allen Problemen gemeinsam ist die Sichtweise der linearen Zeit, der Zeit als meßbare, zerrinnende Einheit. Das ursprüngliche Zeitempfinden lebt nur als Sehnsucht in uns weiter.

Unsere Beziehung zur Zeit spiegelt unser Lebensgefühl, ist Ausdruck unseres Selbstbildes. Bei einer tiefgreifend gestörten Zeitbeziehung ist deshalb einerseits keine Zufriedenheit möglich; andererseits äußern sich viele Probleme zunächst als Zeitprobleme, deren Ursachen aber tieferliegende Konflikte und Spannungen sind.

Die Zeitbeziehung läßt sich als ein Zusammenspiel von gesellschaftlichen Phänomenen wie Leitbilder, Stereotypen, Rollenerwartungen der Nachbarn, Eltern, Vorgesetzten und Arbeitskollegen und persönlichen Voraussetzungen (Ziele, Erwartungen, Wünsche) darstellen. Sie entscheidet letztlich über die Zufriedenheit des einzelnen mit seinem Leben.

Die Beziehung zur Zeit hat sowohl einen kognitiven, einen technischen als auch einen emotionalen Aspekt. Bücher und Kurse über die Zeitplanung sind beliebt. Wenn sie sich aber nur an den Kopf wenden, Informationen über Leistungsoptimierung und vernünftige Ratschläge

geben, wie die Stunden eingeteilt, Prioritäten gesetzt, Abläufe geplant werden sollten, werden sie kaum eine Änderung bewirken. Vielmehr werden dadurch nur die Schuldgefühle vermehrt, da der einzelne Werkzeuge geboten erhält, die er nicht nutzt und die nicht zu einem entspannteren Verhältnis zur Zeit beitragen: Die Analyse muß tiefer gehen und nicht nur die kognitive Seite erfassen. Die Probleme liegen auf der emotionalen Ebene. Wer sich nicht mit seinen Gefühlen, Ängsten und Sehnsüchten auseinandersetzt, wird die Zeitkonflikte nicht lösen können.

Zu diesen Wünschen, vor allem nach Stunden des bewußten „Daseins", müssen wir auch stehen, Zeit und Gegenwart erleben können, gerade wenn wir sonst ständig unter Druck sind. Wir müssen uns einerseits mit der Endlichkeit der Zeit auseinandersetzen: wir wissen, wie kostbar sie ist und wollen sie für Wichtiges verwenden — aber sie auch vergessen können, bewußt erleben, ohne auf die Uhr zu sehen. Erforderlich ist somit, daß wir wechseln können zwischen sinnvoll und bewußt gestalteten Arbeitszeiten und Minuten oder Stunden, in denen wir die Gegenwart erleben und uns weder wehmütig in die Vergangenheit zurücksehnen, noch unser Heil in der Zukunft suchen.

1 *Jahoda, M.:* Wieviel Arbeit braucht der Mensch? Arbeit und Arbeitslosigkeit im 20. Jahrhundert. Weinheim 1983. — 2 *Wilensky, H.:* Die Umverteilung von Freizeit und Arbeit. In: E. Scheuch/R. Meyersohn (Hrsg.): Soziologie der Freizeit. Köln 1972. — 3 *Wendorff, R.:* Zeit und Kultur; Geschichte des Zeitbewußtseins in Europa. 3. Auflage, Wiesbaden 1985. — 4 *Weber, M.:* Die protestantische Ethik. Tübingen 1920. — 5 *Wendorff, R.* (Anm. 3). — 6 *Borg, I. / Galinat, W.:* Der Einfluß von Merkmalen der Situation auf das Erleben ihrer Dauer. Zeitschrift für experimentelle und angewandte Psychologie 3/1985. — 7 *Elias, N.:* Über die Zeit. Aus dem Englischen übersetzt. Frankfurt/M. 1984.

Die Tages-Ordnung

Jean Starobinski, Genf/Schweiz

Wertvoll ist die Zeit, sorgsam ist mit ihr umzugehen, sie muß kontrolliert, organisiert werden im Hinblick auf den Erwerb materieller Güter, philosophischer Weisheit oder des Seelenheils; Trägheit und Unbesorgtheit dagegen sind verwerflich – das alles sind Ansichten, die sich in direktem Verhältnis zu grundlegenden Zwängen der Zivilisation aufdrängen. Je nach den Umständen haben sich diese Zwänge bald auf den religiös-moralischen Aspekt der Zeiteinteilung (vie sanctifiée) ausgewirkt, bald auf den materiellen Aspekt (vie productive), und bisweilen gemeinsam auf den einen und den anderen Bereich, in dem Regelmäßigkeit und Stetigkeit im Hinblick auf einen doppelten Profit erfordert wurde. Seine Zeit nicht bestmöglich zu verwenden, bedeutet, seine Güter, sein Leben, seine Seele verlieren.

Diese erste Feststellung zieht eine zweite nach sich: je mehr die Forderung nach zeitlicher Disziplin unabweislich geworden ist, desto mehr neigte das ihr unterworfene Individuum dazu, auf fiktive Räume das Bild einer von jeglichem Zwang befreiten Existenz zu projizieren.

Folglich baut sich parallel zu den Regeln des zivilisierten Lebens, zur Verpflichtung, seine Zeit gut zu verwenden, das Gegen-Bild einer Muße auf, die noch nicht schuldig war (Goldenes Zeitalter, Verlorenes Paradies), das Bild einer zukünftigen Ruhe (requies aeterna), welche dann diejenigen

entschädigen wird, die sich im Kampf gegen die dem Seelenheil feindlichen Kräfte keine Ruhe gegönnt haben, auch das Bild eines (wilden oder natürlichen) Hirtenlebens, wo die Notwendigkeit der Arbeit und der zeitlichen Organisation weniger

Prof. Dr. **Jean Staro-binski**, geb. 1920 in Genf/Schweiz. Literarische, danach medizinische und psychiatrische Studien an den Universitäten Genf und Lausanne. Lehrtätigkeit an den Universitäten John Hopkins in Baltimore, in Basel und Genf. Historische und kritische Veröffentlichungen u. a. über Montesquieu, Rousseau und Montaigne. Korrespondierendes Mitglied des Institut de France und der Deutschen Akademie für Sprache und Dichtung. Erhielt 1984 den Prix Européen de l'Essai, 1985 den Prix Balzac und 1988 den Prix de la Fondation Pierre 1er de Monaco.
Veröffentlichungen des Autors in deutscher Sprache, u. a.: Montaigne: Denken und Existenz, München 1982; Das Leben der Augen, Frankfurt 1984; Porträt des Künstlers als Gaukler. Frankfurt 1984; Rousseau: Eine Welt von Widerständen, München 1988. Die Erfindung der Freiheit: 1700–1789, Frankfurt 1988.

Prof. Dr. Jean Starobinski, 12 rue de Candolle, CH-1205 Genève/Schweiz

schwer wiegt. Man könnte geradezu behaupten, daß in der Geschichte der Kultur die den fiktiven Gärten des Glücks-Paradieses zugeschriebenen Privilegien der Zeitlosigkeit (in umgekehrter Symmetrie) dem Zwang entsprachen, der die Zeit des alltäglichen Lebens den Verpflichtungen ihrer skrupulösen Nutzung unterordnete. Und paradoxerweise hat offensichtlich das Bemühen, die Unproduktivität der Trägheit und Sorglosigkeit zu überwinden, dazu beigetragen, eine von der Zeit erlöste Muße begehrenswert zu machen, dargeboten vor einem Horizont, der die Notwendigkeit der praktischen Beschäftigung und der Zeitmessung überschreitet.

Horaz

Sicherlich machte in der Antike die Institution der Sklavenarbeit den freien Männern die beschauliche scholè (otium) zugänglicher. Aber die Leitung des Privathaushalts (die „Ökonomie" im ursprünglichen Sinn des Wortes), das staatsbürgerliche Leben, die Geschäfte (negotia) steckten das Feld ab, auf welchem Pflichten nachzukommen war, die Tag für Tag die ganze Aufmerksamkeit der Individuen beanspruchen konnten. Und nach der herkömmlichen Moral hatten diese Pflichten Vorrang. Hierzu bildete ziemlich allgemein das Stadtleben den obligaten Rahmen. Unter dem Aspekt freilich gewisser philosphischer Aspirationen, eines gewissen Weisheitsideals, schuf die Geschäftigkeit des städtischen Lebens eine Form von Knechtschaft, eine Täuschung, die so schnell wie möglich der Entschluß, ganz für sich, außerhalb des Trubels zu leben, aufheben sollte. Diese Veränderung gewinnt für den, der die entsprechenden Mittel dazu hat oder den Herrscher und die Mächtigen dafür zu interessieren weiß, in der lateinischen Kultur die typische Gestalt der Flucht aus der Stadt, des Rückzugs in das ländliche Glück. Es ist dies eine hyperzivilisierte Muße, die nichts von einer Rückkehr in den Naturzustand an sich hat. Die geregelte Ordnung des Stadtlebens hatte sich gegen die undisziplinierten Kräfte abgegrenzt, die ihr vorangegangen waren und noch als Drohung außerhalb der Mauern verharren. Indem er sich nun von einer verdorbenen Stadt trennt, die nicht mehr den Schutz einer befriedigenden Ordnung bietet, sucht der „Weise" Zuflucht nicht etwa im offenen Raum der Natur, sondern im bescheidenen Bezirk eines solide gebauten Landhauses, wo er Bücher, Wein und Freunde finden wird. In diesem der Stadt vorzuziehenden Ort, den ihm die Machthaber zubilligen, um ihn für die Schrecken seiner städtischen Existenz zu entschädigen, kann er sich das Vergnügen gestatten, dichterisch die Einfachheit der Urzeit zu preisen, die Welt wie sie war, bevor die Städte gebaut wurden. Er kann leben, ohne die Zeit nachzurechnen, ohne sie einem von „den anderen" festgelegten Zeitplan unterzuordnen. Wenn er in dieser Hinsicht glaubt, sein Leben zu Recht mit dem des Menschen der Urzeit zu vergleichen, so weicht er doch von diesem darin ab, daß er sich der Beherrschung bewußt geworden ist, der er die zeitliche Organisation seines Lebens zu unterwerfen das Recht hat: er kennt jetzt den unseligen Charakter der städtischen Beschäftigung; er weiß die Wohltaten der neuen Muße, die ihn davon erlöst, zu schätzen. Er kann erklären, welche Last die Zeit für denjenigen ist, der sich nach der Regel der Stadt-Pflichten richtet, und er kann den glücklichen Gebrauch benennen, den er von nun an — was ihn betrifft — von den Tagen macht, die er wieder voll und ganz in Besitz nahm. Eine Literatur, welche die „Art zu leben" beschreibt, eine Literatur des

Tagesablaufs und des Vergleichs verschiedener Typen von Tagesablauf ist von nun an möglich.

Ein Beispiel von vollkommener Klarheit gibt Horaz in der 6. Satire des zweiten Buches. Es ist überflüssig, ihren Einfluß auf die geistigen Einstellungen des abendländischen Humanismus zu unterstreichen. In der Stadt ist alles Unruhe. Schon am Vormittag muß man zum Forum laufen, um ein Rechtsgeschäft zu tätigen, darüber wachen, sich nicht übervorteilen zu lassen, einen Termin für den nächsten Tag „zur zweiten Stunde" vereinbaren, die Menge beiseitestoßen und sich deswegen beschimpfen lassen, um rechtzeitig bei Maecenas anzukommen. Alles drängt. Der Dichter wird um die Gunst, die er genießt, beneidet; man vertraut ihm Gesuche an. Maecenas indessen unterhält sich mit ihm über Belangloses: Er fragt ihn, wie spät es ist; er unterhält sich über die Zirkusspiele, über das augenblickliche Wetter... „Mit alledem verliere ich elendiglich meinen Tag, nicht ohne viele Wünsche zu äußern: Oh, Ländlichkeit, wann werd' ich dich sehen? Wann werd' ich — die alten Autoren lesend — schlafend, mich dann wieder ausruhend, in langen Zügen dieses aufreibenden Lebens Vergessen trinken können?" — Die Satire endet dann mit dem fröhlichen Gedenken an ein nächtliches Mahl unter vermögenden „Landbewohnern", wo man moralische Fragen behandelt und einer der Gäste passend zur Gelegenheit die Fabel von Stadtmaus und Landmaus erzählt. Das ersehnte Glück besteht darin, nicht länger in oberflächlicher Geschäftigkeit zu leben, nicht in der gedrängten Abfolge von Aktivitäten, die sich auf äußere Ziele richten, sondern im freien Wechsel der bevorzugten Freuden. Das angenehme Vergnügen übt in diesem Fall sein unumschränktes Recht aus, etwas beginnen zu können, um es gleich wieder zu

unterbrechen. Die grammatische Formel dieses neuen, von jeglichem fremden Einfluß gelösten Zeit-Gebrauchs, ist die Reihe äquivalenter, unbegrenzt multiplizierbarer, verschiedene Glücke verheißender Sätze, die sich durch ihre Andersartigkeit gerade beleben — Sätze, die durch die Wiederholung des Adverbs „bald" (altfranzösisch: *ores*, lateinisch: *nunc*; so auch im Text) gleichsam angetrieben werden. Die Zeit ist nun in unkalkulierbarer Weise durch die spontanen Veränderungen der Sehnsucht segmentiert; — im System der Beschäftigungen des Stadtlebens muß sich das Individuum einem gebieterischen Plan kollektiver „negotia" unterordnen. Die Anapher „bald ... bald ... bald" wird die charakteristische Formel jeglicher Feier des gelassenen Überflusses der Goldenen Zeit sein, des idealisierten wilden Lebens oder einfach der Ferien, die sich der Städter gönnt, welcher die Mauern der Metropole flieht.

Von Seneca zu Petrarca

Lesen, Schlafen; aber auch Schreiben: Episteln, Satiren oder Prosabriefe. Das Geschriebene beglaubigt in diesem Fall die bewußte Wiederaneignung der Zeit. Die zurückeroberte Zeit führt jenen zusätzlichen Moment mit sich, an dem sich das Individuum darum bemüht, seinem Glück Ausdruck zu verleihen, die Bilanz seiner Tagesabläufe zu ziehen, über die es allein verfügt. Zu sagen aber, wie man die Zeit verbringt, das heißt auch sich selbst zum Ausdruck bringen, das heißt eine Identität zu konstruieren, das Ich in der Einzigartigkeit seiner Taten zu Gesten zu fixieren. Michel Foucault hat kürzlich die Rolle unterstrichen, die der Brief und seine Beschreibung der Tagesabläufe in der Entstehung von so etwas wie „Ecriture de soi"[2] spielt. Der

Anfang des 83. Briefes von Seneca an Lucilius ist hierfür aufschlußreich:

Du möchtest, daß ich Dir berichte, wie ich jeden meiner Tage, all meine Stunden, hinbringe. Du denkst hoch von mir, wenn Du glaubst, daß in ihnen nichts vorfiele, was ich zu verbergen brauchte. Allerdings müßten wir so leben, als lebten wir vor aller Augen, so denken, als ob einer in unser innerstes Herz blicken könne: und dies ist auch wirklich möglich.

Denn was hilft es, etwas vor den Menschen zu verbergen? Der Gottheit ist nichts verschlossen: sie ist in unserem Herzen und wirkt mitten in unsere Gedanken. Sie wirkt hinein, sage ich: denn zuweilen entfernt sie sich auch aus ihnen. Ich will also tun, was Du verlangst und Dir gern schreiben, was ich tue und in welcher Abfolge; ich werde mich also von Stund' an beobachten und abends — was überaus nützlich ist — jeden von mir durchlebten Tag noch einmal durchgehen ... Der heutige Tag ist voll und ganz mein gewesen; niemand hat mir irgendeinen Teil davon entrissen: der Schlaf und die Lektüre teilten sich ganz in ihm ...

Gewiß, weder Gymnastik noch Bad haben gefehlt: gerade so, wie es für einen alten Mann angemessen ist. Das Mittagsmahl bestand lediglich aus trockenem Brot; der Tag endet mit den Reflexionen über die Argumente Zenons gegen die Trunksucht ... Seneca hat einen wohl ausgefüllten Tag verbracht; er möchte ihn *ohne Verzögerung* aufschreiben. Die Zeit „zählt" nun von neuem für denjenigen, der sich von den äußeren Anspannungen befreit hat.

Der Blick des anderen, der Blick Gottes, der die philosophische Forderung nach *Beständigkeit* verstärkt, regen zur regelmäßigen Selbstbeobachtung an und ermutigen eine neue Form täglicher Disziplin: eine ganz individuelle Disziplin als notwendige Diät zur Erhaltung des Körpers und zum Fortschritt der Weisheit. Die erzählende Rekapitulation des vergangenen Tages ist reich an Lehren für den kommenden Tag. Das *Beschreiben*, die einfache, intime Bestandaufnahme der Ereignisse des verstrichenen Tages, wandelt sich zum *Vorschreiben* einer besseren Organisation für den nächsten Tag. So Seneca im gleichen Brief: „Die Vergangenheit ... lehrt uns, was in der Zukunft zu tun ist ..." Der Tag, der soeben verstrichen ist, zieht die Scheidelinie zwischen der Vergangenheit und der Zukunft: er bietet zugleich ein einleuchtendes Modell und — am Beispiel des wirklichen Lebens — die Gelegenheit einer Korrektur der Lebensweise. Ein persönlicher Ordnungsplan wird auf diese Weise über die arbeitsame Muße gelegt, bis Wachsamkeit, Vorausdenken und tugendhafte Besorgtheit jene glückliche Improvisation ersetzen, die, so schien es ja, zu einer ungeteilten Herrschaft bestimmt war, nachdem man einmal die Verpflichtungen des bürgerlichen Lebens hinter sich gelassen hatte. Das Verlangen nach moralischer Vervollkommnung nimmt sich wieder der befreiten Zeit an, begründet eine neue Mühe und verschiebt die erhoffte Ruhe auf später. Und gleichzeitig öffnet sich der Raum einer Subjektivität, die ihr vergangenes Wesen, ihr gegenwärtiges Gefühl eingehend prüft, ungewiß über das Schicksal, das davon abhängt — für die kommende Zeit oder für die zukünftige Ewigkeit.

Die christliche Spiritualität war es (und ganz besonders das Klosterleben), in der sich diese Disziplin des persönlichen Lebens, ausgedehnt sogleich auf die abseits der *Welt* etablierten religiösen Gemeinden, mit einem Maximum an Autorität durchsetzte. Wenn es einen streng parzellierten, in bestimmtem Rhythmus ablaufenden Tag gibt, eingeschränkt durch ein System von Zwängen, dann wohl den, dessen Verlauf durch die kanonischen Stunden skandiert wird, wie sie für die Mönche die „Regula Magistri", die „Institutiones" des Cassian, die „Regula" des heiligen Benedikt vorschreiben. Wenigstens stellt sich im frühen Christentum diese Disziplin der Unordnung des Lebens in dieser Welt entgegen; sie verwirft noch eindrücklicher als die „Weisen" der heidnischen Welt die Unterwerfung unter die „Zerstreuungen" des profanen Lebens: es handelt sich, Tag für Tag, darum, die Ankunft des Jüngsten Tages vorzubereiten, indem man eine unaufhörliche Verteidigung gegen den Feind unseres Heils errichtet. (Diese Gegenstellung liegt dann wiederum offen zutage in einem Werk, an dem sich ein erster Aspekt des Humanismus manifestiert, Petrarcas „De vita solitaria". Die Abhandlung beginnt mit einem langen Vergleich zwischen dem Tag des *occupatus,* der wichtigen Persönlichkeit in der Stadt, deren Existenz durch die sieben Todsünden beschmutzt ist, und dem heiteren Tag des *solitarius,* nahe der Natur, beständig in seinen religiösen Exerzitien...) Der tägliche Zwang, dem sich der aus der Welt entflohene Mensch beugt, ist nun sehr viel unerbittlicher als jener, den ihm das Gesetz oder der Brauch der weltlichen Stadt auferlegt hätte. So unerbittlich gar, daß er etwas Neues zu schaffen vermag, eine institutionenbildende Kraft erhält, die ihre Wirksamkeit nicht nur im jenseitsorientierten religiösen Orden manifestiert, sondern sich darüber hinaus dazu eignet, die Alltagszeit der ganzen Gesellschaft zu regeln. Der „christliche Tageslauf" wird als Modell auch der Laienfrömmigkeit bis in die bescheidensten Breviere vorgestellt.

Rabelais: Ponocrates und Thélème

An dieser Stelle läßt sich nun eine allgemeine These formulieren. Wenn sich das Individuum nicht mehr in legitimer Weise in die Ordnung (oder Unordnung) des Alltagsprogrammes eingebunden fühlt, das ihm durch eine bestimmte Gemeinschaft vorgegeben ist, hat es — vielleicht unbewußt — die Wahl zwischen zwei Reaktionstypen. Der erste prägt sich aus nach dem zumeist hedonistischen und imaginativen Aspekt, nach dem die existierenden Zwänge unterdrückt oder gemildert werden sollen. Der zweite zielt umgekehrt auf ein Verstärkung der Disziplin auf der Basis von neu erfundenen und auf einer neuen Legitimität gegründeten Zwängen. Indem es einen gesellschaftlich geregelten Tagesablauf zurückweist, der ihm den Eindruck vermittelt, seine Substanz in unbefriedigenden Aktivitäten zu vergeuden, kann das Individuum dieser Verweigerung Ausdruck verleihen, indem es bald von der Aufhebung jeglicher fremdbestimmter Regulierung träumt und sich die Freiheit herausnimmt, nach Belieben über den natürlichen Tag zu verfügen, dann wieder, indem es einen neuen Raster für den zeitlichen Raum sucht: durch diesen würde der Zwang, so bedrückend und streng er auch wäre, nicht ein weites Maß an überlegtem Genuß ausschließen.

Der „Gargantua" von Rabelais kann hier als Beispiel dienen. Berichtigen, zurechtrücken, korrigieren, aber auch umkehren, umstoßen, das Unterste zuoberst kehren — und manchmal im Umstoßen zurechtrücken, da so viele Dinge in dieser Welt auf dem Kopf stehen: das sind einige von Rabelais' Spielen. Und über diese Spiele hinaus, die energisch Sinn stiften wollen, dann jenes andere, noch stärker den Schwindel erregende Spiel zwischen Sinn und Unsinn, zwischen religiöser Eschatologie und plötzlichem, spielerischem Vergnügen. Das „prophetische Rätsel", am Ende des „Gargantua", scheint vom Schicksal der Welt zu sprechen: Aber doch ist dies keine verborgene Allegorie, es ist die ins Gigantische gesteigerte Beschreibung des Ballspiels.

Um Berichtigung freilich geht es in den berühmten Kapiteln des Gargantua, die von der (durch die „Sophisten") verfehlten

Erziehung sprechen, dann von der Erziehung, an der sich Ponocrates versucht, um aus dem jungen Helden einen gestandenen Herrscher zu machen. Bis zum schallenden Gelächter am Schluß läßt sich Gargantua wie ein Erziehungsroman lesen. Von der Geburt bis zum Sieg als Mann wird ein Mensch geformt. Kein Stadium ist vergessen: das orale (der erste Schrei ist: „trinken, trinken, trinken!"), das phallische (das Kind zögert nicht „mit dem Bewohner seines Hosenschlitzes allerlei Übungen zu veranstalten", die seine Ammen auf jede nur erdenkliche Weise umsorgen), das anale (das Kapitel des Hinterputzens), das Harnröhrenstadium (Paris wird überschwemmt). Diese derben Schwänke sind indessen ihrem Platz gerade angemessen: sie betreffen nämlich die ersten Momente der Entwicklung, die dem Auftritt des guten Erziehers vorangehen. Bevor im Leben der Instinkte Ordnung geschaffen ist, fügt Rabelais die „gothische" Regel von Maistre Tubal Holoferne und Jobelin Bridé ein, aus welcher der Schüler „blöde, hirnfaul, ganz glotzäugig und albern" entlassen wird. Immer wieder hat man die Kritik des Humanisten Rabelais an der scholastischen Routine des vorausgehenden Zeitalters kommentiert: in dieser sterilen und drückenden Erziehung wird die Zeit lang, „vergeudet"; der Schüler braucht „fünf Jahre und drei Monate", um das Alphabet rückwärts aufsagen zu lernen! Das vorschreitende und rückläufige Memorieren ist ein gutes Emblem der Zeit, die nicht vorankommt und nichts hervorbringt. Das vom Schüler getragene „mehr als 7000 Zentner schwere große Schreibzeug" läßt das Erdrücktsein durch ein bewegungsloses Werkzeug fühlen, das an die Stelle der Handlung tritt.

Worauf ich hier die Aufmerksamkeit richten möchte: Unter dem Auge des Ponocrates, des neuen, kundigen Lehrers, der die alten Gewohnheiten seines Schülers kennenlernen will, soll Gargantua zunächst am Ablauf eines ganzen Tages mechanisch den Lebens- und Arbeitsstil vorführen, der ihm von den abgesetzten Sophisten beigebracht worden ist. Man bekommt also die Beschreibung eines Zeitplans zwischen Morgen und Abend zu lesen. Es handelt sich hier nicht nur um einen bequemen Erzählrahmen, den Gehalt einer Pädagogik aufzuführen. Wir sollen begreifen, daß eine Pädagogik nicht nur ein Repertoire von gelehrten „Fächern" und ein methodisches Schulungssystem ist – sie ist vor allem eine Organisation des zeitlichen Raumes, eine Diät, die ohne Unterbrechung in dem Intervall zwischen dem Wecken und dem Schlafengehen sich entfaltet. Sowie ein Erziehungsplan über Grundsätzliches und über allgemeine Programme hinausgeht, drückt er sich in einem Zeitplan aus. Einen Menschen formen bedeutet, die Verantwortung für Geist und Körper in der zeitlichen Entwicklung ihrer Aktivitäten zu übernehmen. Das Maß des Tages bildet die elementare Einheit des Tuns und Lebens, welche in der Erziehung, wie später im aktiven Leben, eine Gesellschaft definiert, das Gesetz einer Kultur und einer Zivilisation bestimmt. – Die „Disziplin", die Art zu studieren, ist für Ponocrates eine „Art zu leben" nach ihrem vollen Umfang. Indem er den Tagesablauf von Gargantua „nach den Prinzipien seiner sophistischen Lehrmeister" zur Kenntnis genommen hat, wird er eine radikale Veränderung einführen: die neue Pädagogik wird ihrerseits unter der Form einer Beschreibung des Tagesablaufs zum Ausdruck gebracht. Vom geistlosen Tagesablauf wird sich, in der Erzählung, der sinnvoll genutzte Tag abheben.

Maßlosigkeit, Ignoranz, Untätigkeit werden bei dem schlecht genutzten Tag gleich beurteilt. Eine aufmerksame Analyse vom Kapitel XXI vermag zu zeigen, daß die fehlerhafte Erziehung zunächst dadurch Schuld auf sich lädt, daß sich der Schüler in der niedrigsten Stufe der Hygiene zu Hause fühlt — Hygiene hier in dem Sinne genommen, den dieser Ausdruck in der Medizin des 16. Jahrhunderts hatte: Regulation der 6 natürlichen Funktionen, das heißt der Atmung, des Essens und Trinkens, des Schlafens und Wachens, der körperlichen Übung und des Ruhens, der Füllung des Körpers und seiner Entleerung, sowie der Leidenschaften der Seele. Der erste Irrtum ist von medizinischer Art; er betrifft die körperliche Gesundheit. Die neue Pädagogik muß hier mit einer Purgierung beginnen, indem sie auf das klassische Heilmittel bei Geisteskrankheit zurückgreift: die Nieswurz ... Gargantua schläft zuviel, ißt zuviel, trinkt zuviel, kennt keine körperliche Übung; er atmet nur Kirchen- und Küchenluft. Diese Erziehung ist das Reich einer toten Quantität. Was Rabelais hier aufzählt, ist nicht die Zeit (die verloren ist: „vergangen, vertan und ausgegossen"), es sind die Lebensmittel, die Getränke, die Spiele. Ponocrates läßt es sich nicht entgehen, seinen zukünftigen Schüler zu ermahnen, „daß er sich nicht sofort, aus dem Bett aufgestanden, sättigen solle, ohne zuvor eine Übung absolviert zu haben". Der Vorwurf bleibt ohne Konsequenzen ... Die quantitative Maßlosigkeit tritt noch in einem anderen Bereich zutage: im Gottesdienst. Nach dem morgendlichen Pokulieren geht Gargantua in die Kirche: das Brevier wiegt „106 Pfund". Gargantua hört „26 oder 30 Messen". Dann, während er „in Klöstern, Galerien oder Gärten spazierengeht", wird er mehr Vaterunser beten „als 16 Einsiedler". Die einzige Erwähnung eines Arbeits- und Zeitplanes betrifft „eine elende halbe Stunde" morgendlichen Studiums („aber

seine Seele war in der Küche"). Die Mengenbegriffe beherrschen den Text dann wieder mit der Liste der unzähligen Spiele, die sich an das Mittagsmahl anschließen. Eine neue Erwähnung eines Zeitplans taucht nur auf, um uns zu informieren, daß Gargantua „zwei oder drei Stunden" seines Nachmittages mit Schlafen verbringt. „Studium" gibt es für den Rest des Tages nur „ein wenig", alsbald von „Vaterunsern" unterbrochen. In diesem durch die vervielfachte Nahrungsaufnahme skandierten, lächerlichen Tagesablauf wird die Zeit fast nicht gezählt. Und gezählt hätte sie doch auch in anderer Weise sein können als durch das Studium: wenn nämlich die gottesdienstlichen Handlungen der Kirchenregel konform gewesen wären. Aber selbst das religiöse Leben ist ausgeartet, es hat sich von dem Gewicht träger Wiederholung und des störenden Beiwerks überwältigen lassen. Stets wiederholte Messen, gemurmelte Litaneien, die Vaterunser haben die schönen, traditionellen Zäsuren des Tages, die kanonischen Stunden ersetzt, die sich als Matutin, Laudes und Vesper hätten manifestieren sollen. Gargantua aber kommt spät in die Kirche, betet mechanisch und lange, ohne den geringsten Gedanken. Die gottesdienstlichen Akte sind alle unartikuliert, unhörbar: weder Gesang noch Text werden laut, außer für irgendeinen Trinkerscherz. Bis auf die ungeregelten körperlichen Aktivitäten ist Gargantua passiv. Man trägt ihm sein Brevier, bringt ihn zu seinen Vaterunsern, er wird dann sehen, wie man ihm auf der Jagd einen Hasen fängt — wobei er selbst auf dem Rükken des Maultiers sitzen bleibt. Sogar seine oralen Befriedigungen sind zum Teil passiv: man „wirft" ihm den Senf „mit vollen Schaufeln in den Mund...". Der Nutzen ist gleich Null.

Wenn die verfehlte Erziehung sich — was die geregelte Zeit, die Stimme und die körperliche Übung betrifft — durch Unartikuliertheit oder Undeutlichkeit auszeichnet, kann sich die von Ponocrates verbesserte Pädagogik in jeder Hinsicht als ein System der Über-Artikulation, der Überorganisation darstellen. Die durch Ponocrates eingeführte „Lebensart" zielt darauf, durch die kontrollierte Ausnutzung der Zeit, der Sprache, des Gedächtnisses und der Muskelkraft — gemäß der am besten ausgearbeiteten Muster, wie sie die klassische Kultur vermittelt hat — den größtmöglichen Nutzen zu produzieren.

Der gute Pädagoge ist also bemüht, jegliche vorhergehende Schulung zu zerstören. Die Nieswurz ist ja eine Vergessenheitsdroge: „Damit vertrieb Ponocrates ihm auch alles aus dem Gedächtnis, was er sich bei seinen ehemaligen Lehrmeistern angeeignet hatte." Alles beginnt mit einer heilsamen Gehirnwäsche. Das Blatt des Geistes ist nun wieder unbeschrieben, die Zeit disponibel: Man wird beide nicht nur bis zum Rand füllen müssen, sondern ihren Inhalt entsprechend der Mannigfaltigkeit selbst des Wissenschaftssystems abwechslungsreich gestalten: jedes einzelne Element des Programms ist mit seinem größten, formellen Reichtum auszustatten.

Ponocrates und seine Helfer werden für den formgebenden Teil sorgen; Gargantua wird seinerseits die „Materie" stellen, die „Form" erhalten soll: nicht seinen Körper, sondern sein Verlangen, anderen gleichzukommen, seinen Wetteifer. Der Erziehungsprozeß benötigt einen Rohstoff, der nicht eine einfache, passive Disposition haben darf, sondern bereits eine Kraft, eine gerichtete Bewegung, eine mimetische Bereitschaft: . . . „Er brachte ihn in die Gesellschaft der gelehrtesten Geister am Ort, damit er durch ihr Vorbild dazu motiviert werde, aus eigenem Antrieb eine andere Arbeitshaltung zu bekommen und aus sich selbst etwas zu machen."

Die Fülle der Lehrfächer gebietet es, den zeitlichen Gang des Tagesablaufs restlos zu nutzen: In diesem Tageszyklus — ist der unumgängliche Anteil an Schlaf einmal abgerechnet — darf kein Moment dem enzyklopädischen Anspruch entzogen werden. Die Vielfalt der Disziplinen hat eine strikte Segmentierung der Zeit zur Folge. Von den frühen Morgenstunden, in denen man noch die Sterne sehen kann, bis in die Nacht hinein erhält jeder Teil des Tages seine unterschiedliche Funktion. Rabelais läßt uns einmal um die Uhr wandern, um uns zu zeigen, daß Gargantua „keine Stunde des Tages verlor".

Eine der großen Neuerungen des Ponocrates besteht darin, geistige Tätigkeit den der Sorge für den Körper gewidmeten Momenten aufzuprägen. Beim Aufstehen des Gargantua, um 4 Uhr morgens, reibt man den Schüler ab und liest ihm gleichzeitig „irgendeine Seite aus der Heiligen Schrift laut, deutlich und in angemessenem Tonfall vor": daraus wird ein Akt der Anbetung und des Gebetes erwachsen. So ist die Zeit doppelt genutzt. Aus dem Haus zu gehen „an einen geheimen Ort, um dort die Exkretion der naturgemäßen Verdauung zu besorgen", bietet die Gelegenheit, das, was soeben gelesen wurde, mitsamt Erklärungen und Kommentaren zu repetieren, dann (bei der Rückkehr) „das Himmelsgewölbe" zu betrachten. Die theologische Lektion, die astronomische Betrachtung legen sich über die geregelte Ausübung der natürlichen Funktionen. Ebenso wird es bei Tisch zugehen, wo die Nahrungsmittel als Vorwand für eine Lektion in Naturgeschichte dienen. Das diätetische Wissen begleitet die Nahrungsaufnahme. Die Spiele nach dem Essen sind dann die „arithmetischen Erholungen"; aus ihnen werden sich mühelos die Anfangsgründe der drei anderen Wissenschaften des „quadrivium" (Geometrie, Astronomie, Mu-

sik) ergeben. Diese gleichzeitigen Aktivitäten, deren Verschiedenheit nicht ohne eine
gewisse Übertreibung möglich wird, haben den Wert einer Leistung. So versteht
es auch Ponocrates, der darauf hinwirkt,
daß dieses überladene Programm, dieser
Zeitplan ohne Zwischenraum, schließlich
als Unterhaltung praktiziert wird. Die geplante Überbeschäftigung findet ihre
Rechtfertigung in dem Vergnügen, das sie
verspricht (und genauso geht es ja in recht
vielen utopischen Systemen zu): „So
schwierig dieses geistige Training auch zu
Beginn schien, war es doch bei fortgesetz-
ter Durchführung mit der Zeit so ange-
nehm, zwanglos und erfreulich, daß es
mehr einem königlichen Zeitvertreib denn
einem schulmäßigem Studium glich." Die
Herrschaft über die Dinge, über die zahlenmäßig erfaßbaren Relationen, über das
Werkzeug des Körpers rechtfertigt sich
doppelt: als unmittelbarer Genuß und als
Vorbereitung auf das aktive Leben. Ein
harmonisches und mehrstimmiges Verfah-
ren, welches in gemeinsamem Tempo das
Leben des Körpers, das intellektuelle, das
soziale (Konversationen, gelehrte Themen) und das religiöse Leben voranschreiten läßt. Im übrigen ist in der Tat die musi-
kalisch-kontrapunktische Übung Teil des
Programms: sie kommt nach jeder Mahl-
zeit an die Reihe: „Dann sangen sie zu
ihrer Ergötzung vier- oder fünfstimmig
oder variierten ein Thema, wie ihnen der
Schnabel gewachsen war." Es überrascht
nicht mehr, daß auch das Nachmittagspro-
gramm doppelt ist: athletisches Programm
und Kriegsspiele unter freiem Himmel an
schönen Tagen; Besichtigungsprogramm
bei Handwerkern und in den öffentlichen
Einrichtungen der Stadt bei schlechtem
Wetter. Es handelt sich hier freilich um
Alternativprogramme, die aber auf andere
Weise dem Verdoppelungsprinzip gehor-
chen, das den ganzen pädagogischen Tag

lang so offensichtlich dominiert. Tatsächlich hört im Verlaufe dieses Tages die Wiederholung (durch Lehrer oder Schüler)
eigentlich niemals auf: keine Lektion, die
nicht ordnungsgemäß wiederholt wird.
Während aber unter dem Regime der „Sophisten" die Wiederholung statisch war,
von sehr schwachem Nutzen, ist die Wiederholung des Ponocrates wesentlich auf
Zugewinn aus; sie sichert das Erlernte, um
zugleich mehr zu speichern. Und, wie sich
zeigte, drängt sie dazu, das Wissen in der
Praxis auf die Probe zu stellen. Um die
Serie der Aufgaben des Tages abzuschlie-
ßen, hat der Pädagoge nicht das antike Re-
zept der abendlichen Gewissensprüfung
vergessen, eine gewissenhafte Revision der
Ereignisse und Gedanken des vergangenen
Tages. Es handelt sich auch hier noch einmal um Wiederholung; und diese integrie-
rende Gesamtwiederholung scheint überdies noch über den Wert und die Fruchtbarkeit aller vorhergehenden Wiederholungen ein Urteil abzugeben. Es handelt
sich jetzt nicht mehr nur darum, zu lernen,
sondern den Gewinn des Tages abzuschät-
zen.[3]

„Dann rekapitulierte er noch einmal in aller
Kürze mit seinem Lehrer nach Pythagoräer Art,
was er im Laufe des Tages gelesen, gesehen, gelernt, vollbracht und begriffen hatte."

So rigoros ist die Organisation des Tages
nach der neuen Disziplin — in ihr wird
gleichzeitig ein Wille zur Restauration des
„christlichen Tagesablaufs" erkennbar —,
daß man trotz seiner spielerischen Aspekte das Programm als eine doppelte Verstärkung der Disziplin anzusehen hat: in religiöser und intellektueller Hinsicht. Es gab
kein Abendgebet (Completorium) in der
Erziehung der „Sophisten", vielmehr „Betrachtungen und Nach-Betrachtungen".
Ponocrates stellt den abendlichen gottesdienstlichen Akt wieder her, wie er den des

frühen Morgens wiederhergestellt hat. Er wird nun zu einem persönlichen und privaten Kult gehören, der sich nicht in der Kirche, sondern im Innersten vollzieht:

Danach beteten sie zum Herrgott, priesen ihn und erneuerten ihr Glaubensbekenntnis, rühmten ihn wegen seiner unermeßlichen Güte, dankten ihm für alle erwiesenen Wohltaten und empfahlen sich seiner göttlichen Milde für alle Zukunft.

Indessen: in äußerstem Gegensatz zur Überorganisation, die über die Ökonomie und über die angemessene Verteilung der Zeit wacht, entwickelt Rabelais noch ein anderes Bild, in dem sich nunmehr die Entspannung gegenüber zeitlichen Zwängen ausprägt – die Abtei von Thélème.

Thélème ist die andere Version einer „Art zu leben", die ebenfalls nicht dem Gesetz der „Sophisten" folgt, sich gegen eine pädagogische und monastische Institution wendet, welche die religiös Verantwortlichen haben degenerieren lassen. Thélème ist, wie schon lange gesehen worden ist, ein Anti-Kloster. Unter dem Namen einer Abtei ist es der Gegensatz selbst zum klösterlichen Leben. Bruder Jean, für den es bestimmt ist, „verlangte von Gargantua ein Kloster, das sich von allen anderen von Grund auf unterschied."

Erste Bestimmung: Thélème soll nicht ummauert werden. Zweite Bestimmung: während man in den Klöstern den Ort, den eine Frau berührt hat, reinigt, wird man in Thélème jeden Fleck, den Mönche und Nonnen berührten, reinigen. Dritte Bestimmung – für uns von entscheidender Bedeutung: Der Tagesablauf von Thélème wird nicht nach der jahrhundertealten Tradition der kanonischen Stunden geregelt. Die Zeit wird nicht mehr gezählt:

Und weil in einem normalen Kloster alles nach Stunden eingeteilt, begrenzt und geregelt ist, wurde bestimmt, daß es hier keine Uhr und keinen Stundenzeiger geben sollte, sondern alle

Besorgungen sollten nach Gelegenheit und Zweckmäßigkeit erledigt werden. Denn, so Gargantua, das Stundenzählen sei der größte Zeitverlust. Was hat das für einen Vorteil? Das größte Hirngespinst der Welt ist doch, sich nach dem Glockenschlag zu richten und nicht nach dem gesunden Menschenverstand und seinem Bedürfnis.

Die Thelemiten sollen ein von jeglicher Zeitmessung befreites Dasein kennenlernen. Worin Rabelais sich hier gefällt, das ist nur die Beschreibung der sechseckigen Gebäudeform, der Aufschrift am Eingang, der allgemeinen Anordnung der Räumlichkeiten, der Kleidung, der Jugend und Schönheit der Bewohner – die in Thélème eine Zeit der „Ferien" zwischen Jugend und Heirat verbringen. Das Interesse für die Raum-Struktur scheint hier die Sorge um die Zeit zu überlagern – Gargantua hatte ja gemeint, daß das Zählen der Stunden „den größten Verlust" nach sich ziehe – als wenn er die Prinzipien seiner eigenen Erziehung verleugnete. Was den Zeitplan betrifft, so überbietet die Lebensregel der Thelemiten noch die Permissivität der von Tubal Holoferne und Jobelin Bridé vermittelten Erziehung. Im Kapitel LVII („Über die Thelemiter Lebensführung") ist nur die Rede vom „Morgen, an dem man sich vom Bett erhebt", wann man will; zum Rest des Tages gibt es keine zeitliche Angabe und damit, wie man schließen kann, keine Unterteilung. Die Aktivitäten in Thélème sind nicht auf einen bestimmten Moment bezogen. Sie hängen vom Verlangen und Willen eines jeden einzelnen ab:

... Tranken, aßen, arbeiteten, schliefen, wann sie Lust hatten: Keiner weckte sie, zwang sie zum Trinken, Essen oder irgendetwas anderem.

Das Gesetz der Zeit wird hier vollständig aufgehoben; das Leben spielt sich im paradiesischen Rhythmus eines improvisierten Wechsels ab, der jeden Augenblick zum

Beginn einer neuen Unterhaltung werden läßt:

Allein aufgrund dieser ihrer Freiheit tat jeder nur, was auch allen anderen gefallen mochte. Wenn jemand sagte: „Laßt uns trinken", so tranken alle. Sagte jemand: „Kommt, wir spielen", so spielten alle; oder: „machen wir einen Spaziergang", so gingen alle …

Solch allgemeine Angleichung schließt nur die momentane Unterordnung ein; denn jedem verbleibt ja die Initiative. Der anonyme „jemand" ist der Herr dieses Augenblicks. Eine dauernde Kontrolle wird nicht ausgeübt. Die Abtei von Thélème kennt keinen Vorsteher (nicht einmal Frère Jean, dem sie als Belohnung für seine militärischen Leistungen übertragen worden ist). An diesem Ort spielt niemand die leitende Rolle des Ponocrates. Gewiß, es ist die Gunst des Fürsten (Gargantua), die Thélème die Privilegien – der Außerzeitlichkeit und der Exterritorialität – verliehen hat. Immerhin aber korrespondieren auf dem Gelände der Abtei die Aufhebung des zeitlichen Zwanges (Achronie) und das Zerbröckeln der Macht (Anarchie) einander genau. In dieser Gruppe, die nicht arbeitet, findet Autorität kein Zentrum mehr, besser: sie verteilt sich auf ebenso viele Zentren, wie es Individuen gibt – wobei diese von vornherein aus „unabhängigen und wohlerzogenen Leuten aus gutem Haus" ausgewählt wurden.

Eine Frage wird in der Schwebe bleiben; und Rabelais liegt nichts daran, hier Hinweise auf eine Antwort anzudeuten. Gewinnt eine solche „erneute" Existenzweise ihren doppelten Aspekt – Erziehung nach Art des Ponocrates; Thélème – einfach deshalb, weil sich, um eine überholte und sterile Tages-Ordnung zu ersetzen, zwei große Typen des Wandels ihrer Form nach imaginieren lassen: Anspannung oder Lockerung der Organisation von Zeit und entsprechend Verstärkung oder Abbau der

Strukturen von Herrschaft und Autorität? Handelt es sich etwa – im Rahmen der bei Rabelais so häufigen spielerischen Aporien – darum, als Wort und Mythos die beiden Lösungen zu formulieren, die der mit dem sein Leben regelnden „System" unzufriedene Mensch sich wünschen kann: nämlich die hedonistischen Ferien oder die Reorganisation seiner Arbeit unter einem noch leistungsfähigeren Meister und einem noch einschneidenderen Gesetz?

Man kann zunächst diesen doppelten Aspekt als Alternative sehen: man kann dann nach Belieben entscheiden. Aber man kann ihn sicher noch auf andere Weise deuten. Da doch die Thelemiten schon von Anfang an so kultiviert sind, muß man annehmen, daß sie all ihr Wissen als Ergebnis einer ponocratischen Erziehung gelernt haben. Mußten sie nicht, um ihre edle Muße zu genießen, dafür den Preis erlegen, von Kindheit an ganze Jahre darauf zu verwenden, „keine Stunde des Tages zu verlieren"? Sollte Thélème also geradezu an den pädagogischen Erfolg anknüpfen, seine Fortsetzung darstellen – da sich doch die Studien bereits zum „ein königlicher Zeitvertreib" gewandelt haben? Die in Thélème aufgenommene Elite hat viel gearbeitet; der Verschwendung im Spiel ist eine rationale Nutzung der geistigen Anlagen vorangegangen:

Sie waren alle so hochgebildet, daß es unter ihnen keinen gab, der nicht lesen, schreiben, singen, musizieren, fünf oder sechs Sprachen fließend sprechen und sogar Verse abfassen konnte.

Wenn die Muße in Thélème die geregelte Zeit einer disziplinierten Schulung voraussetzt, würde Thélème eine Art Ende der Geschichte im Kleinen darstellen – eine Belohnung für die mühevolle Anstrengung der Kultur. Aber Rabelais vereitelt selbst eine solche Interpretation. In Thélème, als

Anti-Kloster konzipiert, tritt niemand ein, der Gelübde für ewig ablegt. Man begegnet dort seinem zukünftigen Gatten, man verläßt es wieder, um zu heiraten und sich auf Dauer zu lieben. So hat Thélème nichts von einem utopischen Konstrukt. Es ist lediglich das umgekehrte Bild einer dem Glück widerstrebenden Institution; es ist der Vorraum auf dem Weg zu einer guten Heirat.

Der doppelte Aspekt eines *anderen* Umgangs mit der Zeit mag schematisch scheinen; er mag bei Rabelais nur die Erziehung des Einzelnen oder die „elitäre" Unterhaltung einer recht kleinen Gemeinschaft betreffen. Doch hat er paradigmatischen Wert. Er kann als Lektüremodell für andere Renaissance-Texte dienen, deren Tragweite in stärkerem Maße politisch ist. Man wird dann besser die „weichen" Utopien (in denen die Zeit nicht mehr gemessen wird, wo die Muße bald die Färbung der Urzeit, bald den Reiz des raffiniertesten höfischen Lebens annimmt) und die „harten" Utopien (in denen, überwacht von einer gesteigerten Macht, die Zeit einer extrem reglementierten Verwaltung unterliegt) unterscheiden. Es kommen auch offensichtlich hybride Formen vor, in denen die Reduktion der Arbeitszeit im Verein mit einer autoritären Disziplin auftritt, welche alle Handlungen individuellen Lebens der amtlichen Überwachung unterwirft. Die Utopiker des Thomas Morus arbeiten nur sechs Stunden. Aber ihr Tagesablauf spielt sich vollständig unter den Blicken der „Syphogranten" ab. Die soziale Ordnung im „Sonnenstaat" Campanellas ist noch unendlich starrer; und es überrascht nicht mehr, daß sich diese Klerikaldiktatur auf die Herrschaft über die Zeit gründet. Die hohe Geistlichkeit um den Hohenpriester (Sol) zelebriert ein ununterbrochenes Gebet (mit Ablösung von Stunde zu Stunde; viermal am Tag werden Gemeinschaftslitaneien gesungen); beamtete Astrologen wachen darüber, daß alles Leben der Gemeinschaft stets den Bewegungen der großen Himmelsuhr angepaßt bleibt. Die Arbeitsphase nimmt in diesem überorganisierten Staat nur einen ziemlich kurzen Teil des Tages in Anspruch (denn jedermann arbeitet), aber die allgegenwärtige Überwachung verhindert die individuelle Aneignung von Zeitresten. Man hat daher den „Sonnenstaat" den stärksten Vertretern der „harten" Utopien zuzurechnen.

Rousseau

Im Augenblick seiner inneren Erneuerung, nach der Veröffentlichung des Discours sur les Sciences et les Arts, verkauft Rousseau seine Uhr, um durch sein persönliches Leben die Kritik seines Werkes am Luxus und an den Verfeinerungen der „zivilisierten" Existenz zu erhärten. „Dem Himmel sei Dank, ich brauche nicht mehr zu wissen, wie spät es ist." − Voltaire, seinerseits, wird später in Ferney eine Uhrenfabrik protegieren. Der „Discours sur les Sciences et les Arts", wie dies Henri Gouhier überzeugend dargelegt hat, ist eine Antwort auf den „Mondain".[5] Nun beschreibt dieses ganze eindringliche kleine Werk − oder doch ein großer Teil − Voltaires „den Tagesablauf eines ehrenwerten Mannes" − jedenfalls den Nachmittag und Abend eines wohlhabenden Mannes, der sich in alle Vergnügungen stürzt. Gegen dieses enthusiastische Bild von den Genüssen des zivilisierten Menschen wollte Rousseau, durch seine eigene Lebensführung verschiedene andere Modelle als unbedingten Gegensatz verkörpern: den armen Handwerker, den tugendhaften Bewohner einer nüchternen Stadt, den müßigen Spaziergänger, den einsamen „Automaten", der sich damit zufriedengibt, von einem Tag auf den anderen zu leben. In seinen anthropologischen Schriften hat er das verlorene Glück des wilden Lebens mit einem mächtigen Reiz ausgestattet; er hat mehr als irgend jemand auf dem Bewußtsein des einen, einzigen Augenblicks beharrt, auf der *mens momentanea* des Naturmenschen; für diesen bildet der Raum eines Tages den Gegenstand keines Maßes, keines vorausplanenden Gedankens: „. . . Seine Pläne, die ebenso borniert sind wie seine Ansichten, dauern kaum bis zum Ende des Tages. So verhält es sich auch noch heute mit Caraybes Voraussicht: des Morgens verkauft er sein Stoffbett und weint des Abends, um es zurückzukaufen, weil er nicht so weit gedacht hat, daß er es ja für die nächste Nacht benötigen würde." Die besten Texte Rousseaus werden denn auch Beschreibungen der einsam verbrachten Tage sein, müßige und kontemplative Tage, bevölkert von Pflanzen und von imaginären Geschöpfen (so im dritten Brief an Malesherbes, fünfte Rêverie). Die Zeit verrinnt dort „ohne jedwede Spur einer Reihenfolge", und kommt dann der Abend heran, ist Rousseau „erstaunt über die Flüchtigkeit der Zeit" . . . Für sich persönlich hat er sich die Goldene Zeit angeeignet, das Glück der göttlichen Selbstgenügsamkeit. Er hat sich so sehr mit der Natur identifiziert, daß seine religiöse Huldigung, die er ihr darbringt, selbst noch ein narzißtischer Akt ist. Und Narziß bietet der Zeit keine Angriffsfläche; er geht in der Stetigkeit eines gleichbleibenden Bildes auf. Die Zeit der Uhren könnte ihn nur unglücklich machen, indem sie ihn daran hinderte, mit seiner eigenen Dauer eins zu sein. Der einzige „soziale" Tagesablauf, den Rousseau beschrieben hat, ist der der Weinlese in Clarens: Die Zeit der Arbeit löst sich hier in einer Festmusik auf, die ein „gemeinschaftliches Ich" belebt. So gehört der *andere* Tagesablauf, den Rousseau der schlecht genutzten Zeit des zivilisierten Lebens gegenüberstellt, ganz und gar der subjektiven Zeitlichkeit an.

Ein Tag in der Utopie

Unter die Merkmale, die Epochenveränderung kennzeichnen, muß — zusammen mit dem Fraglich-Werden des Bildes vom Kosmos oder der politisch-religiösen Strukturen — das Unbehagen gerechnet werden, das eine wachsende Anzahl von Individuen an dem, was man sehr direkt erfährt, empfindet: an der Tages-Ordnung, die ihnen entweder durch eine Tradition, deren Legitimität nicht mehr einleuchtet, vorgegeben ist, oder durch das Auftreten neuer wirtschaftlicher Verhältnisse, welche das bis dahin selbstverständliche Handlungspotential und seinen Rhythmus durcheinanderbringen. Es wurde angedeutet, wie es sich damit in der Renaissance verhielt. Das Industriezeitalter kongruiert — und zwar schon zur Zeit seiner ersten Vorläufer — dann voll im Augenblick seines ersten Aufblühens — in bezeichnender Weise mit einer Literatur des Tagesablaufs. Daher die zunehmende Bedeutung der Reflexionen über die Nutzung der Zeit in der moralischen, pädagogischen und politisch-sozialen Literatur. Die ersten Zeugnisse des 18. Jahrhunderts schließen sich an die Physiko-Theologie an: Die Tagesabschnitte geben wie die Jahreszeiten Gelegenheit, die Anwesenheit Gottes in seinen Werken zu preisen, damit zugleich die Glückseligkeit der Menschen, die arbeitsam vom Morgen bis zum Abend eins mit der rauhen und wohltätigen Natur leben (so bei Thomson, Zachariä usw.). Mehr oder weniger ausdrücklich schließt die Beschreibung des ländlichen Glückes im Verlauf des Tages eine Kritik am „künstlichen Leben" der Paläste und Städte ein. In anderen literarischen Formen

(Satire oder „Reportage"-Texte) spitzt sich die Beschreibung des Stadt-Tages deutlicher zur Kritik zu, handele es sich nun um eine müßige Elite (Parini, Il Giorno), um alle Arten von Stadtbewohnern (Mercier, Tableau de Paris, „Les heures du jour") oder um den Kleinbürger (Balzac, „Le petit mercier", später in das Vorwort zu „La fille aux yeux d'or" eingefügt). In Chateaubriands „Martyrs"[6] wird für die Verurteilung des leeren, in Vergnügungen vergeudeten Tages als Hintergrund das zu Ende gehende Heidentum gewählt; hier spricht sich die moderne Angst einer untätigen Jugend aus, die bereit ist zur Konversion, zu härtester Disziplin, zum Martyrium. In der restaurativen Träumerei Chateaubriands kann die neue Tages-Ordnung lediglich die ehemalige, wiederhergestellte katholische Ordnung sein. — Andere Vorschläge indessen bemühen sich, den Forderungen eines Zeitalters Rechnung zu tragen, in dem die Arbeit eine neue Form erhalten hat, in dem die individuelle und kollektive Effizienz nach einer Überholung des Netzes der menschlichen Beziehungen verlangt. Während aber die von der aufkommenden industriellen Zivilisation gestellten Probleme ganz neuartig sind, bleiben die Menschen, die sie in der Theorie zu lösen versuchen, ziemlich allgemein den Mustern einer Reform des Umgangs mit Zeit verhaftet, wie sie schon bei Rabelais zum Ausdruck kam: Anspannung oder Entspannung in der Disziplin des Zeitmessens, in mehr oder weniger enger Beziehung mit der Natur, der Dauer und der Entlohnung von Arbeit.

Projekte zur planmäßigen Ausbeutung der täglichen Zeit sind leicht zu erkennen. Sie bringen den Willen zum rationellen Einsatz, zur Profitmaximierung des eigenen geistigen und körperlichen Vermögens zum Ausdruck. Sehr symptomatisch der Rat, den Franklin den Hausfrauen gibt:

stets eine laufende Nebenarbeit (Spinnen, Weben, Stricken) zu betreiben, um so in einer einzigen Arbeit alle über den Tag verstreuten Zeit-Reste zu vereinigen; so wird die Zeit rest-los genutzt sein.

Marc-Antoine Jullien, noch nicht zwanzigjährig Robespierres Vertrauter[7] (dessen Begeisterung für Rousseau er teilte), der die letzten Girondisten aus ihrem Versteck trieb, um sie auf die Guillotine zu bringen (später ein ziemlich enger Kampfgefährte von Babeuf), bekehrte sich unter dem Kaiserreich und der Restauration in seiner pädagogischen und journalistischen Tätigkeit. Im Jahre 1808 veröffentlichte er seinen „Essay über eine Methode, wie man seinen Zeitplan richtig anlegt" (die Arbeit wird noch im Jahre 1829 eine vierte Auflage erleben). Er läßt ihr, im gleichen Jahr, „Eine allgemeine Abhandlung über die Erziehung, um den Weg der Nation zu Zivilisation und Wohlstand zu beschleunigen" folgen. Im Jahre 1813 veröffentlicht er ein „Biometer oder eine Denkschrift für die Zeit, um die Anzahl der Stunden festzulegen, die pro Tag für jeden der folgenden Abschnitte zur Verfügung stehen: 1. für das Innen- und individuelle Leben; 2. für das soziale und nach außen gerichtete Leben oder Tabellen, die die Möglichkeit liefern, innerhalb einer Minute und auf einer Zeile für jedweden Zeitabstand von 24 Stunden sämtliche verschiedenen Beschäftigungen und die wesentlichen Ergebnisse des Lebens während des gleichen Zeitraums zusammenzutragen". Diese Titel sprechen für sich selbst.

Die Methode läßt sich in wenigen Prinzipien zusammenfassen: „Man soll nichts Wichtiges sagen oder tun, ohne sich zu fragen: Welchen Nutzen bringt das? Die zweite Bedingung ist die jeden Morgen oder jeden Abend neu vorgenommene tägliche Überprüfung der vergangenen 24 Stunden." Die dritte Bedingung besteht darin, ein doppeltes Tagebuch zu führen: Taschenkalender und „Biometer"; dazu kommt noch das „mémorial analytique". Technokratische Reglementierung wird hinter dieser Methode sichtbar:

In unseren gegenwärtigen Gesellschaften zählen wir nicht einmal 20 Menschen, die in ihnen wirklich produktive Arbeiten verrichten. Diese zirka 20 Leute müssen mit ihrer Arbeit alle anderen Individuen ernähren oder leben lassen, als da sind: die unnützen Müßiggänger, die boshaften Arbeiter, die unproduktiven Individuen.

Laßt uns die Proportion zugunsten der Gesellschaft wiederherstellen, diese oft schlecht gelenkte individuelle und allgemeine Aktivität mit mehr Geschick und Weisheit anzuwenden wissen, ein riesiges Bündel gut aufeinander abgestimmter Bemühungen schaffen; laßt uns unsere Kräfte verhundertfachen, indem wir sie nutzbringender anwenden ...

Statt die Zivilisation zu entstellen, soll man sich also des Guten und Nützlichen, der Mittel und Gaben, die sie uns zu bieten hat, bemächtigen, und vor allem sollte man danach streben, sie durch eine klügere Anwendung dieser drei großen moralischen und politischen Kräfte vollkommener zu gestalten: Arbeitsteilung, Zeitplan und Einsatz der Menschen.

Für Jullien ist also die Führung eines dreifachen Tagebuches nur eine Aufgabe, die einem wesentlich praktischen Ziel zugeordnet ist. Paradoxerweise traf es sich, daß das Werk Julliens Maine de Biran beeindruckte und ihn dazu veranlaßte, eine tägliche Aufstellung seiner Selbstbeobachtungen zu machen. Biran wurde tatsächlich zu einem „Taschenkalender"-Benutzer: er hat im Jahre 1815 versucht, sich an die Regeln zu halten — um dann gelegentlich festzustellen: „Meine Tage vergehen, und mein Leben verzehrt sich inmitten der verschiedenen Ablenkungen und Beschäftigungen, die keine Spuren hinterlassen."[9]

Cabet, auch er durchdrungen von der Rousseauschen Sentimentalität, beeinflußt von Babeuf und der Carbonaro-Bewegung, bleibt ebenfalls nicht bei einem

pädagogischen Programm stehen. Sein Voyage en Icarie skizziert ein Gesellschaftsmodell. Man hat darin eine moderne Variante des monastischen Chiliasmus eines Joachim von Fiore gesehen. „Er vergesellschaftet das Mönchtum nur, weil er gleichzeitig die Gesellschaft mönchisch prägt." (H. Desroches[10]). Man könnte auch sagen, die kommunistische Gesellschaft (Cabet ist der Erfinder des Terminus) von Ikarien ist im Zustand der permanenten Mobilisation: die militärische Metapher ist hier ebenso am Platz wie die religiöse und klösterliche. Und diese Mobilisation des Einzelnen geht einher mit der kollektiven Beschlagnahme der Zeit. In diesem Staat, einer Planung unterworfen, die kein Detail der Existenz verschont, wird von allem die Zeit gemessen:

Haben Sie auch das regelmäßige Leben und Treiben unserer Bevölkerung bemerkt? Um fünf Uhr steht man auf; gegen 6 Uhr sind all unsere Fahrzeuge und sämtliche Straßen voller Menschen, die auf dem Weg zur Arbeit sind; um 9 Uhr sieht man einerseits die Frauen, andererseits die Kinder; von 9 bis 1 ist die Bevölkerung an ihrem Arbeitsplatz oder in der Schule; um 1.30 Uhr verläßt die Masse der Arbeiter die Arbeitsstätten, um sich mit ihren Familien und Nachbarn in den volkstümlichen Restaurants zu treffen; von 2 bis 3 ißt alle Welt; von 3 bis 9 füllt die Bevölkerung die Gärten, Terrassen, Straßen, Spazierwege, Volksversammlungen, Höfe, die Theater und all die übrigen öffentlichen Plätze; um 10 Uhr liegt jeder im Bett, und während der Nacht, von 10 bis 5 Uhr, sind die Straßen ausgestorben.
— Haben Sie auch dieses so offensichtlich tyrannische Gesetz zum Ausgehverbot?
— Wäre es von einem Tyrannen erlassen, so würde es in der Tat eine unerträgliche Schikane darstellen; aber da es im Interesse seiner Gesundheit und der guten Ordnung bei der Arbeit vom ganzen Volk angenommen wurde, ist es das vernünftigste, nützlichste und am meisten beachtete Gesetz.

Die Arbeit dauert nicht übertrieben lange,

aber die autoritäre Reglementierung (die als vom Volk einhellig gewollt und akzeptiert vorausgesetzt wird) erstreckt sich auf den Rest des Tages und die Nacht. Sehr bezeichnend ist der Besuch in der Uhrmacherwerkstatt, wo die Instrumente der sozialen Zeitmessung angefertigt werden. Dort herrscht perfekte Arbeitsteilung, gleichzeitig eine durchaus militärische Disziplin:

... Oben stehen die Arbeiter, eingeteilt in ebenso viele Klassen wie es verschiedene herzustellende Teile gibt, von denen ein jeder immer die gleichen Teile herstellt. Man könnte es als Regiment bezeichnen, so sehr herrschen darin Ordnung und Disziplin! ... Valmors Cousin erklärte uns den ganzen Bewegungsablauf dieser kleinen Armee. „Wir kommen um Viertel vor 6 Uhr an", sagte er, „deponieren unsere Kleidung in der Garderobe ... Pünktlich um 6 Uhr mit dem Glockenschlag beginnen wir mit der Arbeit. Um 9 Uhr gehen wir alle für zwanzig Minuten in den Speisesaal hinunter, wo wir schweigend unsere Morgenmahlzeit einnehmen, während einer von uns laut die Morgenzeitung vorliest. Um 1 Uhr endet die Arbeit ... "

Hervorzuheben ist, daß der Uniformierung des kollektiven Tages auch eine einzige „Zeitung" entspricht. „Es gibt eine einzige pro Kommune, eine für jede Provinz und eine für die ganze Nation. Die Zeitungen werden von Redakteuren redigiert, die vom Volk auf Widerruf gewählt sind." Der Tagesablauf, in dem sich alles mit dem gleichen Tempo abspielt, kann nur zu einem einzigen Bericht Raum geben, der dem diktatorischen Willen entspricht, welcher die ganze kollektive Maschinerie in Bewegung hält. Das Journal ist nur der Schatten, den die Uhr wirft. Wie in einer Spiegelflucht erfährt man, mit dem Glockenschlag, wie die Präzisionsinstrumente hergestellt werden, die die Arbeit und das gesamte Leben regieren werden: „Turmuhren, Pendeluhren, Armbanduhren, Apparate jeder Art." Man sieht, wie sich ein

schwindelerregender, perfekter Zirkel schließt, in vieler Hinsicht analog dem circulus vitiosus aller Utopien, die eine gesetzgebende Vernunft voraussetzen, deren Legitimität sogleich von der Vernunft einer gehorsamen Kollektivität akzeptiert und anerkannt wird. Indem der Utopist das Gebot der Demokratie auf die Spitze treibt, beseitigt er per Erlaß jedes Intervall, jeden möglichen Konflikt zwischen dem Willen, der das Gesetz will, und dem Willen, der sich ihm unterordnet. Alle Befehle werden hier voll Freude befolgt. Die Arbeiter stellen diszipliniert jenes Werkzeug her, das zu ihrer eigenen Disziplinierung dient.[11]

Von diesem überorganisierten Tagesablauf („organisieren" ist ein Schlüsselwort des Saint-Simonismus, dessen Einfluß Cabet geprägt hat) weicht der Tagesablauf im Phalanstère nach Fourier nur deshalb ab, weil die Arbeitsteilung hier die „attraction passionelle", die Verschiedenheit der Bedürfnisse berücksichtigt. Der Einzelne soll sich hier ganz den Arbeiten und Vergnügungen seiner Wahl hingeben. Die vermehrten „Sitzungen", aus denen sich der Tagesablauf des „Gesellschafters" zusammensetzt, scheinen dem paradiesischen (und thelemischen) Prinzip der unwillkürlichen Improvisation ein Daseinsrecht einzuräumen. Aber gerade die improvisierte Freiheit ist durch das systematische Denken, das sie vorsieht, sie einplant, klassifiziert und kombiniert, entschärft.

Die Rechenmanie Fouriers annulliert denn auch zunehmend die Freiheiten, die sie aufzuzählen bemüht ist. „Die in Harmonie geborenen und erzogenen Wesen werden verpflichtet, fünf Mahlzeiten einzunehmen, und das ist nicht zuviel, um die immensen Nahrungsmengen zu vertilgen, die diese neue Ordnung produzieren wird ... " Es folgt der vollständige Zeitplan der „Tagesablauf von Mondor im Sommer" mit seinen verschiedenen „Sitzungen" „in der Jagdgruppe, Angelgruppe, in einer Kulturgruppe unter Zeltdach" usw. Das Aufstehen findet um halb vier Uhr morgens statt, das Schlafengehen um halb elf Uhr abends. Fourier bemerkt dazu: „Man sieht: bei einem derartigen Stundenplan bleiben für den Schlaf nur sehr wenige Augenblicke übrig: Die Anhänger der Harmonie werden arg wenig Schlaf haben, die ausgeklügelten Gesundheitsmaß-regeln, dazu die Vielfalt der Sitzungen, werden sie daran gewöhnen, sich bei der Arbeit nicht zu überanstrengen; der Kör-per wird sich im Tagesverlauf nicht aufrei-ben, nur einen sehr kurzen Schlaf brau-chen und sich von Kindheit an durch über-mäßige Vergnügungen daran gewöhnen, für die der ganze Tag nicht ausreichen kann." [12]

Dieser programmatische Raster stellt sich wie die Speise- und Getränkekarte eines Gelages dar, dessen Bekömmlichkeit vorausgesetzt wird. Die täglichen Genüs-se eines wohlhabenden zivilisierten Men-schen ergeben im Vergleich zu denen des „harmonischen Menschen" eine kürzere Liste. Die Überlegenheit der „Harmonie" über die Zivilisation ist also zahlenmäßig erwiesen. Das zwanghafte Verlangen nach Überorganisation bei Fourier ist unserem Bewußtsein erträglicher als bei Campanel-la, weil es nicht „repressiv" ist, was die an-gestrebten Befriedigungen betrifft (und weil es, durchaus einen gewissen Grad sexueller Perversion tolerierend, bewußt die zerstörerischen Antriebe fernhält, die Sade in der Tages-Ordnung seiner „120 Journées" unterlaufen läßt).

Man darf allerdings nicht der Täuschung unterliegen, der bedeutungslose Tagesver-lauf des begüterten Menschen der Zivili-sation sei es, der den überorganisierten Tagesabläufen von Fourier und Cabet als Kontrast dient; dies ist vielmehr der lange und harte Arbeitstag, so wie ihn die entste-hende Industrie auf der Suche nach dem größtmöglichen Profit fordert. Die fiktiven Bilder der totalen Mobilisierung, wie sie Cabet und Fourier vorstellten, konnten — weit entfernt davon, Mißtrauen zu erregen — in dem Maße wirkungsvoll und verfüh-rerisch sein, als sie gleichzeitig die Redu-zierung der Arbeitszeit, die mehr oder we-niger vollständige Aufhebung der wirt-schaftlichen Ungleichheit und einen unter allen Individuen aufzuteilenden Überfluß vorschlugen. Seitdem man weniger arbei-tete und es mehr zu konsumieren gab, fand eine solche Utopie Resonanz: eine bürger-liche Gemeinschaft im Zustand der allge-meinen Mobilisierung hatte etwas Unter-haltendes, wenn man sie mit der Zwangs-rekrutierung der Lohnarbeiter in den „Ar-meen" verglich, welche die neue Industrie in die Manufakturen und Fabriken in ihren Untergang schickte.

Es ist bekannt, was der Tag eines Arbei-ters unter dem „wilden Kapitalismus" war: ein Tag, der dem Arbeiter als Eigentum lediglich einen so lächerlichen Zeitrest ließ, daß von einem Arbeitstag zu sprechen dar-auf hinausläuft, vom ganzen Tag zu spre-chen. Der Tagesverlauf vergeht bis zur Er-schöpfung in der Wiederholung derselben Bewegung, von der Kindheit bis zum vor-zeitigen Tod. Hier wird ein Bericht über den Tagesablauf so gut wie unmöglich, weil der Einzelne in ihm nur eine fragmen-tarische Geste vollzieht. Diese Wiederho-lung kann in einem einzigen Satz formu-liert werden — aber dieser Satz gilt für die gesamte Zeit; man kann nur noch den Ef-fekt der Arbeit beschreiben: Stumpfsinn und Herunterkommen. Marx, der sehr sorgfältig die Literatur zu diesem Gegen-stand ausgewertet hat (die Berichte der „Philanthropen", von Ärzten, von Unter-suchungsausschüssen und parlamentari-schen Debatten) spitzt diese Beobachtungen zu einer knappen Definition zu: „Was ist ein Arbeitstag?" ... für das Kapital? „der Arbeitstag zählt täglich volle 24 Stunden nach Abzug der wenigen Ruhestunden, ohne welche die Arbeitskraft ihren erneuerten Dienst absolut versagt".[13] Marx war jedoch, mit Engels, bestrebt, den Unterschied zwischen wissenschaftlichem Sozialismus und utopischem Sozialismus hervorzuheben; er verwahrt sich dagegen, „positive Sätze über die zukünftige Gesellschaft"[14] vorzuschlagen. Man würde nun erwarten, daß er sich versagt, dem schrecklichen Arbeitstag des zeitgenössischen Proletariats das Bild eines *anderen* Tagesablaufs gegenüberzustellen — eines Tagesablaufs, nach dem der Mensch in der kommunistischen Gesellschaft leben würde. Und doch konnte er nicht umhin, zusammen mit Engels die Tages-Ordnung, die der Einzelne einmal nach Verwirklichung des Kommunismus genießen würde, wenigstens zu skizzieren (freilich in humoristischem und sarkastischem Ton). Befreit von der Arbeitsteilung, nicht mehr sich selbst entfremdet, wird der Mensch all seine Fähigkeiten zur Entwicklung bringen können; sein Tagesablauf wird für die verschiedensten Tätigkeiten offen sein. Man lese erneut in der „Deutschen Ideologie" die bekannte Schilderung:

Mit der Teilung der Arbeit, in welcher alle diese Widersprüche gegeben sind, und welche ihrerseits wieder auf der naturwüchsigen Teilung der Arbeit in der Familie und der Trennung der Gesellschaft in einzelne, einander entgegengesetzte Familien beruht, ist zu gleicher Zeit auch die Verteilung, und zwar die *ungleiche,* sowohl quantitative wie qualitative Verteilung der Arbeit und ihrer Produkte gegeben, also das Eigentum, das in der Familie, wo die Frau und die Kinder die Sklaven des Mannes sind, schon seinen Keim, seine erste Form hat. Die freilich noch sehr rohe, latente Sklaverei in der Familie ist das erste Eigentum, das übrigens hier schon vollkommen der Definition der modernen Ökonomen entspricht, nach der es die Verfügung über fremde Arbeitskraft ist. Ferner ist mit der Teilung der Arbeit zugleich der Widerspruch zwischen dem Interesse des einzelnen Individuums oder der einzelnen Familie und dem gemeinschaftlichen Interesse aller Individuen, die miteinander verkehren, gegeben; und zwar existiert dies gemeinschaftliche Interesse nicht etwa bloß in der Vorstellung, als „Allgemeines", sondern zuerst in der Wirklichkeit als gegenseitige Abhängigkeit der Individuen, unter denen die Arbeit geteilt ist. Und endlich bietet uns die Teilung der Arbeit gleich das erste Beispiel davon, daß, solange die Menschen sich in der naturwüchsigen Gesellschaft befinden, solange also die Spaltung zwischen dem besonderen und gemeinsamen Interesse existiert, solange die Tätigkeit also nicht freiwillig, sondern naturwüchsig geteilt ist, die eigne Tat des Menschen ihm zu einer fremden, gegenüberstehenden Macht wird, die ihn unterjocht, statt daß er sie beherrscht. Sowie nämlich die Arbeit verteilt zu werden anfängt, hat jeder einen bestimmten ausschließlichen Kreis der Tätigkeit, der ihm aufgedrängt wird, aus dem er nicht heraus kann; er ist Jäger, Fischer oder Hirt oder kritischer Kritiker und muß es bleiben, wenn er nicht die Mittel zum Leben verlieren will — während in der kommunistischen Gesellschaft, wo jeder nicht einen ausschließlichen Kreis der Tätigkeit hat, sondern sich in jedem beliebigen Zweige ausbilden kann, die Gesellschaft die allgemeine Produktion regelt und mir eben dadurch möglich macht, heute dies, morgen jenes zu tun, morgens zu jagen, nachmittags zu fischen, abends Viehzucht zu treiben, nach dem Essen zu kritisieren, wie ich gerade Lust habe, ohne je Jäger, Fischer, Hirt oder Kritiker zu werden.[15]

Gewiß handelt es sich hier weder um einen Plan noch um eine Stundentafel; kaum wird ein Beispiel möglicher Erfüllung angeführt: es wird formuliert, um sich vom Unglück der Spezialisierung abzuheben. Aber gerade diese Unbestimmtheit gehört zu den Kennzeichen der „weichen" Utopie: die Umschreibung des nicht festgelegten Wechsels („heute dies morgen das") entspricht durchaus dem „nunc ... nunc" des Horaz und aller herkömmlichen Bilder eines Glücks, das in einer nicht abschüssigen Zeit gekostet werden kann, einer Zeit, in der nichts den befriedigenden Genuß des Einzelnen stört. Einige dieser Beschäftigungen am Ende der Geschichte — die Jagd, das Angeln — ähneln den Tätigkeiten des Urmenschen, des „guten Wilden", der Muße der Thelemiter, die auch Lust am „rauben oder jagen" haben. Die Übung in der Kritik ist die modernisierte und reflektierte Version jener Fähigkeit zum „Abfassen von Versen wie zum freien Vortrag" der Thelemiter. All dies zwar in der ersten Person Singular, also eine ganz freie, unverwechselbare Wahl voraussetzend. Aber bei näherem Zusehen wird deutlich, daß Marx und Engels ja im Vorhinein die *Regulierung* der „allgemeinen Produktion" durch die Gesellschaft postuliert haben. Unter dieser abstrakten Formel ist wohl zu verstehen: indem es den gesamten Menschen zur Entfaltung bringt, das „ad libitum" einer Arbeit ermöglicht, die sich nicht von der Muße unterscheidet, muß irgendein allgemeines Regulativ sich zur Geltung bringen, dessen Wurzel (hier: die Gesellschaft, tatsächlich also diejenigen, die sich das Recht zugestehen, im Namen der Gesellschaft zu sprechen) völlig im Verschwommenen bleibt. Ist es dann nicht die eiserne Hand der Überorganisation, die in den Samthandschuh der „weichen" Utopie und des thelemitischen „fais ce que vouldras" schlüpft? Und kann der Imperativ des Organisierens dann dem Einzelnen die freie Verfügung über *dies* und *das* belassen, welche nach Belieben von einem Tag zum anderen neu ausgewählt werden könnten? Der Konflikt zwischen der Freiheit des Einzelnen und seiner Requirierung durch den *Plan* und die Bürokratie, die darüber verfügt, steckt bereits im Keim in den zitierten Zeilen Marxens, in denen sich doch die Pastorale von der endgültigen

Aussöhnung auszubreiten scheint. (Die Geschichte hat den „kritischen Kritiker" in seiner nächtlichen Arbeit nur zu sehr erhört).

Dieser Aspekt des Marxschen Denkens ist nicht wirkungslos geblieben. Er fand sogar in dem Pamphlet seines Schwiegersohns Paul Lafargue eine Art närrische Ausarbeitung. „Das Recht auf Faulheit" darf sicherlich nicht als theoretisches Werk gelesen werden — um so aufschußreicher ist es. Ein „ehernes Gesetz" wird es verbieten, mehr als drei Stunden am Tag zu arbeiten; die Maschinen, die nun definitiv dem Menschen dienen, werden der klassenlosen Gesellschaft den Überfluß geben. Was tun mit der Zeit, die übrigbleibt? Die Produktion konsumieren, so lautet die Antwort, konsumieren bis zum Überdruß. Und wenn noch immer freie Zeit bleibt? Vor allem aus ihr keinen nutzbaren Rohstoff machen. Es gibt keine Zukunft mehr zu erfinden. Langeweile wird es nicht geben: man kann sich ja über die Menschen der Vergangenheit lustig machen, sich dem spaßigen Spektakel der vergangenen Welt hingeben. „Unter der Herrschaft der Faulheit wird es immerfort Vorstellungen und Theateraufführungen geben, um die Zeit totzuschlagen, die uns Sekunde für Sekunde tötet. Das ist ein dankbares Objekt für uns gesetzgebende Bürger."[16] Im Vorbeigehen wird auch hier dem „guten Wilden" gehuldigt. Und Rabelais selbst wird ausdrücklich genannt, verherrlicht, zitiert und paraphrasiert (Lafargue tut dies auch in seiner Einleitung zum Programm der sozialistischen Partei[17]). Aber dies ist nicht der Rabelais des elitären Mythos von Thélème; die an ihm zu lernende Lektion beschränkt sich auf die Euphorie der Bankette und Feste — es ist der Sonntag des Lebens, das Schlaraffenland, wo man sich vollstopft und den Wein unvermischt trinkt, das hier an die Stelle steifleinener

Bilder anderer Paradiese gesetzt wird: „An Tagen der großen Volksbelustigungen lassen die Kommunisten und Kollektivisten die Korken knallen, die Schinken aufmarschieren und die Becher kreisen." Priester und Bourgeois, die Adepten der arbeitsamen Askese „sind zum Zuschauen verurteilt, bis ihnen die Augen übergehen, und werden Hunger leiden neben lüsternen Frauen und Tafeln voller Fleisch, Früchte und Blumen." Die triumphierende Mund-Orgie verbietet jede Melancholie — außer den ehemaligen Blutsaugern. Diese *großen Tage* kennen keinen Zeitplan. Wenn die „weiche" Utopie triumphiert, hören die Uhren auf zu schlagen — wenn sie nicht eine über die vorschriftsmäßigen drei Stunden hinausgehende Arbeit verbieten. Diese Schrift, welche die Paradoxographie aus der Renaissance rezipiert, spricht selbst träge von der Trägheit; sie hat nichts von einem „Projekt einer Gesellschaft" an sich. Die Realität wird viel bescheidener in den Industrieländern (im allgemeinen also kapitalistischen Ländern) bezahlten Urlaub und die Reduktion der Wochenarbeitszeit, kurz: die Freizeitgesellschaft hervorbringen. Die Ferien sind, wie dann Roger Caillois bemerken wird, die säkularisierte Version des Festes, der Rückkehr zum Chaos, zum Paradies vor dem Anbeginn der Zeit. Bedeutet dies, daß alles sich zwischen einem maßvollen Überdruß und motorisiertem Karneval banalisiert? Gewiß: die Beschreibungen unbefriedigender Tagesabläufe fehlen in der zeitgenössischen Literatur nicht; es genügt, an Ivan Denissovitch zu erinnern oder — am anderen Rand des Spektrums, im Bereich des Komischen — an die lächerlichen Beschäftigungen, die den Tagesablauf des internationalen Beamten Deume begleiten (Vgl. Albert Cohens „Belle du Seigneur"), oder auch an jene anonyme Abart eines Haiku von 1968: „Dodo-métro-boulot-métro-dodo" („Schlafen — Métro — Arbeit — Métro — Schlafen"). Nur ist es heute nicht mehr eine sonderlich verbreitete Überzeugung, an die bevorstehende Herankunft eines neuen — und insbesondere eines besseren — Zeitalters zu glauben. In der kommerziellen und politischen Marktschreierei scheinen nicht viele Modelle eines besser angelegten Tages erkennbar zu sein. Wo wir wohnen, gibt es noch einen guten Vorrat an Muße; und wir wünschen nicht mehr (oder: noch nicht?), uns den Imperativen einer wieder zeitgemäßen Tagesordnung — sei sie religiös oder militärisch — zu unterwerfen.

* * *

Verstärkung oder Aufhebung der Zeit-Disziplin — wird sie nun durch Wasser-, Sonnenuhren, mechanische Werke oder elektronische Chronometer gemessen —: offenbar referiert diese Alternative auf eine fundamentale anthropologische Struktur, die an die ständigen Gegebenheiten unserer Beziehung zur Zeit überhaupt geknüpft ist. Aber diese Alternative tritt in zutiefst unvergleichbaren historischen Situationen zutage; so hat sie sich selbst durch das Medium immer wieder sich wandelnder Bilder eines möglichen besseren Lebens auszudrücken. Alles im menschlichen Leben ist dem Wandel unterworfen, auch wenn gewisse anthropologische Strukturen ähnlich bleiben. Daß die Reformvorschläge bei Rabelais wie bei den sozialen Denkern des 19. Jahrhunderts der gleichen Bipolarität unterlagen, beseitigt in keiner Weise ihre Differenz. Im Gegenteil: man gewinnt geradezu ein besseres Verständnis der historischen Distanz, die beide trennt: den Moment, in dem sich die Frage nach der „Erziehung" des jungen Fürsten und der künftigen Edelleute stellt, und den Moment, der die Debatte auf die Gesamtheit der produktiven Tätigkeit im industriellen Zeitalter lenkt, auf die

Lebensmodi, die jeder von uns gerne würde wählen können. Und immer noch ist der natürliche Tag selbst eine vorgegebene Konstante, auch wenn unsere Reisen sich über die Zeitzonen hinwegsetzen. Natürliche und anthropologische Konstanten sind voneinander getrennt, diskontinuierlich; und dieses Intervall genügt, in der Sukzession von Tagen und Jahren alle Zivilisationen, die ganze Geschichte zu verschlingen. Denn alles setzt sich in Bewegung, sobald die Menschen wünschen, daß morgen ein *anderer* Tag sei — ein „besserer Tag". Der Ruck voran in der Geschichte, die Schwellenzeiten, sind nur die Momente, in denen dieser Anspruch sich schärfer, dringlicher und wirkungsvoller ausspricht. Und es sind auch große Katastrophen gewesen, die sich in der Erwartung, in dem Aufruf zu einem helleren Tag, zu einem Tag ohne Abend ereignet haben. Wenn der Mensch nur zwei Leitvorstellungen hat, um sich das Bild eines anderen Tages zu gestalten, sind die Wege zur Verwirklichung des vorgeschlagenen Modells oder seines Scheiterns grenzenlos.[18]

Jean Starobinskis andere Studien zur Tagesordnung sind folgende:

„La mélancolie d'une belle journée (sur Pierre Jean Jouve)", **La Nouvelle Revue Française**, Paris, März 1968. XVI, Nr. 183, p. 387 – 402. — „J.-J. Rousseau: La forme du jour". In: **Jean Starobinski**, hrsgg. von J. Bonnet: Cahiers pour un Temps. Centre Georges Pompidou, Paris 1985, p. 197 – 269. — „La Journée dans ‚Historie'". In: **Sur Claude Simon.** Paris 1987, p. 9 – 32. — „Les Journées plurielles de Pierre de Ronsard". In: Die Pluralität der Welten. Aspekte der Renaissance in der Romania. Hrsgg. von W.-D. Stempel und K. Stierle. München 1987. p. 359 – 385. — „Le Jour dans ‚Exil' de St.-John Perse". In: **Marges et Exils.** Bruxelles 1988, p. 139 – 148. — „Le jour sacré et le jour profane. Prudence et Baudelaire", erscheint in Diogène. Paris 1989.

[1] Das wörtliche Äquivalent zu Utopie. Vgl. *Trousson, R.:* Voyages aux pays de nulle part. Brüssel 2. Auflage 1979. — [2] *Foucault, M.:* L'écriture de soi, corps écrit, 5. L'autoportrait. Paris 1983. S. 3 – 23. Siehe auch das Leben des Kaisers Vespasianus in Sueton, wie auch des Kaisers Alexander Severus, in der Historia Augusta. Im Brief III beschreibt Plinius Secundus die „Regula", der der alternde Spurinna täglich folgt. — [3] So auch die fast zeitgenössische Empfehlung des Ignatius von Loyola, der diese Disziplin der Selbstüberwachung noch überbietet (Exercitia spiritualia, 1. Woche). — [4] An diesem Ort sind nicht die Analysen zu wiederholen, die ich an anderer Stelle ausgearbeitet habe: „Espace du jour, espace du bonheur". In: Studi filosofici 1 (1978) S. 7 – 18; „Jean-Jacques Rousseau: le bonheur du jour et le travil nocturne". In: Argile 19/20 (1979) S. 162 – 190; „J.-J. Rousseau: jours uniques, plaisirs redoublés". In: Mélanges R. Mortier, Genf 1980, S. 285 – 297; „Les descriptions de journées dans la ‚Nouvelle Héloïse'". In: Reappraisals of Rousseau, Manchester 1980. S. 81 – 92. — [5] *Gouhier, H.:* Rousseau et Voltaire — Portraits dans deux miroirs. Paris 1983. S. 27 – 45. — [6] François René de Chateaubriand, Les Martyrs, Buch V. — [7] Vgl. die von Pierre Gascar veröffentlichten Dokumente: L'Ombre de Robespierre. Paris 1979. — [8] Jullien ergeht sich im Lob der Zivilisation. Er stellt seine Revue encyclopédique als „journal central de la civilisation" vor. — [9] Maine de Biran, Journal, Hrsg. Henri Gouhier, 3 Bde. Neuchâtel 1957, Bd. 3, s. 129. — [10] Etienne Cabet, Voyage en Icarie, préface de Henri Desroches, Paris 1970, S. LII. — [11] Das dirigistische Denken Cabets ist in die Nähe der Auffassungen zu rücken, die sich in der Literatur der Reformprojekte zur Strafgerichtsbarkeit ausdrücken. Vgl. *Foucault, M.:* Surveiller es punir. Paris 1975. Besonders S. 151 – 171. — [12] *Fourier, Ch.:* Le Nouveau monde industriel et sociétaire. Paris 1973. S. 108 – 111. — [13] *Marx, K.:* Das Kapital, Bd. 1, Kap. 8 (Dietz-Verlag, Berlin 1955, S. 275). — [14] „Das kommunistische Manifest". In: K. Marx, Frühe Schriften, hrsgg. von H.-J. Lieber/ P. Furth. Darmstadt 1971. Bd. 2, S. 855. — [15] *Marx, K./ Engels, Fr.:* „Die deutsche Ideologie". In: K. Marx, Frühe Schriften 2, S. 34 – 36. Baudelaire beklagt ebenfalls die „Spezialisierung" des zivilisierten Menschen; er sieht im Wilden ein „enzyklopädisches", „lückenloses" Wesen („Notes sur Edgar Poe". In: OEuvres, Bd. 2, Paris (Pléiade) 1976, S. 325 – 326. — [16] *Lafargue, P.:* Le Droit à la paresse, hrsgg. von M. Dommanget. Paris 1979. S. 147. — [17] Vgl. *Kolakowski, L.:* Main Currents of Marxism, 3 Bde. Oxford 1978, Bd. 2, Kap. VI. — [18] Geschrieben 1980 – 1981. Erschien zuerst auf französisch in: Le Temps de la Réflexion, Nr. IV, 1983, Paris, S. 101 – 125.

Schlaguhr und Zeitorganisation
Zur frühen Geschichte der öffentlichen Uhren und den sozialen Folgen der modernen Stundenrechnung

Gerhard Dohrn-van Rossum, Bielefeld

Mit Recht bezeichnen die Darstellungen der modernen, europäisch geprägten Entwicklung des sozialen Zeitbewußtseins und der Zeitorganisationsformen die mechanische Uhr als Schlüsselmaschine unserer Zivilisation. Regelhaftigkeit, Pünktlichkeit, präzise und komlexe Koordination und quantitative wissenschaftliche Methoden sind ohne die modernen Zeitmeßtechniken undenkbar. Die mechanische Uhr markiert historisch den Beginn dieser Entwicklungen und steht symbolisch für einen sechs Jahrhunderte währenden Gesamtprozeß. Wir reden und schreiben heute recht geläufig über die Bedeutung der Uhren für unseren Alltag. Demgegenüber wissen wir noch wenig über die unmittelbaren Folgen der neuen Zeitmeßtechnik und der durch sie ermöglichten modernen Stundenrechnung, weil die wenig spektakulären Veränderungen alltäglicher Zeitorganisation leicht übersehen werden.

Im Zusammenhang mit den Diskussionen um die Einführung der mitteleuropäischen Einheitszeit im Deutschen Reich vor knapp hundert Jahren veröffentlichte der Stuttgarter Gymnasialprofessor Gustav Bilfinger eine bis heute grundlegende kulturgeschichtliche Studie über die „Mittelalterlichen Horen und die modernen Stunden". In langfristiger historischer Perspektive zeigte er die Überformung der antiken Tagesteilung mit ihren zwölf Tages- und zwölf Nachtstunden, die jeweils untereinander gleichlang waren, aber jahreszeitlich mit der Dauer des Lichttages variierten, durch die sieben christlichen Gebetszeiten, den kanonischen Stunden bzw. Horen. Nach der Auswertung Tausender mittelalterlicher Tageszeitangaben und der damals bekannten uhrengeschichtlichen Quellen konnte Bilfinger auch den engen Zusammenhang zwischen der Ausbreitung der öffentlichen Schlaguhren und dem Gebrauch der modernen Stundenrechnung, nach der der Volltag in stets gleichlange Zeitabschnitte geteilt wurde, nachweisen. Seine gleichzeitige Perspektive auf die technische Innovation, die

Dr. Gerhard Dohrn-van Rossum, geb. 1947, Studium der Geschichtswissenschaft und Philosophie in Frankfurt, Berlin und Heidelberg, Promotion im Fach Geschichte mit einer Arbeit über politische Organismusmetaphern (1977), wissenschaftlicher Mitarbeiter an der Universität Bielefeld, Habilitation im Fach Geschichte mit einer Arbeit über die hier behandelten Themen (1989), Aufsatzveröffentlichungen im weiteren thematischen Umkreis.

Dr. G. Dohrn-van Rossum, Fakultät für Geschichtswissenschaft und Philosophie, Universität Bielefeld, Postfach 86 40, 4800 Bielefeld 1

mechanischen Uhren, und auf die dadurch ermöglichte soziale Innovation, den Gebrauch der gleichlangen Stunden im Alltag, führte auf die, auch für die Geschichte des Wandels des sozialen Zeitbewußtseins wichtige, Unterscheidung zwischen mechanischen Uhren und Schlaguhren. Die Entwicklung der modernen Uhren erweist sich als exemplarischer Fall für den Zusammenhang von Technikgeschichte und Sozialgeschichte.

Klosterwecker

Die klassische mechanische Uhr ist für uns ein gewichtsgetriebenes Räderwerk mit einer mechanischen, regulierbaren Hemmung. In dem wohl im letzten Drittel des 13. Jahrhunderts auftauchenden Hemmungsmechanismus sehen wir den entscheidenden technischen Durchbruch. Dieser Mechanismus ist vermutlich im klösterlichen Bereich entwickelt worden; Beweise dafür haben wir aber nicht. Auffällig auch, daß die Zeitgenossen, die sich durchaus für technische Neuerungen, zum Beispiel für die gleichzeitig entwickelte Lesebrille, interessierten, von dieser bedeutsamen Neuerung keinerlei Notiz genommen haben. Als uhrentechnisch innovatives Milieu sehen wir die Klöster, weil der klösterliche Tageslauf einen für die regelkonforme Sequenz der vorgeschriebenen Offizien kritischen, tageslichtunabhängigen Anfangszeitpunkt hatte. Die Offizien mußten nach Mitternacht, aber vor dem Morgengrauen beginnen. Zur Ermittlung dieses Zeitpunkts achteten die Sakristane seit der Spätantike auf den Hahnenschrei und auf den gestirnten Himmel, teils mit teils ohne Beobachtungsgeräte. Sie zählten die seit Beginn der Dunkelheit gebeteten Psalmen, ließen genau gewogene Kerzen abbrennen oder benutzten die von römischen Gerichten und Militärlagern bekannten einfachen

Auslaufwasseruhren (Klepsydren). Während des Tages wurden Sonnenuhren unterschiedlicher Art beobachtet. Daß auch schon Sanduhren bekannt waren, ist dagegen ein verbreiteter Irrtum. Alle diese vergleichsweise primitiven, aber durchaus zweckentsprechenden Zeitmeßvorrichtungen wurden „Uhr" (horologium) genannt, und das macht die Erforschung ihrer technischen Entwicklung so schwierig.

Kontinuierlich mehren sich seit der Jahrtausendwende die Indizien, daß in den Klöstern an der Verbesserung der Wasseruhrentechnik gearbeitet wurde. Durch Überlaufgefäße wurde der Wasserfluß verstetigt, mit Hilfe von Schwimmern, Rollen, Seilen und Gewichten wurden Wecksignale akustisch ausgelöst und wohl auch Zifferblätter und Zeiger bewegt. Ob und wie die Verbesserung der Wasseruhren an die durch die römischen Architektur-

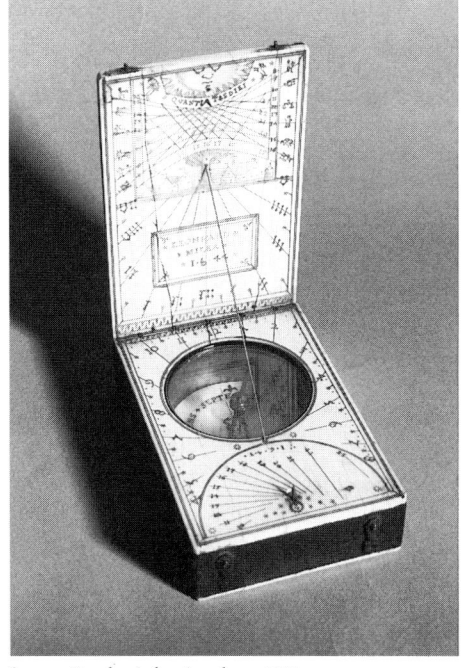

Sonnen(taschen)uhr, Augsburg 1644
(Foto: Deutsches Uhrenmuseum, Furtwangen)

schriftsteller Vitruv beschriebene antike Wasseruhrentradition anknüpfte, oder ob Einflüsse der islamischen Uhren- und Spielautomatentechnik wirksam waren, läßt sich gegenwärtig nicht sagen. Im 13. Jahrhundert werden die klösterlichen Wasseruhren zahlreicher, größer, schwerer und aufwendiger ausgestattet. Das Wecksignal wurde auf eine Glocke gegeben, auf einer Glocke repetiert — das kennt man heute noch — oder mit einem Glockenspiel mit einer einfachen Melodie verbunden. Am Ende des Jahrhunderts tauchen Uhren auch außerhalb von Klöstern auf. Im Jahr 1271 ist in einem astronomischen Lehrbuchkommentar von bisher vergeblichen Versuchen die Rede, den Ablauf einer Welle mit einem Seilgewicht so zu regulieren, daß diese Uhr auch für astronomische Beobachtungen tauglich wäre. Aber dergleichen Präzisionsanforderungen konnten die in dieser Zeit entwickelten Uhren mit mechanischen Hemmungen auch in den folgenden zwei Jahrhunderten nicht erfüllen. Als Antrieb für einen hinreichend genauen Wecker, ein Glocken- oder ein Figurenspielwerk oder eine einfache astronomische Simulation taugten sie durchaus.

Innerhalb dieses uhrentechnischen Innovationsschubs seit dem Ende des 13. Jahrhunderts wird nirgends von der Hemmung als einer beachtlichen Neuerung berichtet. Wir wissen also nicht, ob sie sich einem Geistesblitz verdankt und mithin eine Erfindung ist, oder ob die Hemmung in der uns bekannten Form nicht lediglich ein einfaches, gebrauchstüchtiges und reproduzierbares Ergebnis vielerlei ähnlicher Bemühungen gewesen ist. Auch wird nirgends von der kontinuierlichen Indikation der modernen gleichlangen Stunden berichtet, und entsprechende alltägliche Zeitangaben fehlen. Es tickte zwar, und das Ticken zerlegte die Zeit in gleiche Abschnitte, aber die Zeitgenossen empfanden

das Ticken als Geräusch, noch nicht als Zeitmaß, und daher blieb die mechanische Uhr für den Umgang mit der Zeit oder das Bewußtsein zunächst folgenlos. Mag der Uhrwerkmechanismus im klösterlichen Bereich entwickelt worden sein — auch der klösterliche Tagesablauf wurde durch die Uhren zunächst nicht verändert. Die Rede von den Klöstern als „Uhrwerk-Gemeinschaften" — oder vom „maschinenartigen Rhythmus" und der „eisernen Disziplin" ist unsinnig, weil sie moderne Erfahrungen zurückprojeziert. Der klösterliche Tagesablauf war und blieb seiner Zeitstruktur nach eine geordnete Sequenz ungleich langer und hinsichtlich ihrer Dauer elastischer Tagesabschnitte mit einem festen, nur mit der Jahreszeit gleitenden Anfangspunkt. Die klösterlichen Wasseruhren waren technisch anfällig, notorisch unzuverlässig und schwierig zu regulieren. Gleichlange Stunden hätten die Aufgaben der klösterlichen Mechaniker und Sakristane sicher einfacher gemacht, aber dagegen stand der Wortlaut der Regel und jahrhundertealte ehrwürdige Gewohnheit. Der Modernisierungsschub setzte erst nach einer weiteren technischen Entwicklung und in einem anderen sozialen Milieu ein.

Der öffentliche Stundenschlag — eine technische Sensation des 14. Jahrhunderts

Rasche Zunahme der Bevölkerung und innere Differenzierung kennzeichnen die europäische Städtelandschaft seit dem Hochmittelalter. Parallel dazu läßt sich die Differenzierung der städtischen Signalsysteme verfolgen. Das Leben der Städter wurde weniger durch Hinweistafeln und Schilder als durch akustische Signale geregelt. Mit der Größe einer Stadt nahm auch die Zahl der Glocken und die Vielfalt der Glockensignale zu. Je nach Anlaß,

Zweck und Adressatenkreis wurde mit Hilfe von Glockenzeichen angekündigt, mitgeteilt, gemahnt, gewarnt, eingeladen, verboten oder vorgeschrieben. Sie richteten sich an die Städter insgesamt, an die wehrfähigen oder die ratsverpflichteten Bürger. Sie regelten die Tätigkeit der Wächter, der Wirte, der Fischer, der Lohnarbeiter, der Markthändler, der Wiederverkäufer, der Hirten usw. Dazu kamen die Gottesdienst- und Gebetsrufe der Hauptkirche, der Gemeindekirchen und der Klöster, die Glocken der Korporationen mit eigenen Herrschaftsrechten etwa der Zünfte und der Universitäten und unter Umständen die Glocken großer Baustellen oder Werften. Die alltägliche akustische Kulisse einer mittelalterlichen Großstadt wirkte auf Fremde sicher wie ein buntes und verwirrendes Dauergeläut, für die Einheimischen war sie ein Kommunikationssystem, dessen Leistungsfähigkeit nicht unterschätzt werden sollte.

Seit wann man sich nun auf den städtischen Türmen für die regelmäßigen Signale mechanischer Uhren bediente, ist nicht ganz sicher. Verstreute Hinweise auf einen, vielleicht noch nicht kontinuierlichen, städtischen Stundenschlag, auf eine städtische Uhr oder auf besoldete Uhrwärter finden sich in Orvieto (1308), Modena (1309), Dubrovnik (1322), Valenciennes (1325) und Parma (1336).

Eine Mailänder Chronik berichtet dann zum Jahre 1336 von einer „wunderbaren Uhr" auf dem Turm von San Gottardo, die die vierundzwanzig Stunden des Tages und der Nacht nach ihrer Zählzahl auf eine große Glocke schlüge, dergestalt, daß in der ersten Stunde einmal, in der zweiten zweimal, in der dritten dreimal und so fort geschlagen würde. Die Unterscheidung der einzelnen Stunden sei für Menschen aller Stände von großer Wichtigkeit. In Italien war offenbar das automatische Stun-denschlagwerk entwickelt worden. Das ist ein mit dem Uhrwerk verbundener, eher noch komplizierterer Mechanismus mit Zahnradübersetzungen und geschwindigkeitsregulierenden Windflügeln, an dem sich mittels der sogenannten Schloßscheibe eine beliebige Läutsequenz durch Kerben programmieren läßt. Er machte, wie die Zeitgenossen voller Staunen feststellten, die schwere Arbeit der Glöckner „von selbst", „ohne menschliche Arbeit", „scheinbar belebt". Erst diese Uhrwerke, „die sich selber schlugen", wurden als eine großartige neue Erfindung gefeiert. Und weil die neue Schlagwerktechnik sich praktisch nicht auf unterschiedliche Tages- und Nachtstunden ständig wechselnder Dauer einstellen ließ, wurde erst durch die Schlagwerke der Übergang zu den gleichlangen Stunden im stadtöffentlichen Leben möglich und auf lange Sicht unvermeidlich. Der Gebrauch der modernen Stunden folgt der Verbreitung der stundenschlagenden Turmuhren in Europa fast zeitgleich. Auch das hat Gustav Bilfinger schon klar gesehen.

Kirchturmuhr
(Foto: Deutsches Uhrenmuseum, Furtwangen)

Herrscherliche Autorität – Prestigekonkurrenz – Verwaltungshandeln

Wo die mechanische Uhrwerkhemmung entwickelt worden ist, wissen wir nicht. Die stundenschlagenden Turmuhren dagegen sind in Italien im ersten Drittel des 14. Jahrhunderts entwickelt und von dort in Europa verbreitet worden. Das läßt sich einerseits an den Wanderungen italienischer Turmuhrenfachleute erkennen. Der Konstrukteur der Turmuhr im Schloß Windsor wird 1352 als Lombarde bezeichnet. König Pedro IV. von Aragon läßt 1356 für seinen neuen Palast in Perpignan eine beonders schwere Turmuhr durch einen italienischen Fachmann bauen, der vom päpstlichen Hof in Avignon, wo es seit 1353 eine große Uhr gab, geholt wird. Im gleichen Jahr schreibt der große Humanist Francesco Petrarca von der „öffentlichen Uhr" als einer neuen Erfindung, die in den oberitalienischen Städten Verbreitung gefunden habe. Bestätigt wird diese Darstellung durch die Übernahme der italienischen Form der modernen Stundenzählung in Gegenden mit frühen Hinweisen auf mechanische Uhren, so zum Beispiel in Böhmen, Schlesien und für eine Übergangszeit auch im Königreich Polen und in Schlesien.

Von den verschiedenen, im 14. Jahrhundert geläufigen Formen der modernen Stundenzählung seien nur die beiden wichtigsten erwähnt. Nach der Italienischen oder Großen Uhr begann die Zählung der vierundzwanzig Tagesstunden eine halbe Stunde nach Sonnenuntergang. „Vierundzwanzig Uhr" bezeichnete also der Beginn der letzten hellen Tagesstunde. Nach der Kleinen oder Halben Uhr, die in Mittel- und Nordeuropa üblich war, wurden beginnend um Mitternacht zweimal zwölf Stunden durchgezählt. Der Sonnen-

höchststand, der Mittagspunkt lag immer bei zwölf Uhr. Das italienische System scheint eindeutig älter, weil es das bewegliche Ende des natürlichen Lichttages noch berücksichtigt. Es hatte allerdings beträchtliche praktische Nachteile: Vierundzwanzig Glockenschläge brauchen mehr Seillänge, beanspruchen das Schlagwerk mechanisch stärker und lassen sich gerade am hellen Tag weniger leicht mitzählen. Außerdem mußten die Uhren ständig nach Augenschein oder Tabellen nachkorrigiert werden. Für die Kleine Uhr genügten einfache Korrekturen mit Hilfe einer Sonnenuhr zur Mittagszeit.

Für die Zeit bis zum Ende des 15. Jahrhunderts lassen sich rund fünfhundert öffentliche Uhren meist aus kargen Einträgen in städtischen Haushaltsrechnungen dokumentieren. Soweit sich Motive und Interessen, die im Einzelfall zur Beschaffung eines solchen Geräts geführt haben, noch erkennen lassen, werden zunächst nacheinander, dann gleichzeitig drei besonders innovationsförderliche Faktoren sichtbar.

Zunächst sind es die großen Landesherren und Stadtfürsten, die für die Errichtung öffentlicher Uhren in ihren Städten, aber auch an ihren Residenzen sorgen. Die erwähnte Uhr auf San Gottardo in Mailand war Bestandteil eines üppigen Bauprogramms, das der Stadtfürst Azzo Visconti veranlaßt hatte. Ingenieure im Dienste der Visconti bauen Uhren für den Dom in Monza und vielleicht auch für den in Modena. Giovanni Visconti läßt 1353 eine öffentliche Uhr im Turm des Doms der gerade annektierten Stadt Genua bauen und sorgt für eine vergleichbare Installation in Bologna, wo diese Modernisierung von oben von einigen bejammert wurde, weil dafür eine Sondersteuer von den Stadtbürgern erhoben wurde. Unter den vielen vergleichbaren landesherrlichen Initiativen sei beispielhaft die einschlägige Aktivität Philipp des Kühnen von Burgund (1364 bis 1404) hervorgehoben. Nach der Schlacht von Roosebeeke gegen die aufständischen Flandern (1382) läßt er die mit Figurenautomaten geschmückte Uhr der Stadt Kortrijk demontieren, auf Ochsenkarren nach Dijon, der Hauptstadt seines Herzogtums, bringen und auf der Kirche Notre-Dame installieren. Der Stadt Aire-sur-la-Lys schenkt er 1394 zweihundert Franc für ihren Stadtturm und die öffentliche Uhr. Im Jahr darauf gestattet er in Beaune eine Abgabe auf jeden Salzlaib, um die Finanzierung der Stadtuhr zu sichern, teils, weil die Uhr dem Gemeinwohl diene,

teils, weil sie der Tätigkeit seiner Beamten und Richter förderlich sei. Sluis in Seeland darf eine Steuer erheben, in Lens im Artois fördert die Herzogin die Stadtuhr durch ein Geldgeschenk. In Nevers gestattet er die Installation auf einem seiner Gebäude, Termonde und Temse dürfen Steuern für Bau oder Erneuerung ihrer Uhren erheben. Außerdem stattet der Herzog mindestens zehn seiner Schlösser und Stadtresidenzen mit Uhren aus und beschäftigt mehrere festbesoldete Uhrmacher. In ähnlicher Form fördern viele seiner Standesgenossen die Verbreitung der öffentlichen Uhren in den Städten ihrer Herrschaftbereiche.

Geht die Initiative von den Städten selbst aus, läßt sich häufig urbanistische Prestigekonkurrenz als innovationsfördernder Faktor ausmachen. Der Wunsch, mit einer anderen Stadt gleichzuziehen, sie möglichst noch zu übertreffen, stand oft sehr ausdrücklich am Beginn einer Uhrenbeschaffungsaktion. Der mit der öffentlichen Uhr getriebene Aufwand war ein Mittel, den Rang der eigenen Stadt innerhalb einer Städtelandschaft zu betonen. Im Jahr 1370 bestellte die schlesische Stadt Schweidnitz einen „Zeiger", „der do glych sy dem zeyger czu Breclaw adir besser". Die Bürger von Lyon wurden gedrängt, einen Brückenturm an der Saône mit einer Uhr nach dem Vorbild der Uhr am alten Louvre, die Karl V. von Frankreich 1370 hatte bauen lassen, auszustatten. Auch das Kathedralkapitel in Reims bestellte ein Uhrschlagwerk nach dem Pariser Muster. Ebenfalls im Jahr 1391 gab Lucca eine öffentliche Uhr in Auftrag, die genauso oder besser sein sollte wie die von Pisa.

Die Beipiele ließen sich vermehren. Über ihren praktischen Wert hinaus waren die öffentlichen Uhren sehr rasch zum Bestandteil des urbanen Dekor geworden, und an den übergroßen Zifferblättern in

Vieltürmige Stadt, Federzeichnung 1491, Erlangen, Graphische Sammlung der Universität.

manchen spätmittelalterlichen Stadtansichten läßt sich dies recht gut beobachten. Zwischenstädtische Prestigekonkurrenz ist ein auch uns wohlvertrautes Baumotiv. Der Unterschied scheint darin zu liegen, daß im Spätmittelalter ganz offen darüber geredet wurde.

Noch bevor sie praktische Erfahrungen mit der neuen Uhrzeit machen konnten, waren die Stadtbürger vom Nutzen der öffentlichen Uhren überzeugt. Politischen Konsens für diese nicht billige Investition zu beschaffen, war nie problematisch. Innerhalb der Städte sind nirgends einzelne Gruppen, etwa die Kaufleute, zu erkennen, denen die öffentlichen Uhren besonders am Herzen gelegen hätten. Umgekehrt gab es auch keinen Widerstand etwa von seiten der Kirchen. Diese verhielten sich vielmehr durchweg kooperativ, wenn es zum Beispiel um den Umbau oder die Zugänglichkeit der Kirchtürme ging. Voraussetzung war allerdings, daß die politische Gemeinde den größeren Teil der Kosten übernahm.

Die im 15. Jahrhundert beginnende Verbreitung der öffentlichen Uhren in den Dörfern stieß dagegen häufiger auf Widerstand. Die Bauern waren von der Notwendigkeit des Stundensignals nicht überall überzeugt und verweigerten ihren Beitrag vor allem dann, wenn sie außerhalb der akustischen Reichweite des Zeitsignals lebten. Die Modernisierung wurde hier von den Landesherren durch Verwaltungsmaßnahmen, nach der Reformation auch durch die landesherrlichen Kirchenordnungen, erzwungen. Gottesdienst und Schule sollten auch auf dem Lande pünktlich gehalten werden.

Die statistische Auswertung der städtischen Uhrenbeschaffungen im 14. Jahrhundert zeigt, wie rasch sich die technische Neuerung verbreitet hat. Geht man von dem erwähnten Mailänder Datum (1336) aus, dann läßt sich aus den dokumentierbaren Fällen hochrechnen, daß um 1400 trotz der Pestkrisen und Kriege fast alle europäischen Städte eine öffentliche Uhr beschafft hatten. Dabei zeigt sich das Jahrzehnt zwischen 1371 uns 1380 als eine ausgesprochene Boomphase, in der auch kleine und kleinste Städte beschaffen. Das gilt für alle europäischen Städte. Nur die skandinavischen Länder hängen etwas nach. Um 1400 sind auch die geographischen Grenzen des christlichen Europa erreicht. Im Jahr 1404 wird die erste öffentliche Uhr in Moskau errichtet. Die islamischen Länder verweigern die Einführung der öffentlichen Uhren aus noch nicht ganz geklärten Gründen. Einzelne Potentaten sammelten, einige Gelehrte beschäftigten sich mit mechanischen Uhren, aber von einem mechanisierten öffentlichen Zeitsignal scheint man eine Schmälerung des Ansehens der Muezzin, die zum Gebet riefen, befürchtet zu haben.

Nur zwei Generationen hatte es seit der Entwicklung der neuen Technik bis zu ihrer allgemeinen Verfügbarkeit gedauert. In den europäischen Städten wurden die gleichen Stunden nach der wahren Ortszeit zunächst durch Glockenzeichen, später auch auf Zifferblättern angezeigt, und um 1400 hat sich offenbar auch ein Bewußtsein dafür entwickelt, daß das städtische Leben eine besondere von der ländlichen Umgebung verschiedene Zeitordnung hatte. Um 1410 ließ ein anonymer Autor einen englischen Predigermönch sagen, daß ebensowenig wie die Gestirne die irdischen Kreaturen beherrschten — es geht gegen die Astrologen! —, die Uhren die Menschen in den größeren und kleineren Städten regierten. Vielmehr regierten sich die Menschen in den Städten mit Hilfe der Uhren selbst.

Uhren und soziale Zeitorganisation

Der neue Schlag der Uhrglocke war innerhalb der vieltönigen akustischen Kulisse der spätmittelalterlichen Stadt zunächst nichts weiter als ein zusätzliches Signal, ein Angebot, von dem man Gebrauch machen konnte oder auch nicht. Es gab noch keine zeitlichen Regelungsprobleme, die man nicht auch ohne Uhr hinreichend handhaben konnte. Man konnte sich auch weiterhin „bei Sonnenaufgang", „nach der Frühmesse", „nach dem Essen", „zur Vesperglocke", „auf die Nacht" oder eben zu einer Uhrzeit verabreden, und man brauchte sich hinsichtlich seiner Terminierungsgewohnheiten auch nicht konsistent verhalten. Daher wird man allenfalls von schleichenden, sehr langfristigen und meist anonymen Verhaltensänderungen ausgehen müssen.

Man muß sich klarmachen, daß die gleichlangen Stunden als relativ präzise Sequenz von Signalen bzw. Fristen neue Formen von Terminierungen ermöglichten. Zusätzlich ließen sich die gleiche Stunde, ein Vielfaches oder Teile von ihr auch als uhrzeitunabhängige, aber nicht ohne Uhren feststellbare abstrakte Fristen gebrauchen. Dabei sei an den kaum mehr geläufigen Sachverhalt erinnert, daß das bis zum Ende des 18. Jahrhunderts verbreitetste Instrument für Befristungen die Sanduhr war. Die ältesten Zeugnisse für ihren Gebrauch stammen aus der Zeit der ersten mechanischen Uhren, und für die Verbreitung neuer zeitorganisatorischer Techniken waren jene nicht weniger wichtig als diese. Sanduhren waren für alle Befristungszwecke ein preiswerter, geräuschloser und zuverlässiger Ersatz für mechanische Uhren. Sie waren für eine oder mehrere Stunden oder für Stundenbruchteile, das heißt halbe, viertel, drittel oder achtel Stunden, kalibriert. Und auch daran sei erinnert: Die moderne Stunde war für die Zeitgenossen des 14. und 15. Jahrhunderts der vierundzwanzigste Teil des Tages und nicht eine Einheit von sechzig Minuten Dauer. Minuten tauchen nur bei astrologischen Angaben als errechnete Größen auf, messen ließen sie sich nicht, und im Alltag spielten sie keinerlei Rolle.

Nach diesen Vorklärungen nun zu der schlichten Frage: Wer hat die neuen Uhren und die neue Stundenrechnung gebraucht und wozu? Welche Erfahrungen sind gemacht worden? Welche neuen Verhaltensweisen konnten sich stabilisieren?

Aus der Fülle schriftlicher Zeugnisse wird man zunächst solche Quellenbestände betrachten, bei denen sich vergleichbare Zeitangaben über viele Jahrzehnte, ja Jahrhunderte verfolgen lassen, um Umbruchstellen zu isolieren. Dafür eignen sich zum Beispiel laufend geführte Chroniken und die Protokollbücher von Notaren. Der Befund überrascht: Diese Texte enthalten Tageszeitangaben in großer Zahl seit der Mitte des 13. Jahrhunderts, das heißt die wachsende Bedeutung tageszeitlicher Präzisierung läßt sich schon vor dem Auftauchen der neuen Zeitmesser verfolgen. Nahezu zeitgleich mit der Verbreitung der Uhren beginnen Chronisten und Notare nach der neuen Stundenrechnung zu datieren, die Notare oft demonstrativ, indem sie zum Beispiel nicht „in der achten Stunde", sondern „in der achten Uhrstunde" schreiben und gelegentlich auch den Standort der Uhr genau bezeichnen. Daraus folgt nun aber nicht, daß diese professionellen Autoren sich besonders rasch auf die neue Form der Zeitangabe umgestellt hätten. Es zeigt sich vielmehr, daß sobald die öffentlichen Uhren Neuigkeitswert verloren hatten, die Chronisten und Notare wieder zu den alten Formen der Tageszeitangaben, „um die Non", „zur Vesper" etc., zurückkehren oder solche Angaben ganz unterlassen. Solange sie neu war, hatten sie der Uhr Reverenz erwiesen, aber ein Bedürfnis nach größerer tageszeitlicher Präzisierung war bei diesen Berufsgruppen offenbar nicht vorhanden.

Gremiendisziplin

Andere und dauerhaftere Spuren der neuen Stundenrechnung lassen sich in zahlreichen Ordnungen für städtische Rats- und Gerichtsgremien verfolgen. Die Stadtbürger hatten politische Mitspracherechte erkämpft, aber zugleich hatte sich der politische und juristische Aufgabenbereich der städtischen Verwaltungen enorm ausgeweitet. Die hohe Ehre, als Handwerker in einem städtischen Gremium zu sitzen, hatte sich vielfach als eine immer zeitaufwendigere, meist unbezahlte Pflicht entpuppt. Die Folge: Seit dem Spätmittelalter wurde die Sitzungsdisziplin städtischer Gremien immer schlechter. Zahlreiche neue Rats- und Gerichtsordnungen sehen seit dem Ende des 14. Jahrhunderts nicht nur Diäten vor, sondern präzisieren die Sitzungszeiten auch durch Uhrzeitangaben und setzen Geldstrafen für unpünktliches Erscheinen fest. Der Rat begann also nicht mehr am frühen Morgen oder nach einem Gottesdienst und schloß nicht mehr vor dem Ende des Marktes oder mit der Mittagsglocke. Uhrzeitangaben für Beginn und Ende einer Gremiensitzung boten die Möglichkeit, diese zeitlich von anderen städtischen Terminen und Signalen zu entkoppeln und ihre Dauer nach Bedarf und ohne Rücksicht auf andere Termine zu variieren.

Zur Sicherung der Pünktlichkeit waren Uhrzeiten weniger gut geeignet, weil die Sitzungen natürlich nicht genau mit dem Schlag der Uhrglocke begannen und kleinere Zeiteinheiten nur selten angezeigt wurden. Daher wendete man bei Sitzungsbeginn ein „Viertelstundenglas", nach dessen Ablauf Diätenkürzungen oder Geldstrafen fällig wurden. Diese Form der uhrzeitunabhängigen, aber dennoch abstrakten und objektiven Pünktlichkeitskontrolle wurde in zahlreichen Gremien bis zum Ende des 18. Jahrhunderts bzw. bis zur Verbreitung privater Uhren, die auch Minutenzeiger hatten, beibehalten.

Stundenpläne

Die seit dem 15. Jahrhundert in den Ordnungen städtischer Schulen auftauchenden Uhrzeitregelungen begrenzten zunächst die Dauer des täglichen Unterrichts und setzten die Arbeitszeit der Lehrer fest. Eine gewisse Koordination der Schulzeit mit der übrigen städtischen Zeitordnung war notwendig, weil die Lehrer vielfach auch Küsterdienste zu versehen hatten, und die Schüler bei Gottesdiensten und Beerdigungen, die ebenfalls zeitlich fixiert wurden, singen mußten. War die Unterrichtzeit durch zwei Uhrzeiten begrenzt, lag es nahe, auch dessen Teile in gleiche Abschnitte, eben Schulstunden, einzuteilen. Aber das Auftauchen der Stundenpläne im Gefolge der neuen Zeitmesser ist nur scheinbar eine belanglose formale Neuerung. Stundenpläne waren vielmehr eine zeitorganisatorische Antwort auf Probleme der Gestaltung der Unterrichtsinhalte und der Didaktik. Der aus dem Hochmittelalter übernommene Lehrbetrieb an Universitäten und Schulen war durch eine gestufte Ordnung, einen Kanon durchzunehmender lateinischer Autoren geprägt. Rissig wurde das alte Lehrplangefüge durch die Vermehrung der Wissensbestände. Die ständige Vermehrung der zu lesenden Bücher erzeugte zunehmenden Zeitdruck, der bei den humanistischen Autoren seit dem 14. Jahrhundert zu einem Dauerthema wird. Nach den Vorstellungen dieser Autoren war dem Zeitdruck nur durch Ordnung, Methode und Planung zu begegnen. In diesem Zusammenhang tauchen Überlegungen auf, die Lehrinhalte nicht mehr nach ihrer Wichtigkeit oder Schwierigkeit zu ordnen, sondern allen bedeutsamen Gegenständen bestimmte Zeiten zuzuweisen und deren Einhaltung zu protokollieren. Befristete Einheiten beim Selbststudium oder Unterricht sind gegenüber der Vielfalt der Inhalte, ihrem Rang oder ihrer Schwierigkeit neutral. Sie erlauben eine abstrakte und freie Organisation unter den Bedingungen knapper Zeit. Für einen besonders wichtigen oder neuen Lehrgegenstand brauchte man nicht mehr ein neues Lehrbuch oder eine andere Lehrmethode; es genügte zunächst die Zuweisung einer doppelten Zeiteinheit. Daß diese zeitorganisatorische Regelung dann auch Didaktik und Lehrbücher veränderte, bedarf keiner Erläuterung.

Wo die Anfänge abstrakter Befristung von Studium und Lehre zu suchen sind, ist

noch nicht ganz deutlich. Das älteste mir bekannte Zeugnis ist eine Illustration in einer im Jahr 1395 in Coburg entstandenen Handschrift des Pentateuch, die eine Unterrichtsszene mit einer Sanduhr zeigt. Jüdische Schulordnungen des 15. Jahrhunderts sehen ausdrücklich die Beschaffung von Uhren und Sanduhren zur Befristung des Unterrichts, aber auch zur Arbeitszeitkontrolle bei den Lehrern vor. Nach der Reformation findet sich Entsprechendes in Hunderten von Schulordnungen. Sanduhren, seltener auch mechanische Uhren gehören seit dem 15. Jahrhundert auch zum festen ikonographischen Inventar bei Darstellungen von Gelehrtenstuben. Sie werden meist als Vanitas-Motiv, als Erinnerung an die flüchtige Zeit und die ablaufende Lebensfrist gedeutet. Mir scheint, daß diese Zeitmesser auch ganz praktische Zwecke hatten.

Predigtzeit

Seit dem Beginn des 16. Jahrhunderts werden solche Befristungstechniken auch auf den Kanzeln üblich oder vorgeschrieben. Luther hat die Stunde als ein vernünftiges Maß der Predigt empfohlen, und aus seinen Tischreden ist der Ausspruch überliefert: „Lange predigen ist kein kunst, aber recht und wol predigen, lehren, hoc opus, hic labor est."

An den zahlreichen Predigtbefristungsvorschriften der nachreformatorischen Zeit fällt die Vielfalt der Begründungen auf. Den Predigern sollte — meist gegen ihren Willen — eine Frist nicht nur aus didaktischen oder theologischen Gründen gesetzt werden, sondern auch, weil andernfalls die Leute von ihrer Erwerbsarbeit, von ihrem Herrendienst, ihren politischen Pflichten abgehalten würden. Die Schwangeren sollten nicht beschwert und Heizkosten für die Kirche gespart werden.

Pentateuch, Coburg 1395, London, British Library, Ausschnitt

Befristung sollte die Prediger auch von allen unnützen Tautologien, Historien, Kontroversien und Streitpunkten fernhalten, Exempel und Zitate in fremden Sprachen vermieden werden. Jeden einzelnen dieser vielfältigen Zwecke hätte man auch mit anderen Mitteln verfolgen können. Durch abstrakte Befristung ließen sich alle zugleich und in einer für Prediger und Zuhörer leicht zu kontrollierenden Form erreichen.

Arbeitszeit und Stundenlohn

Schon vor dem Auftauchen der mechanischen Uhren und der abstrakten Stundenfristen hatten sich die hergebrachten Vorschriften über den Beginn und das Ende der Arbeitszeit und über die Dauer der Pausen vielerorts als nicht konfliktfest erwiesen. Zwar war und blieb der Lichttag die Grundeinheit für alle Formen von Tagelohnarbeit und ihre Bezahlung, aber sein Beginn und sein Ende ließen beträchtlichen Interpretationsspielraum. Für die meisten begann der Arbeitstag, auf Befehl des Meisters in der Werkstatt, des Bauern auf dem Hof oder des Vorarbeiters auf der Baustelle. Für Tagelöhner blieben aber eine Reihe von Fragen offen. Muß die Arbeitsabsprache vor Sonnenaufgang erfolgen? Sollen die Zu- und Abgänge in der Dämmerung oder im Hellen erfolgen? Ist es hell, wenn man einen Mann auf der Straße erkennt oder wenn die Sonne am Himmel steht? Ist, falls ein Glockenzeichen vorgeschrieben ist, dem Küster dieser oder jener Kirche auch zu trauen? Eine erste Reaktion auf die an solchen Fragen sich entzündenden Konflikte war die Entkopplung der Arbeitszeitvorschriften sowohl von den Grenzen des Lichttages wie von anderen Elementen der städtischen Zeitordnung. Überall da, wo in großem Umfang Tagelohnarbeit geleistet wurde, installierte man

besondere Werkglocken, die Tagesarbeitszeit und Pausen signalisierten. Mit dem Auftauchen der öffentlichen Uhren wurden die Arbeitszeiten nach Uhrstunden angegeben und die Pausen vielfach mittels Sanduhren befristet. Dadurch änderte sich die Dauer der täglichen Arbeitszeit zwar nicht, aber ihre Kontrolle war objektiver und damit gerechter und konfliktfest geworden. Nur bei den Vorschriften über das Arbeitsende im Sommer läßt sich gelegentlich eine Tendenz erkennen, das Arbeitsende vor den Sonnenuntergang legen. Damit entsteht in Ansätzen eine Zeit, die man später Freizeit nennen wird.

Die Dauer des Tagewerks schwankte mit den Jahreszeiten, im Norden mehr, im Süden weniger, und entsprechend schwankte auch der Lohn. Natürlich ließ sich das Tagewerk teilen; die Bezahlung von Tageshälften, seltener auch Tagesdritteln oder Vierteln war geläufig. Auffälligerweise hat aber das biblische Gleichnis vom Weinbergarbeiter, der erst in der elften Tagesstunde — nach dem alten System der ungleichen Stunden! — zur Arbeit erscheint und dennoch den vollen Tagelohn erhält, die mittelalterlichen Kommentatoren nicht zu Erörterungen darüber geführt, wie man den Lohnanteil des Weinbergarbeiters hätte berechnen können.

Im Bereich der Textilarbeit zeigt sich nun im 14. Jahrhundert, daß die simplen Tageseilungen nicht mehr ausreichten, und an den spätmittelalterlichen Großbaustellen zeigen sich bedeutsame Auswirkungen der neuen Zeitmeßtechnik für die Arbeitszeitkontrolle und den Arbeitslohn.

In den für die Zeit zwischen 1355 und 1370 erhaltenen Rechnungsbüchern eines großen Fiorentiner Wolltuchunternehmens findet sich eine ganze Reihe neuartiger Arbeitszeitangaben durchweg für die (später so genannten) Überstunden. Im Winter wurden „Nächte" und „Wachen" mit einem halben Tagelohn bezahlt, im Sommer gab es für „Abende" oder für vormorgendliche Arbeit ein Viertel. An der Dombaustelle in Orvieto werden ebenfalls neuartige Arbeitsfristen abgerechnet, deren Dauer sich nicht mehr ermitteln läßt. In Orvieto war seit 1364 auch eine besondere Uhr für die Baustelle in Betrieb, und ihr Wärter mußte die geleistete Arbeitszeit laufend registrieren. Auch an der 1387 eröffneten Dombaustelle in Mailand wurden Sanduhren zur Pausenkontrolle und mechanische Uhren zur Ermittlung der Schlechtwetterabzüge eingesetzt. Die laufende Uhrzeitkontrolle der Arbeitszeit diente nicht nur der Lohnberechnung, sondern auch der Ermittlung der Stückkosten für das Sägen einzelner Marmorblöcke. Ganz vereinzelt wurden auch einzelne Arbeitsstunden bezahlt. Damit waren die Grenzen der im Spätmittelalter möglichen rechnerischen Abstraktion erreicht.

Zur ausdrücklichen Gleichsetzung von Zeit und Geld ist es noch nicht gekommen. Im 15. Jahrhundert taucht dann in Endres Tuchers Nürnberger Baumeisterbuch der Ausdruck „stuntgelt" in der Bedeutung von bezahlter Pausenarbeit oder strafweisem Lohnabzug auf. Auch die Abrechnungen von englischen Großbaustellen der gleichen Zeit machen deutlich, daß der moderne Stundenlohn sprachlich und sachlich aus der Bezahlung durchgearbeiteter Pausen, das heißt sanduhrbefristeter „Stunden", oder Überstunden entstanden ist. Es sei aber darauf hingewiesen, daß alle Formen stundenweiser Bezahlung bis ins 19. Jahrhundert seltene Ausnahmen geblieben sind.

Mechanische Uhren und Sanduhren und der durch sie ermöglichte Gebrauch abstrakter Fristen haben schon im Spätmittelalter neue Möglichkeiten eröffnet, über Arbeitszeit zu verhandeln, sie konfliktfest zu regeln und in, wie man heute sagt, für beide Seiten transparenten Formen zu kontrollieren. Daß die moderne Stundenrechnung eine wesentliche, damals aber noch keineswegs selbstverständliche Voraussetzung vernünftiger Neuordnungen war, wird im zweiten Buch von Thomas Morus „Utopia" deutlich ausgesprochen. Darin heißt es, daß die Utopier den Tag in vierundzwanzig gleichlange Stunden teilten und nur sechs davon der Arbeit widmeten. Dies sei möglich, weil alle notwendige Arbeit durch Heranziehung der bisher Müßigen in weit kürzerer Zeit geleistet werden könnte. Mit der Kritik am unbemessenen Arbeitstag verbindet Morus den deutlichen Hinweis auf die Voraussetzungen vernünftiger sozialer Ordnung: moderne Zeitmessung und Zeitrechnung.

In den ersten hundert Jahren der mechanischen Uhren und der Sanduhren ist von einem tiefgreifenden Wandel des Zeitbewußtseins noch wenig zu bemerken. Mit den neuen, aber noch recht primitiven Geräten konnten zum Beispiel die Wissenschaftler noch kaum etwas anfangen. Dafür sind bedeutende Modernisierungsschritte im Bereich der sozialen Zeitorganisationsformen erreicht worden. Sie werden von jüngeren Errungenschaften leicht verdeckt.

Von der Suche nach Zeitlosigkeit

J. T. Fraser, Westport/USA

Wenn ein Mensch sein Gefühl als „Zeitlosigkeit" beschreibt, vergleicht er, was er auf zweien seiner inneren Zeitmesser abliest. Er sagt, daß er im Vergleich mit seiner wachen, bewußten Erfahrung von der verstreichenden Zeit jetzt ein Gefühl hat, dem etwas fehlt: vielleicht fehlt die Dauer oder die Richtung, vielleicht die Weite des Horizonts. Solche Gefühle sind von allen Kulturen wahrgenommen worden. Das griechische Wort dafür war *ekstasis*, was „die Ursache für ein Außersichsein" bedeutet. Ich will fünf gewöhnliche Erfahrungen beschreiben, denen oft nachgesagt wird, sie führten zu Gefühlen der Zeitlosigkeit, und sie die Ekstase des Tanzes, des Waldes, der Liebeslaube, des Pilzes und des Kelches nennen. Wir werden sehen, daß Zeitlosigkeit in keinem von ihnen eine völlige Abwesenheit von Zeit bedeutet (so, daß alles auf einmal passiert), sondern nur die Tatsache anerkennt, daß die Zeit jener Erfahrungen im Vergleich mit der Zeit des vollbewußten Zustandes unvollständig ist.

Individualreisen in die Tiefen: Die Ekstasen der Zeitlosigkeit

Rhythmische Bewegung führt oft zur *Ekstase des Tanzes*. Der Tanz zu einem regelmäßigen Takt konzentriert die Gefühle des Tänzers auf den Rhythmus. Ein stetiges Bum-bum-Bum hat so wenig wie das Ticken der Uhr eine ausgezeichnete Zeitrichtung; der Tänzer bemerkt die Ab-

wesenheit der zeitlichen Richtung. Gewöhnlich leben wir in ständiger Spannung, die durch unsere Wahrnehmung der Vergänglichkeit und ein bewußtes oder latentes Bild der Ewigkeit verursacht wird. In der Ekstase des Tanzes verschwimmt die Identität des Tänzers, wenn er mit einem anderen Menschen, der Welt der Sterne und mit der ganzen Menschheit ver-

Dr. **J. T. Fraser.** Der Gründer der International Society for the Study of Time veröffentlichte „Of Time, Passion and Knowledge" (1975), „Time as Conflict" (1978) und „The Genesis and Evolution of Time" (1982). Er ist auch Herausgeber von „The Voices of time" (1968, 1981) und Mitherausgeber der fünf Bände „The Study of Time". Dr. Fraser lehrte am Massachussetts Institute of Technology, am Mount Holyoke College, an der Universität von Maryland und an der Fordham Universität. Er gilt als weltweit führende Autorität für die interdisziplinäre Zeit-Forschung und ist Autor vieler Beiträge in wissenschaftlichen Zeitschriften. Aus seinem Buch „Die Zeit: vertraut und fremd", Basel 1988, wurden einige leicht gekürzte Passagen für den hier vorliegenden Beitrag ausgewählt.

Dr. J. T. Fraser, PO Box 815, Westport, CT 06881, USA

schmilzt und sich in einem Traumland wähnt. Es ist eine Rückkehr in die Kindheit, in der die Zeit unendlich schien und es nur die Gegenwart gab. Die alte Hymne der Shaker beschreibt das gut.

Come life, Shaker life,
Come life eternal;
Shake, shake out of me
All that is carnal.[1]

Die Shaker glaubten, in der Ekstase des Tanzes die Zukunft vorhersagen zu können. Diese Überzeugung spiegelt ein starkes Gefühl, für das die Gültig- oder Ungültigkeit einer Prophezeiung eigentlich unwesentlich war; es war ihre Art der Beschreibung einer Welt, in der Zeit keine Richtung hat. Wenn Vorhersagen gemacht wurden, war die Gruppe sicherlich bereit, sie, wenn nötig, im nachhinein zu verändern, damit sie den Tatsachen entsprechen und dadurch den Tanz als gemeinschaftliche Handlung rechtfertigen konnten. Ich denke dabei nicht an absichtliche Fälschung, sondern an die bemerkenswerte Bereitschaft des Geistes, die Wirklichkeit seinen Bedürfnissen anzupassen.

Die religiöse Erfahrung der wirbelnden Derwische des Sufismus ähnelt der der Shaker. Es ist die Suche nach Abführung von Spannung, genau wie es die Massenhysterie des Schreiens, Weinens und der Ohnmachten der Rock-'n'-Roll-Generation der sechziger Jahre war. Die rhythmische Bewegung von Affen unter Streß läßt vermuten, daß die Ekstase des Tanzes eine starke biologische Komponente hat, die auch andere Arten kennen. Auch der Gang eines Kamels ist rhythmisch, obwohl Kamele, soweit sich das beurteilen läßt, ihn nicht zur Verringerung ihrer existentiellen Spannung einsetzen. Erst er Mensch kann es deutlich fühlen und sogar, wie Nikos Kazantzakis in *Rechenschaft vor El Greco,* beschreiben:

„Der wogende und sichere Rhythmus des Kamelrittes drängt sich dem Körper auf, das Blut paßt sich ihm an und mit dem Blut auch die Seele. Die Zeit befreit sich von der geometrischen Unterteilung, in die sie der westliche nüchterne Geist hineingepreßt und herabgewürdigt hat; hier, mit dem Wiegen des „Schiffes der Wüste", wird die Zeit von den mathematischen Grenzen befreit, sie wird zum flüssigen unteilbaren Stoff, zum leichten, berauschenden Schwindelgefühl, das Gedanken in Träume und Musik verwandelt.

Stundenlang diesem Rhythmus hingegeben, begriff ich, warum die Orientalen den Koran lesen, indem sie sich nach vorn und hinten gleichmäßig bewegen, als ritten sie auf einem Kamel; so versetzen sie ihre Seele in die monotone, berauschende Bewegung, die sie in die große mystische Wüste führt, in die Ekstase."[2]

Die *Ekstase des Waldes* ähnelt der Ekstase des Tanzes. Aber das Gefühl der richtungslosen Kontinuität wird nicht durch die Konzentration auf unaufhörliche rhythmische Veränderung, sondern auf ewige Ruhe erreicht. Es ist das Gefühl für die einsame, gewaltige Größe des Hochgebirges, für ein immerwährendes Jetzt, in dem Zukunft und Vergangenheit sich in ewiger Gegenwart treffen. Auch hier läßt die Spannung des Individuums nach, wenn der Wanderer sich mit der Ewigkeit der Wälder eins fühlt.

Über allen Gipfeln
Ist Ruh,
In allen Wipfeln
Spürest du
Kaum einen Hauch.
Die Vögelein schweigen im Walde.
Warte nur, balde
Ruhest du auch.

Zur Feier von Max Plancks siebzigstem Geburtstag beschrieb Albert Einstein es auf diese Weise:

„Zunächst glaube ich ... daß eines der stärksten Motive, die zur Kunst und Wissenschaft hinführen, eine Flucht ist aus dem Alltagsleben mit seiner schmerzlichen Rauheit und trostlosen

Öde, fort aus den Fesseln der ewig wechselnden Wünsche. Es treibt den feiner Besaiteten aus dem persönlichen Dasein heraus in die Welt des objektiven Schauerns und Verstehens; es ist dies Motiv mit der Sehnsucht vergleichbar, die den Städter aus seiner geräuschvollen, unübersichtlichen Umgebung nach der stillen Hochgebirgslandschaft unwiderstehlich hinzieht, wo der weite Blick durch die stille reine Luft gleitet und sich ruhigen Linien anschmiegt, die für die Ewigkeit geschaffen scheinen.“[3]

Einstein spricht hier ganz im Geist der deutschen Romantik. Was blieb, war die Relativitätstheorie und die Zusicherung Einsteins, daß die Zeit unwirklich ist oder sein sollte.

Das Nachdenken über das Unveränderliche erspart Geist und Seele die Arbeit der Individuation. Wenn ein Mensch es schafft, sich „neben sich selbst zu stellen“, kann er sich wieder der organischen und kulturellen Evolution verbunden fühlen und Verantwortung für seine Wahl übernehmen.

In der *Ekstase der Liebeslaube,* besser als Sexualverkehr bekannt, erfahren die Partner die Ekstase des Tanzes und danach die des Waldes. Am Ende der Tanzphase weist das verringerte Bewußtsein, von einer komplexen Physiologie unterstützt, Merkmale des Schlafes auf, in den die Partner vermutlich bald fallen. Im halbbewußten Zustand macht Eros Raum für Agape, das Licht, das stetig und zeitlos in der Dunkelheit scheint.

Man weiß, daß viele natürliche oder synthetische Drogen ein Gefühl der „Zeitlosigkeit“ erzeugen. Diese von Drogen beeinflußten Erfahrungen können zu Ehren des Pilzes Amanita, der in manchen Kulturen heilig ist, *Ekstasen des Pilzes* genannt werden. Die Nachwirkungen des „Pilzes“ können von einem leichten Kater bis zu psychotischen Anfällen reichen. Alkohol läuft unter derselben Überschrift. Seine Wirkung benebelt die Sinne und nimmt

dem Trinker das Bewußtsein der Vergänglichkeit; das machte ihn zur Lieblingswaffe der Sklavenhändler früherer Zeiten und zwielichtiger Charaktere unserer eigenen. Heroin war eine gebräuchliche Waffe der orientalischen Militaristen und ist es heute in der internationalen Politik. Es ist auch ein tötlicher Rohstoff, den einige Länder ausführen, weil sie harte Währung brauchen. Der Markt mit der Zeitlosigkeit ist immer ein gewinnträchtiges Unterfangen gewesen.

Die Einnahme von Kokain und der Abstieg mit Lots Weib in einen von der Entwicklungsgeschichte überholten Zustand ist Inhalt der klassischen Erzählung *Der merkwürdige Fall des Dr. Jekyll und Mr. Hyde,* die Robert Louis Stevenson vor einem Jahrhundert schrieb. Die beiden Namen gehören ein und derselben Person, die zwei zunehmend verschiedene Persönlichkeiten hat. Die Macht des degenerierten Mr. Hyde hat mit der Kränklichkeit des guten Dr. Jekyll zugenommen, erzählt Stevenson, von dem man sagt, er sei selbst drogensüchtig gewesen. Dem guten Doktor

„erschien … Hyde mit all seiner Lebenskraft nicht nur als etwas Teuflisches, sondern auch als etwas Unorganisches. Das war das Bestürzende, daß dieser Höllenschlamm Schreie und Worte äußerte, daß dieser formlose Staub gestikulierte und sündigte [Mr. Hyde hatte mehrere Menschen brutal umgebracht], daß das, was tot war und keine Gestalt besaß, die Tätigkeiten des Lebens für sich beanspruchte.“[4]

Dies ist ein Ausdruck der Abscheu, den die höheren Bereiche des Geistes spüren, der über das archaische, seiner eigenen Ahnenreihe entstammende Wesen nachdenkt, mit dem er einen Kopf gemeinsam hat. Von einem Krokodil, das sich wie Mr. Hyde verhielte, würde nicht gesagt werden, es habe sich widerrechtlich das Recht über das Leben angemaßt, und einem

Schlammloch ist es nicht abträglich, schlammig zu sein. Während Dr. Jekyll noch in den Begriffen der menschlichen Zeit denkt, die eine Wahlfreiheit läßt, ist Mr. Hyde, die niedere Form des Dr. Jekyll, aus seinem Versteck hervorgekommen (der Name Hyde spielt auf „to hide", verstecken, an), und strebt nur noch nach der sofortigen Befriedigung seiner primitiven Triebe.

An einem Gründonnerstag hörte ich vor einer Reihe von Jahren einmal die Mönche der Benediktinerabtei von St. Pierre de Solesme, in der Nähe von Cambray an der Selle gelegen, den gregorianischen Choral „Ubi caritas et amor, deus ibi est" singen (Wo die Liebe wohnt, dort ist Gott). Ich fühlte mich eins mit dem Gott Christi und begriff die stille Ekstase des mönchischen Lebens, das Wirken auf eine endgültige Wirklichkeit hin, die von keiner gerichteten Zeit bestimmt wird. Ein guter Name für diese Art der „Zeitlosigkeit" ist die *Ekstase des Kelches*. Obwohl der Name den katholischen Glauben an die tatsächliche Gegenwart von Christi Blut und Fleisch im Wein und in der Hostie impliziert, eignet sich das Bild gut für viele Formen religiöser Ekstase.

Die heidnische Version davon kann man in dem Orchestervorspiel zu Richard Wagners Oper *Das Rheingold* hören, die eine musikalische Fassung der germanischen Kosmogonie darstellt. Der Rhein quillt aus seinen Urtiefen und trägt mit unwiderstehlicher Kraft das Schicksal der Götter und götterähnlichen Männer und Frauen ihrem vorbestimmten Untergang und Ende entgegen. Die Musik vermittelt ein Gefühl des Einsseins mit dem Kampf und Vergehen der Götter; es ist eine heidnische religiöse Erfahrung, ein Besuch in einer Welt, in der die Zeit keine Richtung hat.[5]

Gefühle der Zeitlosigkeit sind oft als Einblicke in eine Welt empfunden worden, die der unseren überlegen und weiter fortgeschritten ist. Sie scheinen mir Einblicke in die andere Richtung zu sein. Sie laufen auf eine Rückkehr in die Wirklichkeit der Kindheit hinaus oder sogar in die unserer Vorfahren, wo Zukunft und Vergangenheit nicht weit reichten und die Qual der Wahl noch unbekannt war. Leben bedeutete nur die Existenz in einer organischen Gegenwart. Solche Besuche können tödlich oder anregend oder beides sein.

Gruppenreisen in die Tiefen: Der Enthusiasmus der Nationen

Die Fähigkeit der Gesellschaft, Pläne zu entwickeln und zu fördern, die gemeinschaftliches Handeln fordern, läßt sich als *Enthusiasmus der Nationen* bezeichnen. Im Griechischen bedeutete *entheos* „den Gott in sich haben" und auch „Leben ohne Alter", wie die Götter auf dem Olymp es führen. Wir bezeichnen damit Leidenschaft und Begeisterung.

Man würde die Bedeutung der kollektiven Begeisterung als einer der Elementarkräfte hinter der Bildung von Kulturen und Zivilisationen überschätzen, würde man sie als notwendig zerstörerisch ansehen. Zu den Zielen gemeinschaftlichen Handelns, ob sie inspiriert und groß, böse und verwerflich oder auch nur einfach dumm sind, gehört immer die Hingabe an etwas Vorgestelltes, leidenschaftlich Begehrtes, aber noch nicht Vorhandenes.

Hat der Enthusiasmus der Nationen noch andere gemeinsame Grundlagen als Schmeicheln, Terror und Charisma? Ich glaube, ja. In Demokratien werden die möglichen Ziele, Wege und Mittel durch allgemeine Wahlen bestimmt. Aber historisch gesehen wurden Entscheidungen immer durch die kollektive Gewalt von Kriegen und Revolutionen getroffen; an ihnen lassen sich die Kräfte, die den Enthusiasmus der Nationen auslösen, am klarsten aufzeigen. In welcher Form steckt die Reise in primitive Zeitlichkeiten und noch weiter zurück in diesen Kräften? Bildlich und weniger bildlich gesprochen in Lied und Tanz.

Claude Joseph Rouget de Lisle war ein französischer Ingenieur und Royalist. Er komponierte 1792 Text und Melodie für einen Marsch, der einen unpopulären Krieg unterstützte, den der König von Frankreich gegen die Preußen führte. De Lisle nannte seinen Marsch „Das Kriegslied gegen die Armee am Rhein". Dann wechselte der Marsch, wie Lili Marleen im Zweiten Weltkrieg, die Seiten, denn trotz seiner königstreuen Absicht entsprachen die durch den Marsch geweckten Emotionen dem Volksempfinden, das nicht so sehr einen Krieg am Rhein, sondern revolutionäre Veränderungen im Innern begünstigte. Er gab den Hoffnungen des Volkes Ausdruck und half dadurch, sie zu verwirklichen.

Der Marsch wurde von Freiwilligen aus Marseille gesungen, die sich mit den Pariser Jakobinern vereinigen wollten. Das Singen half den Freiwilligen, ihre schmerzenden Füße, die Lieben daheim und zweifellos auch die Läuse, bis vor kurzem ständige Begleiter der Menschheit, zu vergessen. Der Marsch wurde als „La Marseillaise" bekannt und 1795 zur französischen Nationalhymne erklärt.

Frankreich erlebte 1830 eine weitere Revolution, die mit dem Sieg des Bürgertums über die Aristokratie endete. Im Juli dieses Jahres dirigierte der Komponist Hector Berlioz diesen Marsch in Paris. Eine hastig zusammengestellte Militärkapelle spielte im Geschäft eines Herrenausstatters bei offenen Fenstern und Türen auf dem Balkon des ersten Stocks. Auf dem Platz davor hörten, wie Berlioz in seinen Memoiren schreibt, „Männer, Frauen und Kinder zu...", die noch heiß waren von den Barri-

kaden..." Aber die Menge blieb still; das hatte er nicht erwartet. Bei dem vierten Vers aber hielt er es nicht mehr aus und schrie: „Zum Teufel, so singt doch mit!"

Nun schmetterte das Volk sein „Aux armes, citoyens!" mit der Präzision und der ganzen Energie eines geübten Chores. Wenn man sich vorstellt, daß die in die Rue Vivienne mündende Galerie voller Menschen war, daß jene Galerie, die bis zur Rue Neuve-des-Petis-Champs voller Menschen war, ... daß jene vier- bis fünftausend Stimmen in einem sonoren, links und rechts durch die Brettervorschläge der Läden, oben durch Glasscheiben und unten durch widerhallende Steinplatten abgeschlossenen Raum zusammengedrängt waren..., wird man sich vielleicht einen Begriff machen können von der Wirkung dieses donnernden Gesanges... Ich stürzte tatsächlich zu Boden, und unsere kleine Truppe, erstarrt durch den Ausbruch, verstummte wie eine Vogelschar nach einer Explosion.[6]

Wenige können die „Marseillaise" hören und nicht den Wunsch spüren, von hier und jetzt zu einer zeitlosen Welt ewiger Siege dann und dort zu marschieren. Wann auch immer. Die Noten lassen sich nicht auf einer gedruckten Seite spielen, aber wir können auf die Worte achten; sie sind das Yang zum Yin der Musik. Jede Zeile ist emotionsgeladen, jede macht Mut, in die vor aller Vernunft liegende Kindheit und noch tiefer in die archaischen Wirklichkeiten des Geistes hinabzusteigen. Jede Zeile stößt den singenden Marschierer einen Schritt weiter in den Zustand, bei dem „Gott darin ist". Hier sind die ersten vier Zeilen:

Allons enfants de la patrie!
Le jour de gloire est arrivé!
Contre nous de la tyrannie
L'étendard sanglant est levé...

„Marschiert, Kinder Frankreichs!" Sie sind ein Kind ohne persönliche Identität oder Vergangenheit, ununterscheidbar von den anderen Kindern Frankreichs.[7] „Der Tag

des Ruhms ist da!" Nur das grandiose Gefühl des Heute ist wirklich, wir leben in
einem ewigen Jetzt. „Gegen uns die Tyrannei." Der Name des Tyrannen wird nicht
genannt, der Feind ist die Tyrannei. „Die
blutgetränkte Fahne ist gehißt" verdient
besondere Aufmerksamkeit.

Kollektive Identität muß durch ein Symbol dargestellt werden; auch ein Klan ist zu
komplex, als daß man ihn sich anders als
unter einem Namen, einer Melodie, einem
Wappen oder einer Fahne vorstellen kann.
Für Longfellow war die Fahne das „Banner
mit dem seltsamen Zeichen, Exzelsior!" Es
gibt das Hakenkreuz, Maos Rotbuch, das
Feuerkreuz des Ku Klux Klan, den Draht-
bügel, Symbol für jene, die meinen, das
Gesetz sollte Frauen nicht wieder dazu
bringen, illegal abzutreiben, den Esel der
amerikanischen Demokraten, den Elefan-
ten der Republikaner und eine rosa Nelke
bei Hochzeiten, weil sie die Farbe jungen
Fleisches hat, wie der englische Name
„carnation" (von lateinisch carno, Fleisch)
deutlich sagt. Dies ist ein Teil der Ausstat-
tung der Spezies, deren Mitglieder Symbo-
le benutzen, um das Fortleben ihrer Gesellschaft über die Zeit hinaus zu sichern.

„Die blutgetränkte Fahne" spricht unser
charakteristisches Selbst unmittelbar an.
Als Verständigungsmittel unter Lebewesen ist der Geruch von Blut so alt wie der
Blutkreislauf. Blut trat zuerst vor 400 Millionen Jahren bei den frühesten Wirbel-
losen als farbloses Plasma auf; in Wirbeltie-
ren wurde es farbig. Viele Menschen er-
blassen, wenn sie plötzlich Blut sehen, und
fallen, wenn sie schwach sind, in Ohnmacht. Der Körper stellt sozusagen einen
Kurzschluß her, um das Bewußtsein aus-
zuschalten; er sagt damit „Ich habe schon
genug Sorgen, misch dich nicht ein". Tiere
fallen beim Anblick von Blut weder in
Ohnmacht, noch trinken sie es symbolisch. Ein guter Schakal würde seine Freu-

de am Blutbrunnen im Iran des Ayatollah
Khomeini haben, der errichtet wurde, damit seine Untertanen mit Begeisterung im
Krieg sterben. Die „Marseillaise" kann hier
als ein Zeichen dafür stehen, wie Gesang
und Tanz Gemeinschaften helfen, im Kollektiv in archaische Zeitwelten zurückzu-
steigen.

Die Französische Revolution war eine
Reise in die Tiefe, mit Lots Weib als *trico-
teuse,* der ein Aufstieg mit Galatea als
Liberté, der barbusigen französischen Ver-
körperung der Freiheit, folgte. Der Schrek-
kensherrschaft folgte der kometenhafte
Aufstieg Napoleons, der Revolutionskrieg
wurde durch die Napoleonischen Kriege
ersetzt, der Brennpunkt der Begeisterung
verschob sich.

Die Ziele der Französischen Revolution
wurden von denen der amerikanischen inspiriert und inspirierten ihrerseits andere
Menschen und Nationen in Europa und
der Welt. Sie bewegten Beethoven zur
Komposition seiner Neunten Sinfonie, in
der er die Brüderlichkeit aller Menschen in
Musik und Worten erklärt, die so bewe-
gend sind wie die der „Marseillaise". Und
so geht die kollektive Rundreise mit den
beiden Frauen von einer Generation zur
anderen weiter.

Jenseits von Musik und Text ist das
mächtigste Werkzeug, das den Enthusiasmus der Nationen schaffen und führen
kann, das Wort selbst. In den Industrienationen unserer Zeit ist es als Rhetorik
bekannt. Vor anderthalb Jahrhunderten
diskutierte Daniel Webster mit dem Teufel
und John Calhoun mit jedem. Der Mann,
den viele für den größten Redner unseres
Jahrhunderts halten, wurde mit einem
Sprachfehler geboren. Aber Winston
Churchill übernahm sein Lispeln und Stot-
tern und lehrte sich selbst eine meisterhafte
Beherrschung der Sprache: seine Gabe,
Vernunft und Gefühl zu mischen und alles

in vollendeter literarischer Sprache zu äußern, ist unübertroffen. Aber dann kam die Rhetorik von Film und Fernsehen mit ihrer Forderung, Wort und Botschaft sollten nicht auf einen moralischen oder intellektuellen Standard gerichtet sein, sondern vor allem auf ein möglichst großes Publikum eine möglichst große Gefühlswirkung ausüben.

Bahnbrechend für die fotowirksame Rhetorik war Adolf Hitler, der einstige Meister im Organisieren öffentlicher Raserei, dessen Umgang mit diesem Mittel genauer untersucht worden ist als das irgendeines anderen zeitgenössischen Führers. Joachim Fest beschreibt in seiner Hitlerbiographie das typische Absteigen des Kollektivs in die „Zeitlosigkeit". Hitler, schreibt Fest,

„... hielt eine jener aufpeitschenden Reden, in deren Verlauf das Publikum wie zur kollektiven Ausschweifung zusammenschmolz: begierig auf den Augenblick der Enthemmung, der großen Lustauslösung, der sich im überschnappenden Aufschrei zeigte. Der Zusammenhang ist zu offensichtlich, um übergangen zu werden: er erlaubt es, die rhetorischen Triumphe Hitlers als Ersatzhandlungen einer ins Leere laufenden Sexualität zu deuten... Die Unwiderstehlichkeit seiner triebhaften rhetorischen Selbstentladungen rührte nicht zuletzt gerade daher, daß sie in den von anhaltender Not entnervten, auf wenige elementare Bedürfnisse reduzierten, eben „triebhaft" reagierenden Massen ein gleichgestimmtes Publikum fanden."[8]

Die Menge ließ sich bereitwillig verführen und wurde in der kollektiven Ekstase einer politischen Liebeslaube seine Geliebte. Die rhythmischen Rufe „Sieg Heil!" erschütterten die Menschen in der Gegenwart ihres Gottes genauso, wie die Shaker in der Gegenwart des Herrn erzitterten. Aber während der Tanz der Shaker ein ritualisierter Abstieg und Aufstieg war, war die Reise des Nazideutschlands nur Abstieg; in der modernen Geschichte gibt es keinen

besseren Beweis für das Diabolische im Menschen. Hitlers Krieg hat Europa zu einer Ruine gemacht, seinen Feudalismus für immer begraben und diesen Kontinent wohl oder übel in die demokratischen Kämpfe des zwanzigsten Jahrhunderts gestürzt.

Die Grausamkeit des Enthusiasmus, das Feuer, das zerstört und aufbaut, ist kaum auf Deutsche und Franzosen beschränkt. Auch Chinas Jugend fühlte den „Gott im Innern", als Mao ihre Emotionen in seiner kulturgegnerischen Revolution ungeheuren Ausmaßes aufpeitschte. Die Liste der Beispiele läßt sich beliebig fortsetzen.

Seit unsere Art ihre tierischen Mitbewerber hinter sich gelassen hat, leidet sie unter der Qual, daß sie träumen kann, ohne zu denken, aber nicht denken kann, ohne zu träumen.

[1] „Komm Leben, komm, Leben der Shaker, / ewiges Leben, komm; schüttele aus mir hinaus / alles, was fleischlich ist." Die Shaker (wörtlich „Schüttler") sind Angehörige einer im 18. Jahrhundert nach Amerika übersiedelten Sekte, die Enthaltsamkeit und ein einfaches und strenges, auf die Endzeit gerichtetes Leben fordert. Zu ihrem Ritual gehört ein Tanz, bei dem sich der ganze Körper rhythmisch schüttelt. − [2] *Kazantzakis, N.:* Rechenschaft vor El Greco. Berlin 1964. S. 267/268. − [3] *Einstein, A.:* Prinzipien der Forschung. Wiederabdruck. In: Mein Weltbild, hrsgg. von Carl Seelig. Berlin 1955. S. 108. − [4] *Stevenson, R. L.:* Der merkwürdige Fall des Dr. Jekyll und Mr. Hyde. Zürich, München 1984. S. 156. − [5] Der phantasiebegabte Leser kann seine Liste nach Belieben verlängern. So erzählen chinesische und japanische Legenden, wie das Go-Spiel die Zeit für die in das Spiel versunkenen Menschen aufheben kann. Diese Erfahrung mag als ein Beispiel für die Ekstase der Jagd dienen. − [6] *Berlioz, H.:* Memoiren. München 1971. S. 104. − [7] Aus einer neueren Entscheidung des Obersten Gerichtshofs der Vereinigten Staaten von Amerika zum Tragen der Uniform in der Öffentlichkeit durch die Mitglieder der Streitkräfte: „Die Uniform fördert einen Sinn für die hierarchische Identität, indem sie hilft, äußere individuelle Unterschiede, bis auf solche des Ranges, zu ignorieren." − [8] *Fest, J.:* Hitler. Frankfurt/M. 1973. S. 448.

Zeit — Lebensbedingung, Anschauungsweise oder Täuschung?

Theo Rudolf Payk, Bochum

„Dreifach ist der Schritt der Zeit,
zögernd kommt die Zukunft herangezogen,
pfeilschnell ist das Jetzt entflogen,
ewig still steht die Vergangenheit"
(Friedrich Schiller)

Auffassungen und Definitionen von „Zeit" sind eher Ausdruck von Weltanschauung und Kulturform als klärende Begriffe. Dies liegt nicht an semantischen Unzulänglichkeiten, sondern daran, daß es „die Zeit" nicht gibt. Es existieren vielmehr vielfältige, höchst subjektive Formen der Zeitvorstellung und des Zeiterlebens, die leicht deformierbar und verletzlich sind. Die apparative Zeitmessung täuscht nur Exaktheit vor; letztlich hat jeder Punkt im All seine Eigenzeit, die sich in nichts auflöst, wenn jener verschwindet.

Die Begriffe, die „Zeit" kennzeichnen sollen, waren ursprünglich erheblich umfassender als heute. In den alten Kulturen vor der Zeitenwende hatte „Zeit" eine mythisch-kosmologische Färbung; Tageszeit wie auch Tagesrhythmik und der Jahreswechsel standen in enger Beziehung zum Leben und persönlichen Schicksal.

Erst in der Antike entwickelte sich die ihres transzendentalen Charakters beraubte Vorstellung von einer Zeit als abgrenzbare und meßbare Strecke mit dem Charakter der Registrierbarkeit und Teilbarkeit.

Die ersten experimentell-psychologischen Untersuchungen im strengeren Sinne zu Zeitempfindung und -wahrnehmung gab es erst im 19. Jahrhundert. Es wurde vermutet, daß es einen dem Raumsinn vergleichbaren Zeitsinn gäbe. Zunächst galt jedoch weiterhin die Anschauung von der Zeit als überall gleich schnell dahinfließendes Kontinuum, als absolute, begleitende Größe kosmischer Transformationen.

Deutlicher herausgearbeitet wurden die unterschiedlichen Ansätze aus psychologischer, historischer und physikalischer

Prof. Dr. Dr. **Theo R. Payk**, geb. 1938 in Gelsenkirchen. Studium der Medizin und Psychologie in Münster, München, Berlin und Bonn. Ärztliche und fachärztliche Ausbildung in Hamburg und Bonn. 1976 Habilitation; 1980 Ernennung zum Professor. Seit 1983 Leiter des Zentrums für Psychiatrie Bochum und Fachvertreter für Psychiatrie an der Ruhr-Universität. Zahlreiche Publikationen u. a. zur Chronopathologie, zur Somatopsychik, zur klinischen Psychopathologie und zur Therapieforschung.

Prof. Dr. Dr. Theo R. Payk, Zentrum für Psychiatrie der Ruhr-Universität, Alexandrinenstraße 1, 4630 Bochum 1

Sicht, deren Gegenüberstellung schematisch wie in Abb. 1 wiederzugeben ist: Wahrnehmung und intrapsychische Registrierung zeitlicher Abläufe beim Menschen lassen sich topologisch wie folgt strukturieren: Zu unterscheiden ist ein als rezeptiv zu bezeichnender Bereich, gekennzeichnet durch Zeiterleben und Zeiterfahrung von einem registrativen und speichernden Bereich, in dem Zeitbewußtsein, Zeitsinn und Zeitgedächtnis zu lokalisieren wären. In Verbindung hiermit steht ein projektiver Bereich mit den Leistungen von Zeitvorstellung und Zeitschätzung.

Schematisch kann dieses Konstrukt wie in Abb. 2 wiedergegeben werden: Der Zeitsinn — als „Sinn" allerdings nicht vergleichbar den übrigen sensorischen Leistungen — ist als Voraussetzung für alle Vorgänge zeitlicher Wahrnehmung beim Menschen schlechthin anzusehen. Zeitbewußtsein und Zeiterfahrung bedeuten das unmittelbare Erfassen gerade stattfindender Geschehnisse, einhergehend mit einem Gefühl für Dauer und Folge. Demgegenüber ist die Zeiterfahrung als übergreifender und haftender Vorgang aufzufassen; sie vermittelt unter Heranziehung von Gedächtnisleistungen, daß zeitliche Ereignisse eine bestimmte Abfolge und eigene Dauer sowie im Verbund darüber hinaus auch gestalthafte Eigenschaften besitzen.

Im Zeiterleben spiegelt sich — deutlicher als in der Zeitwahrnehmung — subjektives Empfinden von Zeitabschnitten. Intra- und extrapsychisches Zeiterleben spielen sich in einem Kontinuum ab, in dem Verknüpfungen von Vergangenem mit Zukünftigem in der Spanne des Jetzt durch die Pforte des Bewußtseins laufen und dabei von affektiven Qualitäten begleitet werden. Die sich darin entfaltende Gefühlsqualität, das Zeitgefühl, ist abhängig davon, welche und wie intensiv Vorgänge

Die Zeit		
psychologisch	historisch	physikalisch
Kontinuität	Diskontinuität	Kontiguität
Zeitteile ungleich	Zeitteile ungleich	Zeitteile gleich
Zeit quantitativ und qualitativ bestimmbar	Zeit qualitativ beschaffen	Zeit nur quantitativ beschaffen
Zeit als erlebte nichtwiederholbar, als vorgestellte wiederholbar	Zeit nicht wiederholbar, anfangend, aber wohl nicht endigend	Zeit wiederholbar
Zeit stets gefüllt	Zeit historisch auch leer	Zeit auch leer
Zeitinhalt teils notwendig, teils zufällig verbunden	Zeitinhalte schicksalhaft verbunden	Zeitinhalte notwendig verbunden
Zeitstrom teils gerichtet, teils richtungslos	Zeitstrom stets gerichtet	Zeitstrom teils richtungslos, also umkehrbar, teils gerichtet (Entropie)
Zeit und Raum; Zeitbild: Strom	Zeit unbildlich, ohne Raumbeziehung	Zeit und Raum eng verbunden; Zeitbild: Linie
Lebendige Flußzeit	Schicksalszeit	Uhrenzeit, meßbar

Abb. 1: Eigenschaften der Zeit aus psychologischer, historischer und physikalischer Sicht

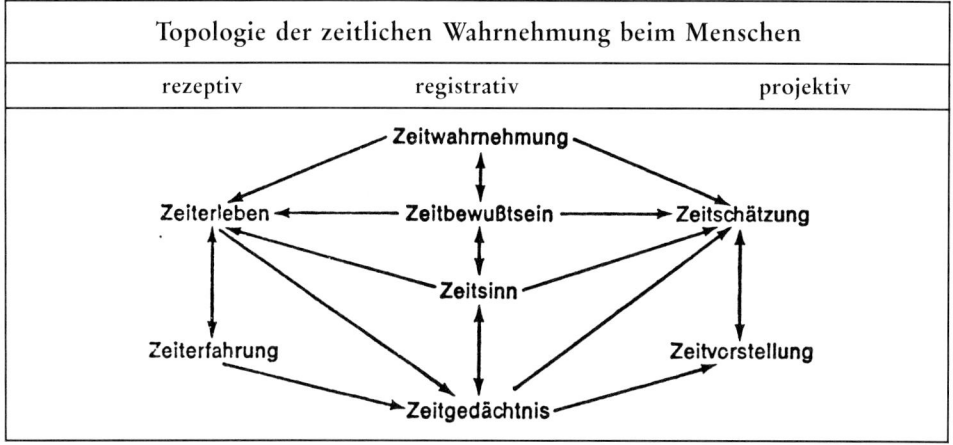

Topologie der zeitlichen Wahrnehmung beim Menschen

rezeptiv   registrativ   projektiv

Zeitwahrnehmung

Zeiterleben ← Zeitbewußtsein → Zeitschätzung

Zeitsinn

Zeiterfahrung   Zeitvorstellung

Zeitgedächtnis

Abb. 2: Die dem rezeptiven oder aufnehmenden Funktionskreis angehörenden Leistungen geben ihre Informationen dem registrativen oder verarbeitenden und speichernden Funktionskreis weiter, welcher seinerseits die Leistungen des projektiven oder darstellenden Bereichs ermöglicht.

in der betreffenden Zeitspanne erlebt werden.

In Verbindung mit dem Zeiterleben bildet die Zeiterfahrung die Quelle der Zeitvorstellung, welche mit Hilfe des Gedächtnisses intrapsychische Zeitbilder entweder als erinnerte oder nachempfundene Zeitspannen oder als geplante und vorweggenommene, in der Phantasie bereits Gestalt gewordene Zeitentwürfe gleichsam organisiert. Als Zeitperspektive wird die Projektion von Zeitvorstellungen auf einen längeren zukünftigen Lebensabschnitt unter Einbeziehung von vergangener und gegenwärtiger biographischer Aspekte bezeichnet. Erinnerungen und Erwartungen gehen ein in einen Zeitentwurf, welcher zum Wegweiser von Handeln und Verhalten des Entwerfenden wird unter Antizipation möglicher zukünftiger Ereignisse.

Im Begriff „Zeitgitter" drückt sich die zeitliche Ordnung im Erinnerungsgefüge aus. Es ermöglicht als zeiträumliches Gerüst, dessen Verankerungen und Verstrebungen die Temporalzeichen bilden, Speicherung und Reproduktion persönlicher Lebensdaten in ihrer zeitlich kongruenten Beziehung zueinander, wodurch die korrekte personale Orientierung gewährleistet wird.

Die Temporalzeichen signalisieren den Zeitablauf, indem sie über die Sinnesorgane aufgenommene Empfindungen und Eindrücke als Zeitzeichen markieren. Nur „gefüllte", das heißt mit Temporalzeichen gekennzeichnete Zeit ist wahrnehmbar; „leere" Zeitstrecken können nur durch die Temporalzeichen zu Beginn und am Ende der jeweiligen Dauer registriert werden.

Als „Moment" wird die Nahtstelle zwischen Vergangenheit und Zukunft ohne zeitliche Ausdehnung bezeichnet. In der Humanpsychologie kennzeichnet er die kleinste noch wahrnehmbare Zeiteinheit (Augenblick). Anthropologisch übergreifend ist der Begriff der „Gegenwart", der veranschaulicht werden kann durch die winzige Schnittfläche in der Mitte einer Sanduhr.

Innerhalb unserer Betrachtungen gehen wir aus von einer Zeit als Form des Werdens und Vergehens, als stets sich wandelndes Jetztbewußtsein in ein Vergangenheitsbewußtsein.[1] Zeit wird wahrgenommen durch das Erleben von Veränderungen und Wechsel, wobei jedes Ereignis seine individuelle Eigenzeit besitzt und von einer spezifischen Zeitempfindung begleitet wird. Zeit besitzt hier keine Eigenschaften; es werden lediglich räumliche Attribute aufs Zeitliche übertragen, da Raum- und Zeiterleben nicht voneinander getrennt werden können, obgleich sie als qualitativ unterscheidbar aufgenommen werden. Dies bedeutet, daß konkrete Zeit nur als erlebte Zeit definiert werden kann, als Mitbewußtsein und Miterleben an allen Vorgängen; ein „leerer" Zeitstrom erscheint demzufolge widersinnig.

Naturwissenschaftliche versus geisteswissenschaftliche Zeitauffassung

In der klassischen Physik galt die Zeit als absolute Größe, als Grundstruktur des Seins, als eindimensionales, stetig und überall im Universum gleich schnell dahinfließendes Kontinuum. Noch Newton beschrieb ihre Natur als gleichförmig und ohne Beziehung auf irgendwelche äußeren Gegenstände („tempus absolutum"). Zeit wurde bis zum 19. Jahrhundert charakterisiert durch die Eigenschaften der Gleichmäßigkeit und Endlosigkeit, der Unabhängigkeit von Materie und Bewußtsein, verknüpft mit dem Kausalitätsprinzip und im Ablauf bestimmt durch eine absolute Geschwindigkeit. Nachdem Palàgyi[2] und Minkowski[3] erkannt hatten, daß Masse, Raum und Zeit relative Größen sind, die untrennbar zusammenhängen, wurde — von Einstein 1916 in der Relativitätstheorie dargestellt — ein für alle Systeme geltendes einheitliches Zeitmaß als nicht zutreffend verworfen. Im Einstein-Minkowskischen vierdimensionalen Raum-Zeit-Kontinuum wird die „Unabhängigkeit" der Zeit verneint; Zeit ist offenbar eine Funktion der Ausdehnung und Krümmung des Raumes. Das aus der speziellen Relativitätstheorie ableitbare „Zeitparadoxon" bedeutet letzt-

lich, daß der Unterschied zwischen Vergangenheit und Zukunft aus kosmischer Sicht gegenstandslos wird, da physikalische Prozesse reversibel und umkehrbar ablaufen können; eine eindeutige, im Universum stets gleichbleibende Zeitrichtung gibt es somit nicht. Für den Bereich menschlicher Zeitwahrnehmung hat dies zwar keine unmittelbare Bedeutung, jedoch für dessen Bild von den Vorgängen innerhalb unseres Weltalls. Menschliche Zeit bewegt sich ebenso wie dessen Lebensraum in einer Größenordnung, die zwischen mikro- und makrokosmischen Ereignissen liegt.

Es gibt jedoch erhebliche Diskrepanzen zwischen der persönlichen „Ich-Zeit" und der äußeren „Welt-Zeit", welche die Unterschiede zwischen der mathematisch-physikalischen und psychologisch-philosophischen Zeitauffassung widerspiegeln. Während ersterer — im euklidischen Raum — im wesentlichen als „meßbare Uhrenzeit" die Eigenschaften der Stetigkeit, Homogenität, Unbegrenztheit und Irreversibilität zukommen, besitzt letztere demgegenüber als „lebendige Flußzeit" die Eigenschaften der Inhomogenität, Unstetigkeit, Unbegrenztheit und Reversibilität. Gewöhnlich weicht allerdings diese „Ich-Zeit" von der „Welt-Zeit" nur soviel voneinander ab, daß die Diskordanz zwischen subjektivem Zeitgefühl und objektiver Zeitfolge intrapsychisch laufend kompensiert wird.

Aus philosophischer, anthropologischer und psychologischer Sicht stellt die Zeit eine existentielle Lebensbedingung dar. Von Dilthey bis Heidegger spannt sich der Bogen einer Auseinandersetzung mit der erlebten, erlebnisimmanenten Zeit als „gelebte Zeit", „Werdezeit" oder „Selbstzeit"; Existenzphilosophie und Daseinsanalyse haben besonders die Begriffe der „Zeitlichkeit" und „Zeitigung" im menschlichen Dasein herausgearbeitet. Zeit wird hier zur

Möglichkeit des Werdens und Reifens, zur geglückten Entfaltung oder mißlungenen Deformation der menschlichen Biographie. Nicht das Leben ist eine Funktion der Zeit, sondern die Zeit wird durch das Leben bestimmt, welches nach von Weizsäkker Selbstsetzung bedeutet.[4] Das Dasein ist nicht ein „Sein in der Zeit", sondern ein „Sein der Zeit"; Seiendes wird in der Zeit: es „zeitigt sich".[5]

In der Experimentalpsychologie wurden zahlreiche Untersuchungen zu Zeitsinn und Zeiterleben durchgeführt. Bei Zeitschätzungen zeigte sich beispielsweise, daß die Ergebnisse im Bereich von Sekunden und Minuten wesentlich abhängig waren von Befinden und Verhalten, Erwartung, Aufmerksamkeit, Wachheit und Motivation des Probanden. Recht einheitlich waren hingegen die empirischen Beobachtungen zur subjektiven Dauer eines Moments als psychologisch nicht mehr weiter spaltbares Ausdehnungsminimum.

Rhythmik

Bewegungen und Funktionen organischen Lebens verlaufen rhythmisch im Wechsel zwischen Aktivität und Ruhe, Wachen und Schlafen, leistungsstarker und leistungsschwacher Reaktionslage; der Rhythmus kann geradezu als Grundeigenschaft aller lebenden Systeme angesehen werden (weniger streng gesetzmäßig sich wiederholende Funktionsabläufe werden Perioden genannt).

Im Tier- und Pflanzenreich wie auch beim Menschen sind biologische Gesetzmäßigkeiten bekannt, die einer bestimmten zeitlichen Gliederung mit wiederkehrenden Konfigurationen folgen. Am bekanntesten sind zirkadiane, das heißt tagesperiodisch ablaufende physiologische Funktionen wie zum Beispiel Körpertemperatur, Blutdruck, Hormonspiegel oder

Peristaltik, aber auch psychische Funktionen wie Reaktionszeit, Schmerzempfindlichkeit, Wachheit bzw. Aktivierungsniveau oder Stimmungslage. Sie werden sowohl von endogenen wie auch exogenen Zeitgebern gesteuert.

Als endogene Zeitgeber sind offenbar bisher nicht näher bekannte biologische Oszillatoren im zentralen Nervensystem wirksam. Der entscheidende exogene Zeitgeber ist der Hell-Dunkel-Wechsel; aber auch äußerer Temperaturwechsel, klimatische Veränderungen, Mondphasen oder ähnliches haben rhythmogenen Einfluß. Isolationsversuche unter Ausschluß der äußeren Zeitgeber ließen beim Menschen eine zirkadiane Rhythmik zwischen 24.7 und 26.0 Stunden erkennen.[6] Bei Desynchronisierung mit den äußeren Zeitgebern kommt es zu Anpassungsschwierigkeiten, wie sie bei Nachtarbeitern oder nach längeren Flugreisen bekannt sind. Normalerweise wird der geringfügige Unterschied zwischen exogenen und endogenen Zeitgebern soweit kompensiert, daß keine nachhaltigeren Störungen auftreten.

Deformation des Zeitsinnes

Zeitsinnesstörungen, das heißt Beeinträchtigungen des unmittelbaren Zeiterfassens, gekennzeichnet durch Fehleinschätzungen von Zeitstrecken bzw. Fehlleistungen der zeitlichen Einordnung von Ereignissen und der Erfassung einer chronologischen Folge und Ordnung sind in der Regel Ausdruck von Hirnfunktionsstörungen („Zeitagnosien").

Zeitschätzversuche an hirnorganisch Kranken ergaben beispielsweise eine Tendenz zu Überschätzungen von Zeitstrekken bei Schädigungen der linken Hemisphäre. Gröbere Fehleinschätzungen von Zeitspannen über Sekunden bis Minuten Dauer treten allerdings auch bei Patienten mit schizophrener Psychose und bei Depressiven auf; nach eigenen Untersuchungen wurden Strecken bis zu 60 Sekunden signifikant unterschätzt, wenn die Patienten selbst die Zeitspanne zu bestimmen hatten. Umgekehrt wurde ein vorgegebenes Zeitintervall von Depressiven vergleichsweise signifikant länger geschätzt als von einer Vergleichsgruppe.[7]

Unklar ist, welche Einflüsse hier letztlich wirksam sind. Ein morphologisch lokalisierbares Funktionszentrum im Gehirn — vergleichbar dem Sprechzentrum — ist jedenfalls nicht anzunehmen. Andererseits sprechen die Zeitsinnesstörungen bei Hirnschädigungen wie auch die Einbußen an zeitlicher Orientierung dafür, daß zentralnervöse Grundlagen eine Rolle spielen.

Zeitliche Desorientiertheit

Isolierte Zeitsinnesstörungen sind nicht identisch mit Beeinträchtigungen der zeitlichen Orientierung. Diese ist vielmehr gekennzeichnet durch den Verlust der korrekten Einordnung und Einschätzung früherer und gegenwärtiger zeitlicher Geschehnisse; Uhr- und Tageszeit, Monat und Jahr werden auf Befragen nicht korrekt angegeben.

Die zeitliche Orientierungsstörung ist eines der Hauptsymptome des sogenannten hirnorganischen Psychosyndroms. Sie geht in der Regel mit einem Verlust an Merkfähigkeit einher, das heißt, auch aktuelle Ereignisse prägen sich nicht mehr ausreichend ein. Erinnerungslücken werden gelegentlich mit erfundenen Erlebnissen (Konfabulationen) ausgefüllt („Korsakow-Syndrom").

Bei fortgeschrittenem Zerfall des Zeitgitters wird der Betroffene zum „Gegenwartsmensch"; er verliert seine eigene Historie, da er aus dem Netz seiner biographischen Daten entgleitet. Die durchgän-

gige Gliederung und Ordnung des Erinnerten verblaßt oder wird sogar gelöscht. Die daraus resultierenden Folgen sind schwerwiegend. Außer dem Verlust der aktuellen zeitlichen Orientierung und sogar der eigenen Geschichtlichkeit kommt es darüber hinaus zu einem Schwund weiterführender zeitlicher Perspektiven. Vorausschauende Planungen und Gestaltungen des eigenen Lebensweges, Überlegungen in die Zukunft und Vorstellungen über mögliche zukünftige Ereignisse können nicht mehr erstellt werden. Die individuelle Existenz schrumpft auf eine kurze Gegenwartsspanne, da sowohl die Wurzeln zur Vergangenheit wie auch der Weg in die Zukunft verschüttet werden.

Verzerrung der zeitlichen Perspektive

Nicht als Auswirkungen von Hirnerkrankungen sind Verzerrungen oder sogar Auflösungen der zeitlichen Perspektive ohne gleichzeitige Einbuße an Erinnerungsvermögen anzusehen. Dieser Art Veränderungen im Bereich der sozialen Orientierung, des Bezogenseins auf Antizipation und Planung des eigenen Lebensweges unter abwägend-kritischer Einbeziehung des bisherigen Lebensverlaufes zeigen überwiegend Menschen mit Verhaltensstörungen bzw. neurotischen Erkrankungen. Verwirrtheit, Merkschwäche und Konfabulationen fehlen; die zeitliche Orientierung ist in keiner Weise beeinträchtigt.

Insbesondere Depressive bieten das Bild einer Rückwendung in die Vergangenheit, verbunden mit einem Verlust an Zukunftsgedanken; die innere Lebensgeschichte kommt zum Stillstand, die Zukunft verliert an Bedeutung, die Gegenwart schleppt sich dahin. Bei Patienten mit schizophrenen Psychosen wird gelegentlich eine andersartige Deformation der Zukunftsperspektive beobachtet. Chronisch

Kranke leiden unter dem Verlust des intentionalen Spannungsbogens, der reduzierten zeitlichen Spannweite bezüglich zeitlicher Antizipation. Unter akut einbrechender Erkrankung zeigt sich hingegen bisweilen eine grenzenlose Ausweitung der Zukunftsvorstellung in Verbindung mit Allmachtsphantasien und Omnipotenzgefühl. Der Verlust zeitlicher Perspektive wird ansonsten verursacht und geprägt von sozialen und psychosozialen Faktoren wie Hoffnungslosigkeit, Resignation oder Isolation wie auch durch eine Minderung der Erkenntnisleistungen, welche zur übergreifenden Planung des eigenen Lebensweges notwendig sind.

Modifikation des individuellen Zeiterlebens

Bei jedem Menschen ist das subjektive Empfinden zeitlicher Dauer ständigen Schwankungen unterworfen. Das Zeiterleben ist nicht nur davon abhängig, was erlebt wird, sondern auch von der körperlichen oder seelischen Verfassung. Bekanntermaßen entsteht im Zustand der Langeweile oder Überdrüssigkeit das Gefühl eines „Dahinschleichens" der Zeit, ebenso unter Schmerz oder Ermüdung oder anderen Belastungen. Umgekehrt scheint während einer fesselnden Tätigkeit oder in angenehmer Atmosphäre die Zeit rascher zu vergehen. Entsprechende Experimente aus der Normalpsychologie konnten dies untermauern.

Ausgeprägte und eindrucksvolle Veränderungen des zeitlichen Erlebens können unter Einwirkung von Rauschmitteln auftreten. Beispielsweise wurden nach Genuß von Haschisch, Meskalin und Opiaten eindrucksvolle Zeitdehnungserlebnisse berichtet. Während epileptischer Anfälle scheint sich gelegentlich ebenfalls das Gefühl einer sich ausweitenden Gegenwart,

einer Zeitdilatation einzustellen. In schwächerer Form kommt dies auch in hypnotischen Trancezuständen oder während Meditationen vor.

Verbunden mit einer oft qualvollen inneren Leere pflegen Depressive eine subjektive Verlangsamung des Zeitablaufs zu erleben. Die Schwermut geht einher mit einem schleppenden Dahinschleichen der Zeit mit den Merkmalen der Hemmung, der Blockade, der Erstarrung und des Stillstandes. Im Gegensatz zum faszinierenden oder ekstatischen Gefühl des Zeitstillstands unter Rauschdrogen erscheint es hier allerdings als kaum erträgliche, auch körperlich spürbare Last. Hinsichtlich der Verursachung kombinieren sich offenbar endogen-biologische Prozesse in Verbindung mit einer Verlangsamung körperlicher Grundfunktionen (Vitalstörungen) mit psychisch-pschosozialen Faktoren wie dem schon erwähnten Verlust „gelebter Zeit" und Ausgegliedertwerden aus dem Zeitstrom; die Folge ist eine Stagnation der lebensgeschichtlichen Selbstentfaltung.

Demgegenüber wird dem manischen Patienten die Zeit stets zu kurz. Sie eilt gleichsam hastig vorbei und verflüchtigt sich, noch ehe ihre Inhalte Gestalt angenommen haben. Die übersteigerte Aktivität vermag nicht im Jetzt zu verweilen, sondern erschöpft sich in immer neuen kurzfristigen Denk- und Handlungsimpulsen.

Extreme Formen einer subjektiven Zeitbeschleunigung finden sich gelegentlich bei umschriebenen Hirnverletzungen. Zeitraffungserlebnisse wurden bei Hirntumoren und -blutungen, bei Enzephalitis und während epileptischer Auren beobachtet. Geschildert wurden beispielsweise fremdartig anmutende Beschleunigungen aller Bewegungen und Geschehnisse der Umwelt wie bei einem zu schnell vorgeführten Film.

Erlebnisse der Zeitraffung können ferner unter Katastropheneinwirkung und schockartigen Erlebnissen auftreten, während denen innerhalb weniger Sekunden eine Fülle bildhafter Episoden des eigenen Lebens abläuft.

Die einschneidenste Verwandlung des Zeiterlebens stellt ein „Zusammenbruch der Zeit" dar, ein unheimlich-angstvolles Erlebnis unter abrupt einsetzenden Psychosen. Gegenwart und Zukunft scheinen sich unter Auflösung der „Ich-Hier-Jetzt-Einheit" zu durchmischen, Ekstase, Gebanntheit oder Panik in elementarer Eindringlichkeit verbreitend. Dieser „Zeitzerfall" wurde von anthropologischer Seite interpretiert als „Stillstand der existentiellen Zeitlichkeit", als Verharren in einer statischen Welt, in der nichts mehr geschieht und sich nichts mehr ereignet.[8] Da es keinen Zeitfluß mehr gibt, verschmelzen Vergangenheit, Gegenwart und Zukunft zu einer unheilvoll psychotisch verfremdeten Erlebniswelt.

Dèjá-vu

Dèjá-vu-Erlebnisse sind Falscherinnerungen; sie wurden bereits im Altertum beschrieben als „falsae memoriae". Hierzu gehören die täuschenden Erfahrungen, etwas objektiv bis dahin Unbekanntes schon einmal erlebt zu haben bzw. schon einmal gehört, gesehen oder anderweitig wahrgenommen zu haben. Für einen kurzen Moment wird fälschlicherweise dem Zeitgefühl Gegenwärtiges mit zweifelsfreier Gewißheit als Vergangenes präsentiert.

Gehäuft treten diese Doppelwahrnehmungen unter epileptischen Auren, aber auch bei Schizophrenen und Neurotikern, sogar in Erschöpfungszuständen auf. Sie sind meist mit Unbehagen und Angstgefühl verbunden, weil die schließlich als solche erkannte Falscherinnerung beunruhigende Verunsicherung verbreitet.

Die scheinbare Bekanntheit kann beruhen auf früheren ähnlichen Teilerlebnissen oder auch auf illusionären Verkennungen und Umdeutungen der Umwelt unter erschwerten Wahrnehmungsbedingungen. Als Ursachen kommen hirnorganische Störungen in Frage wie auch psychodynamische Faktoren mit ich-entlastender, kathartischer Funktion.

Zyklen psychischer Erkrankungen

Neben schubartig und episodenhaft ablaufenden Erkrankungen gibt es im Bereich der Psychiatrie auch mehr oder weniger periodisch sich wiederholende Störungen, deren Zyklen nach bisher unbekannten Gesetzmäßigkeiten verlaufen.

Offensichtlich in Verbindung mit der diurnalen Periodik neurophysiologischer Vorgänge sind beispielsweise tagesrhythmische Abläufe bei der sogenannten Aufwachepilepsie bekannt. Hiervon abhängig sind auch die begleitenden Verstimmungen zu sehen.

Deutlich geprägt von sich wiederholenden Krankheitsphasen ist die sogenannte Zyklothymie, eine Gemütserkrankung mit sich wiederholenden depressiven oder manisch-depressiven Verstimmungen, bereits im 19. Jahrhundert als „folie circulaire" beschrieben.

Die Zyklothymie ist durch symptomfreie Intervalle von Monaten bis Jahren Dauer gekennzeichnet; die einzelnen Krankheitsphasen erstrecken sich in der Regel über Wochen bis Monate, durchschnittlich über ein halbes Jahr.

Es ist bis heute nicht bekannt, was jeweils zum Rückgang der Krankheitserscheinungen oder zum Rückfall (Rezidiv) führt; allenfalls bei 10 Prozent der Patienten sind entsprechende äußere Auslöser auszumachen.

Hinsichtlich der Ätiopathogenese wird unter anderem diskutiert, daß es offenbar zu einer Desynchronisation zwischen inneren und äußeren Zeitgebern aufgrund einer anlagebedingten Insuffizienz der Synchronisationsfähigkeit kommt. Das daraus resultierende „Freilaufen" der endogenen Rhythmik führt dann zu einem Auftreten der abnormen psychischen Veränderungen. So wird zum Beispiel mit Hilfe des Schlafentzugs therapeutisch versucht, zu einer Wiederherstellung über eine Resynchronisation zu gelangen.

Auffallend sind darüber hinaus die häufig zu beobachtenden Tagesschwankungen hinsichtlich der gesamten Verfassung bei zyklothymen Patienten. Dem sogenannten „Morgentief" mit meist sehr ausgeprägten depressiven Symptomen pflegt in diesen Fällen eine allmähliche, aber zunehmende Besserung im Laufe des Tages zu folgen. Bei bestimmten Depressionen wird daher neuerdings eine lichttherapeutische Behandlung versucht.

Ein „tempus absolutum" existiert nicht

Je mehr wir uns mit der Zeit beschäftigen, desto deutlicher wird, daß es keine allseits befriedigende Definition des Zeitbegriffes gibt; es läßt sich nicht einmal beantworten, was denn eigentlich „Zeit" sei: eher notwendige Abszisse unseres Lebens oder nur Ausdruck einer bestimmten Denk- und Erlebnisweise oder gar als verzerrte Reflektion von Veränderungen bloße Täuschung? Die Entdeckung, daß beispielsweise die Erde mit einer gewissen Regelhaftigkeit um die Sonne rotiert, oder daß ein Blatt welkt und vom Baum fällt, markiert lediglich eine mehr oder weniger regelmäßige Abfolge von Ereignissen und

symbolisiert allenfalls einen „Zeitfluß", der indessen nicht zu objektivieren ist. Der Schritt von hier zu einer Vorstellung, es gäbe eine konstante dahinfließende Zeit, ist vielleicht naheliegend und dennoch bereits zu weit; ein „tempus absolutum" existiert nicht.

So hat denn jedes Ding seine eigene Zeit, jedes Lebewesen seine individuelle, erlebte und gelebte Zeit, deren Erfahrung nicht interindividuell übertragbar ist. Vor der Zeugung und nach dem Tod gibt es keine persönliche Zeit; sie ist plötzlich da und endet ebenso abrupt. Uhren und Kalender sollen das Intervall überschaubar gestalten. Wir können uns aber nicht in der Zeit wie im Raum bewegen, der auch bestehen bleibt, wenn wir ihn verlassen haben.

In seltsamem Kontrast hierzu steht, daß körperliche Krankheiten und noch mehr seelische Störungen diese gesamte vermeintliche oder tatsächliche Meßsicherheit in Frage stellen können: Der zeitlich desorientierte, verwirrte, berauschte oder in Sinnestäuschungen gefangene Kranke entgleitet dem Zeitgitternetz; er wirkt ratlos, verstört oder ängstlich oder aber auch gelassen, verklärt oder ekstatisch. Wenn er spürt, daß er den Halt verliert oder aber wahrhaft „frei" wird, wird das Phantom „Zeit" zur Realität.

[1] *Husserl, E.:* Vorlesungen zur Phänomenologie des inneren Zeitbewußtseins. In: M. Heidegger: Sein und Zeit. 8. Auflage, Tübingen 1957. — [2] *Palàgyi, M.:* Neue Theorie des Raumes und der Zeit. Leipzig 1901. — [3] *Minkowski, H.:* Raum und Zeit. Leipzig 1909. — [4] *von Weizsäcker, W.:* Gestalt und Zeit. 2. Auflage, Göttingen 1960. — [5] *Heidegger, M.:* Sein und Zeit. 8. Auflage, Tübingen 1957. — [6] *Aschoff, J. / Wever, R.:* Spontanperiodik des Menschen bei Ausschluß aller Zeitgeber. Naturwiss. 49 (1962), S. 337 bis 324. — [7] *Payk, Th. R.:* Untersuchungen zum Zeiterleben Depressiver. Psychopathometr. 2,3 (1976), S. 143 bis 148. Vgl. auch *Payk, Th. R.:* Mensch und Zeit. Stuttgart 1979. — [8] *von Gebsattel, V. E.:* Prolegomena einer medizinischen Anthropologie. Berlin 1954.

„Wie uns die Stunde schlägt"

Mensch und Gesellschaft im Wandel der Zeitorganisation

Christian Graf von Krockow, Göttingen

Unsere westlich-abendländische Zivilisation ist von einer spezifischen Form geprägt, Zeit zu organisieren. Die Tendenz, Zeit exakt durchzuplanen und damit beherrschbar machen zu wollen, hat weitreichende Auswirkungen auf die Struktur unserer Gesellschaft und ihrer Wertevorstellungen. Wo Arbeit zu einem knappen, kostbaren Gut geworden ist, gehört es zum „guten Ton", keine Zeit zu haben, „voll" beschäftigt zu sein. Wo Frei-Zeit zum Allerwelts-Konsumgut verkommt, verliert Muße — einst Statussymbol der aristokratischen Oberschicht — an Wert und Inhalt. Der Autor plädiert für eine Re-Formierung unserer Zeitorganisation, für ein Sich-Freikämpfen vom allesbeherrschenden Diktat der Uhr.

Die Zeit spielt für den Menschen eine eigentümliche, eine bis in den Kern der Existenz hinein prägende Rolle. Sie schafft Abstand vom Bann des Augenblicks und von einer blinden Wiederholung des Immer nur Gleichen — Abstand im doppelten Sinne: Einerseits wissen wir von der Vergangenheit; wir haben Geschichte. Und andererseits wissen wir von der Zukunft, allerdings ohne sie zu kennen. Darum haben wir auch ein Wissen vom Sterbenmüssen, vom Tod, ohne doch der Umstände und des Zeitpunktes jemals sicher zu sein. Wir wissen, daß einmal, aber nicht, wann und wie uns die Stunde schlägt.

Es ist offensichtlich, daß dieses Wissen

vom Unwiderruflichen, von der unerbittlich ablaufenden Zeit, das uns auszeichnet, zugleich eine Last darstellt, die oft nur schwer zu ertragen ist. Immer haben sich

Prof. Dr. **Christian Graf von Krockow**, geb. 1927 in Rumbske/ Pommern. Studium 1947/54 in Göttingen und Durham/England. 1954 Promotion zum Dr. phil. (Soziologie, Staatsrecht, Philosophie). Anschließend wissenschaftlicher Mitarbeiter und Assistent. 1961 Professor für Politikwissenschaft in Göttingen, 1965 o. ö. Professor in Saarbrücken, 1968 in Frankfurt am Main. Seit 1969 freier Schriftsteller. 1981 Honorarprofessor Universität Göttingen, 1982/83 „fellow" am Wissenschaftskolleg zu Berlin. Zahlreiche Buchveröffentlichungen, unter anderem: Scheiterhaufen — Größe und Elend des deutschen Geistes, Berlin 1983; Gewalt für den Frieden? — Die politische Kultur des Konflikts, München 1983; Die Reise nach Pommern — Bericht aus einem verschwiegenen Land, Stuttgart 1985, 6. Auflage 1986; Politik und menschliche Natur — Dämme gegen die Selbstzerstörung, Stuttgart 1987; Die Stunde der Frauen — Bericht aus Pommern 1944 bis 1947 (Nach einer Erzählung von Libussa Fritz-Krockow), Stuttgart 1988.

Prof. Dr. Christian Graf von Krockow,
Auf dem Bui 2, 3400 Göttingen-Nikolausberg

darum Menschen zurückgesehnt in das verlorene Unwissen, in die reine Natürlichkeit, in den Garten Eden. Es gibt eine Art von Neid auf die Kreatur, die unser Wissen nicht hat. Wie es bei Rainer Maria Rilke in den „Duineser Elegien" heißt:

„O Seligkeit der kleinen Kreatur,
die immer bleibt im Schoße, der sie austrug..."

Und dazu im Kontrast:

„Wer hat uns also umgedreht, daß wir,
was wir auch tun, in jener Haltung sind
von einem, welcher fortgeht? Wie er auf
dem letzten Hügel, der ihm ganz sein Tal
noch einmal zeigt, sich wendet, anhält, weilt –,
so leben wir und nehmen immer Abschied."

Die Bibel erzählt den Sachverhalt noch dramatischer, gleich am Anfang, als Geschichte von der Vertreibung aus dem Paradies, nachdem Adam vom Baum der Erkenntnis gegessen hat:

„Und Gott der Herr spricht: Siehe, Adam ist geworden wie unsereiner und weiß, was gut und böse ist. Nun aber, daß er nicht ausstrecke seine Hand und breche auch von dem Baum des Lebens und esse und lebe ewiglich! – Da wies ihn Gott der Herr aus dem Garten Eden, daß er das Feld baute, davon er genommen ist, – und trieb Adam aus und lagerte vor dem Garten Eden die Cherubim mit dem bloßen, hauenden Schwert, zu bewahren den Weg zu dem Baum des Lebens."

Der Weg zu dem Baum des Lebens: Es gibt viele Versuche, ihn zu finden, um dem Schmerz und der Last der Zeitlichkeit zu entkommen. *Eine* Möglichkeit deutet sich in der biblischen Geschichte an: ewiglich leben, unsterblich sein – eine Eigenschaft, die in den verschiedensten Formen die Menschen immer wieder ihren Göttern zugeschrieben haben und nach der sie sich selbst sehnen. Zur christlichen Verheißung gehört – jenseits des Todes, am Jüngsten Tag, also am Ende aller Zeit, – die Auferstehung des Fleisches und ein ewiges

Vertreibung aus dem Garten Eden: Vertreibung aus der Unwissenheit in die Erkenntnis von der unerbittlich ablaufenden Zeit. (Fresco, Capella Brancacci in S. Maria del Carmine, Florenz.)   (Foto: Süddeutscher Verlag)

Leben. Einen ganz anderen, in der Hoffnung auf ein Entkommen aus der Zeit aber ähnlichen Weg zeigt der Buddhismus: Aus dem Zirkel der Wiedergeburten kann es am Ende doch einen Ausweg der Erleuchtung und Erlösung geben, den Weg ins Nirwana.

Zeit-Maschinen

Lassen wir aber den Weltenvergleich beiseite, und wenden wir uns unserer eigenen Kultur zu! Was sie auszeichnet, ist die Entwicklung eines immer präziseren Zeitbewußtseins, mit der Tendenz, das ganze Leben nach genauen Zeitplänen zu organisieren. Man sagt nicht zuviel, wenn man feststellt, daß die Uhr das eigentlich zentrale Instrument, daß die Zeit-Maschine die wirklich entscheidende Maschine unserer Zivilisation ist. Übrigens auch einer der ersten: Vom 13. Jahrhundert an kommen Räderuhren mit Hemmung und Gewicht auf, zunächst wohl in Klöstern, etwas später dann in den Städten die Turmuhren. In Nürnberg zum Beispiel fängt das auf Sankt Sebaldus 1493 an, wie als Symbol für den Beginn der Neu-Zeit; gerade ein Jahr zuvor hatte Kolumbus seine berühmte Entdeckungsreise gemacht. In Nürnberg war es übrigens auch, wo Peter Henlein um

Die Zeitmaschine – die wirklich entscheidende Maschine unserer Zivilisation. (Hier: Taschenuhr mit sichtbarem Unruhkloben, Datumszifferblatt, Frankreich 1790).
(Foto: Deutsches Uhrenmuseum, Furtwangen)

1510 eine Taschenuhr zum Mittragen entwickelte, sozusagen den Ahnherrn oder die Ahnfrau der uns selbstverständlichen Armbanduhren. Gut zweihundert Jahre später, im 18. Jahrhundert, berichtet Voltaire aus dem sportversessenen England von Stoppuhren, die die Sekunden ticken. Inzwischen sind wir im Sport bei der Hundertstelsekunde angekommen – und in den wissenschaftlich-technischen Grenzbereichen natürlich schon viel, viel weiter, weit über das hinaus, was sich anschaulich überhaupt vorstellen läßt.

Pünktlichkeit – eine Form der Höflichkeit?

Was das alles bedeutet, wird im Kontrast sichtbar. In einem Bericht aus Mexiko heißt es: „Diejenige Haltung, die dem Indio den Ruf der Faulheit und Haltlosigkeit eingetragen hat, ist einzig seine Unpünktlichkeit, sein Mangel an Zeitsinn, oder wie immer man es nennen mag. Er lebt nach seinem eigenen Rhythmus, auf seiner eigenen Zeitebene. Die Vergangenheit ist

Wem die Stunde schlägt: eiserne Kirchturmuhr mit Pendelhemmung und Stundenschlag. Süddeutschland, um 1700.   (Foto: Deutsches Uhrenmuseum, Furtwangen)

wirklich, sie ist gewesen, wir alle haben sie gestern gesehen. Auch das Heute ist wirklich, ist heiß oder kalt, wir haben gegessen oder nicht gegessen, jedes Menschen Körper oder Magen kann das ohne Zaudern entscheiden. Aber das Morgen ist hypothetisch, es existiert nicht, ist völlig unwirklich, und Dinge, die unwirklich sind, haben keine bestimmten Dimensionen und keine bestimmte Zeitdauer. ‚Ich komme morgen', sagt ein Indio und kommt vier Monate später – oder vielleicht auch fünf. Dennoch hat er nicht gelogen, hat weder betrogen noch versucht zu betrügen. Er hat nichts anderes getan, als daß er seine Gedanken auf das Unwirkliche richtete. Und wie in aller Welt könnte man etwas definieren, was nicht existiert?"

Pünktlichkeit, sagt man – sagen *wir* –, ist eine Form von Höflichkeit. Es gehört sich nicht, den anderen, mit dem man sich verabredet hat, warten zu lassen. In Mexiko ist es genau umgekehrt – und keineswegs nur bei den Indios. Wenn man zum Beispiel für acht Uhr abends zum Essen eingeladen ist und man erscheint auch pünktlich, würde man die Gastgeber in peinliche Verlegenheit stürzen.

Was läßt sich überhaupt tun, wenn die Leute kein Zeitbewußtsein haben, wenn sie nur im Augenblick, in der Gegenwart leben und nicht an die Zukunft denken? Wie soll man zum Beispiel die Bevölkerungsexplosion, die Kinderflut stoppen, in der die sogenannten Entwicklungsländer ertrinken? (Mexiko besaß 1960 34 Millionen Einwohner; inzwischen ist man bei 80 Millionen angekommen, trotz einer Millionenauswanderung in die USA.) Unser eigener Sinn für Verantwortlichkeit ist ohne die Zeitorganisation kaum vorstellbar; Geburtenkontrolle zum Beispiel setzt eben diesen Zeit-Sinn voraus.

Die heimliche Sehnsucht nach dem Genuß des Augenblicks

Den Zusammenstoß des Unvergleichbaren markiert die Geschichte vom nordamerikanischen oder mitteleuropäischen Touristen, der irgendwo den in der Sonne dösenden „Eingeborenen" sieht, sich ärgert, ihn anstößt und fragt:
„He, du da, warum arbeitest du nicht?
„Aber warum soll ich denn arbeiten?"
„Damit du Geld verdienst!"
„Und wozu soll ich Geld verdienen?"
„Um dir ein Sparkonto anzulegen!"
„Ja, aber wozu brauche ich denn das Sparkonto?"
„Zum Teufel, dafür, daß du im Alter nicht zu arbeiten brauchst!"
„Na, das tue ich jetzt, wo ich jung bin, doch auch schon nicht!"

Wenn man genau hinhört, geht die Pointe, das heimliche Gelächter in dieser Geschichte zu Lasten des Touristen. Und irgendwo in der Tiefe pocht sein Neid – unser Neid. Der alljährliche große Ferienstrom in südliche Gefilde hat ja nicht nur mit der Sonne zu tun, sondern ebenso mit einer Lebensform der Entspanntheit, die wir dort vermuten. Wenigstens auf Zeit möchten wir unsere Angespanntheit auf die Zukunft hin, also die Zeit überhaupt vergessen und bloß den Augenblick genießen. Aber wie soll uns das wirklich gelingen, wenn wir es eben nur auf Zeit, nach dem Terminkalender tun? Daher wohl die Hektik des typischen Urlaubs; möglichst viel soll in die knappe Zeit hineingepackt werden. Wir könnten etwas versäumen, sei es, bildungshungrig, ein Gemäuer mit dem Stern im Reiseführer, sei es, erlebnishungrig, das Abenteuer, die Begegnung mit Traummann oder Traumfrau. Eben damit bleibt freilich die Enttäuschung vorprogrammiert; unser Zeit-Sinn blockiert die Chance zum wirklich anderen Leben.

Das — so vermuten wir — führen die „Eingeborenen" heimlich, hinter unserem Rükken, oder wenn wir wieder fort sind.

Wie fing alles an?

Die Frage drängt sich auf: Wie ist es in der westlich-abendländischen Zivilisation zu dieser besonderen Zeitorganisation, zu dieser Angespanntheit auf die Zukunft hin eigentlich gekommen? Die Antwort, in einen Satz gefaßt, lautet: durch die Entwicklung und die Durchsetzung der bürgerlichen Gesellschaft, die sich seit dem Mittelalter in der Städtekultur vorbereitet.

Man kann das im Kontrast erkennen, wenn man sich den Gegentypus der vormodernen Gesellschaft einmal ansieht. Es handelt sich dabei — und zwar nicht nur in Europa, sondern fast überall auf der Welt — um eine Agrargesellschaft. Die große Mehrheit der Menschen lebt auf dem Lande und von der Landwirtschaft — wie einmal mehr schon die Bibel erzählt: „Abel ward ein Schäfer, Kain aber ward ein Akkermann." Von einer Bauern- und Hirtenkultur ist also die Rede. Bei allen Unterschieden im einzelnen gelten für solche Kulturen im Elementaren stets ähnliche Bedingungen. Man lebt eingebettet in die Bedingungen der Natur, in die Bedingungen des Bodens und des Klimas, in den Rhythmus von Tag und Nacht, des Frühjahrs und des Herbstes, von Aussaat und Ernte, von Werden und Vergehen.

Immerfort gibt es Gefährdungen, auch durch menschliche Gewalt, durch Krieg und Eroberung, aber mehr noch durch Mißernten, durch Dürre, Überschwemmung, Hagel, Blitzschlag, durch Seuchen. Das eigentlich Übermächtige ist die Natur. Und die stellt sich dar eben als ein Kreisprozeß des Werdens und Vergehens, als die Wiederkehr des immer Gleichen. Nichts ändert sich wirklich, auch nicht die Pro-

Kurioses: Kerzenwecker
(Foto: Deutsches Uhrenmuseum, Furtwangen)

duktionstechniken. Man stelle sich einmal vor, wie wenig von Urzeiten an bis ins 19. Jahrhundert hinein die Verkehrsmöglichkeiten sich gewandelt haben; bis zur Erfindung der Eisenbahnen blieb die schnellste Möglichkeit, sich zu bewegen, bestimmt durch natürliche Kräfte: durch das galoppierende Pferd oder das vom Wind geschwellte Segel.

Die Menschen erleben sich im Kreisprozeß des Natürlichen, auch im Sinne von Geburt und Tod; die Kette der Generatio-

nen, nicht das Individuum, ist die eigentliche Realität. Das heißt, mit anderen Worten: Die Zeit selbst ist im Grunde nicht ein
linearer Prozeß unwiderruflicher Veränderung, sondern Kreisbewegung und Wiederkehr. Uhren braucht man ohnehin
nicht; wann es Zeit ist zum Pflügen oder
zur Ernte, sagt dem Landmann nicht der
Blick aufs Zifferblatt, sondern auf Himmel
und Erde, nicht eine abstrakte Einteilung,
sondern die ererbte Erfahrung.

Termine – oder:
Was hat die Stunde geschlagen?

Die Änderung beginnt erst dort, wo man
sich aus dem Natürlichen emanzipiert,
sich davon im modernen Triumph der
Weltbemächtigung freikämpft. Es ist kein
Zufall, daß zwei Institutionen für die frühe
Uhrenentwicklung genannt werden: das
Kloster und die Stadt. Der Mönch will und
muß wissen, wann ihm die Hora, die Stunde fürs Stundengebet geschlagen hat, und

Zwei Institutionen sind maßgebend für die Uhrenent-
wicklung: die Stadt und das Kloster. (Holzschnitt von
Ludwig Richter. Karl V. vor seinen Uhren im „Kloster
St. Just", Mitte 19. Jahrhundert.)
(Foto: Süddeutscher Verlag)

für den Lieferanten, den Handelsherrn
werden Termine wichtig. Termine, wohl-
gemerkt, die immer weniger natürlich bestimmt sind, die immer mehr, immer aus-
schließlicher rein gesellschaftlich und wirt-
schaftlich diktiert werden in einem stets
dichteren und weiter ausgreifenden Bezie-
hungsgeflecht der Arbeitsteilung, im men-
schengemachten Räderwerk, das die Uhr
symbolisiert.

Zeit ist Geld

Ich überspringe alle die Einzelheiten, die,
über viele Jahrhunderte hin, für den Übergang von der vormodernen zur modernen
Gesellschaft wichtig sind. Ich möchte statt
dessen auf ein einziges Stichwort etwas näher eingehen: Konkurrenz. Wo sie sich
durchsetzt, gerät das gesamte Gesell-
schafts- und Wirtschaftsgefüge unabseh-
bar in Bewegung – und zwar auf die Zukunft gerichtet. Ganz einfach ausgedrückt: Ein Unternehmer, der stehen-
bleibt, der sich nicht auf den Sturm des
Wandels einstellt und sich dafür durch Investitionen rüstet, der sich auf die Produkte und Produktionstechniken, die Organi-
sationsformen und Absatzstrategien verläßt, mit denen er gerade noch erfolgreich
war –, ein solcher Unternehmer befindet
sich schon auf der abschüssigen Straße, an
deren Ende so geduldig wie unerbittlich
der Konkursrichter wartet. Zentral wichtig wird die Zeit-Rationalisierung, denn
Zeit ist buchstäblich Geld. Niemand hat
den Sachverhalt und den Kontrast zu vormodernen Verhältnissen so farbig, so dramatisch geschildert wie Karl Marx im
„Kommunistischen Manifest":

„Die Bourgeoisie hat enthüllt, wie die brutale
Kraftäußerung, die die Reaktion so sehr am
Mittelalter bewundert, in der trägsten Bären-
häuterei ihre passende Ergänzung fand. Erst sie
hat bewiesen, was die Tätigkeit des Menschen

zustande bringen kann. Sie hat ganz andere Wunderwerke vollbracht als ägyptische Pyramiden, römische Wasserleitungen und gotische Kathedralen, sie hat ganz andere Züge ausgeführt als Völkerwanderungen oder Kreuzzüge. – Die Bourgeoisie kann nicht existieren, ohne die Produktionsinstrumente, also die Produktionsverhältnisse, also sämtliche gesellschaftlichen Verhältnisse fortwährend zu revolutionieren. Unveränderte Beibehaltung der alten Produktionsweise war dagegen die erste Existenzbedingung aller früheren industriellen Klassen. Die fortwährende Umwälzung der Produktion, die ununterbrochene Erschütterung aller gesellschaftlichen Zustände, die ewige Unsicherheit und Bewegung zeichnet die Bourgeoisepoche vor allen anderen aus. Alle festen, eingerosteten Verhältnisse mit ihrem Gefolge von altehrwürdigen Vorstellungen und Anschauungen werden aufgelöst, alle neugebildeten veralten, ehe sie verknöchern können. Alles Ständische und Stehende verdampft, alles Heilige wird entweiht, und die Menschen sind endlich gezwungen, ihre Lebensstellung, ihre gegenseitigen Beziehungen mit nüchternen Augen anzusehen."

Es versteht sich, welch zentrale Rolle bei alledem die Vorausschau, die Anspannung zur Zukunft, die präzise Zeitorganisation spielt. Übrigens nicht nur im Kapitalismus, sondern überall, wo es um Modernisierung geht. In der Sowjetunion entstand bald nach der Oktoberrevolution eine „Zeitliga", die den Menschen ein neues Zeit-Bewußtsein beibringen wollte, unter anderem mit Merkversen und Bilderfibeln. Weil allerdings die Peitsche der Konkurrenz fehlt, gibt es bis heute Probleme, während zum Beispiel die Exporterfolge der deutschen Industrie sich nicht zuletzt auf den Ruf gründen, pünktlich zu liefern.

Man könnte nun den Sachverhalt durch alle Lebensbereiche hindurch verfolgen. Das politische System der parlamentarischen Demokratie ist als Konkurrenzprinzip organisiert, im Gegensatz zum uralten und menschheitlich verbreiteten Königsprinzip, das das Überdauern in der Erbfol-

ge symbolisiert. Unsere Ordnung hat es mit einer besonderen Zeitorganisation zu tun: damit, daß die Mehrheitsbefugnis nur auf Zeit verliehen wird; der stets schon heranrückende Zeitpunkt der Neuwahlen ist das Damoklesschwert für die Regierenden, die Hoffnung für die Opposition. Oder um ein anderes und symbolträchtiges Gebiet zu erwähnen, das bei der Geschichte der Uhren schon gestreift wurde, den modernen Sport: Auch da gilt, was Karl Marx geschildert hat. Im Beispiel: Johnny Weissmuller war der überlegendste und berühmteste Kraulschwimmer seiner Epoche, der zwanziger Jahre. Er stellte zahlreiche Weltrekorde auf, unterbot als erster die „Traumgrenze" von einer Minute für 100 Meter und gewann bei zwei Olympischen Spielen Goldmedaillen. Aber bei den Spielen von München, 1972, wäre er mit seinen einstigen Höchstleistungen gar nicht mehr zugelassen — oder noch von den Mädchen bis zur Lächerlichkeit besiegt worden. Doch dem „Superstar" von München, Mark Spitz — sieben Goldmedaillen — würde es inzwischen nicht besser ergehen; der letzte seiner über dreißig Weltrekorde ist längst überboten.

Die Form der Zeitorganisation als Spiegel der Gesellschaft?

Wenn es wahr ist, daß die Form ihrer Zeitorganisation die moderne Gesellschaft kennzeichnet, dann muß das nicht nur im historischen Längsschnitt durch die Jahrhunderte nachzuweisen sein, also im Kontrast zu vormodernen Lebensordnungen, sondern in der Struktur unserer Gesellschaft selbst, in ihrer Hierarchie, in der Verteilung von Macht, Einkommen, Prestige. Ist es so? Allerdings! Um dies anschaulich zu machen, möchte ich zunächst eine Geschichte erzählen.

In jenen besseren Jahren vor den „rosa Zeiten", als die Erste Klasse noch unter sich war, traf ich im Intercity einmal den bekannten Kollegen. Wie geht's, wie steht's? Meine Klage über den überfüllten Terminkalender wurde rasch gekontert; er zog den seinen: „Sehen Sie hier — auf Monate ist alles restlos voll!" Vier Wochen später erlitt der Mann einen schweren Zusammenbruch, der ihn an den Rand des Todes brachte.

Man kann das verallgemeinern. Der Zehn-, Zwölf- oder möglichst gar Vierzehn-Stunden-Tag, die Überfülle der Aufgaben und Ämter, kurz ein zum Prinzip gewordener Mangel an Zeit gehört zu den Merkmalen jeder modernen Elite. Das gilt für Manager und Minister, für Groß-Professoren und Groß-Künstler gleichermaßen. Es gilt sogar für Groß-Bischöfe.

Wer dagegen Zeit hat, ist offenbar nicht gefragt. Der zählt nicht, ist nicht wirklich wichtig. So wird, konsequent genug, die Dauerüberlastung zum Statussymbol — und am Ende gar die Verweigerung, mit der der Körper auf solche Überlastung reagiert. Zwar scheint der Herzinfarkt „out" zu sein, seit er in den Bereich von Herrn Jedermann rückte. Aber ein Herzschrittmacher schmückt.

Dauerüberlastung als Statussymbol?

Die Probe ist leicht gemacht: Man versuche, fünf ehrenwerte Persönlichkeiten zu einer Konferenz zusammenzubringen. Gelingt das ohne größere Schwierigkeiten, so hat man die falschen ausgesucht. Bei den richtigen ist es fast unmöglich. Schafft man es doch einmal, so geht es keinesfalls ohne Störungen ab. Der eine kann erst am Nachmittag kommen, der zweite muß dann schon wieder weg. „Das Entwicklungspalaver in Nairobi . . ." Tiefes Seufzen. „Sie verstehen?" Man versteht. Der

dritte wird von Zeit zu Zeit herausgerufen: „Herr Brokdorf, Telefon!"

Wie seltsam, wie wenig „natürlich" das alles ist, erkennt man am Vergleich. Als Bismarck noch die Geschichte Preußens und Deutschlands, um nicht zu sagen Europas lenkte, verschwand er oft für Wochen, manchmal für Monate auf pommersche Güter, um dann mit Berlin gelegentlich Briefe und Boten zu wechseln. Anderen großen Staatsmännern des 19. Jahrhunderts, wie Talleyrand oder Metternich, wäre es einfach als kulturlos, als barbarisch erschienen, keine Zeit zu haben. Napoleon freilich war schon ein anderer Fall. Aber mit seiner Arbeitswut, seiner Gehetztheit, seinem Vier-Stunden-Schlaf bewies er nur seine zweifelhafte, revolutionäre Abkunft, die ihn schließlich zu Fall brachte — oder, was aufs gleiche hinausläuft: daß er der allzu frühe Sendbote eines neuen Zeitalters war.

Muße stellte einst das Kennzeichen der wahren, der aristokratischen Oberschicht dar. Deshalb konnte der amerikanische Ökonom und Soziologe Thorstein Veblen noch 1899 eine Analyse der Oberschicht unter dem Titel „Theorie der Muße-Klasse" liefern. Und er konnte über den „demonstrativen Verbrauch" der Muße wettern, über die Vergeudung als Statussymbol, dieses teure, immer neue und immer gleiche Spiel der Jagden und der Feste, mit Pferden und Frauen . . . Heute würde die Beschreibung allenfalls noch zum Jet-Set der Playboys und -girls passen: reich zwar, aber längst nicht mehr einflußreich.

Zeit-Fragen

Wie läßt sich der dramatische Wandel erklären? Die Antwort liegt nahe genug: aus der gesamtgesellschaftlichen Hierarchie — und wie immer im Kontrast. Man muß sich also nur die Situation der „anderen", der

Mehrheit ansehen, von der die Elite sich prestigeträchtig abhebt; man betrachte, wovon hier die Rede ist – Zeit-Fragen.

Um die Mitte des 19. Jahrhunderts galt für die Massen die 70- bis 80-Stunden-Woche. Sie galt von früher Jugend an, unentrinnbar bis ins Alter, sobald und solange man nur arbeiten konnte. Urlaub war unbekannt. So erschien nicht bloß, sondern war tatsächlich Muße das demonstrativ zelebrierte Statussymbol, das kostbare Privileg der Oberschicht.

Aber heute? Für die Mehrheit gilt – dank technischem Fortschritt und einem Jahrhundertkampf der Gewerkschaften – der Acht-Stunden-Tag in der Fünf-Tage-Woche, bei schrumpfender Lebensarbeitszeit, plus fünf oder sechs Wochen Jahresurlaub. Insgesamt gilt, daß seit dem Beginn unseres Jahrhunderts sich die durchschnittliche Lebensarbeitszeit mehr als halbiert hat.

Steigt man nun auf der gesellschaftlichen Stufenleiter noch weiter herab, so stößt man auf die, denen das Übermaß an verfügbarer Zeit zum Fluch und zur Plage gerät, auf die Ausgeschlossenen, Ausrangierten, die nicht oder nicht mehr „Gefragten" oder Leistungsfähigen: auf die Arbeitslosen und ein immer wachsendes Heer rüstiger Frührentner – die in der Arbeitsgesellschaft Überflüssigen. Nach allem, was sich absehen läßt, wird die Entwicklung weitergehen, womöglich sogar sich dramatisch zuspitzen. Arbeit wird zum grundsätzlich knappen und damit kostbaren Gut. Eben damit und genau darum wird aber der Mangel an Zeit, die Überarbeitung und Gehetztheit zum entscheidenden Prestigefaktor, zum zentralen und alle sonstigen Unterschiede überdeckenden Merkmal moderner Eliten. Sie mögen das ableugnen, auch oder gerade vor sich selbst, und im Selbstmitleid Trost suchen. Aber man überhöre in ihrem Jammern nicht den

wohlig selbstgefälligen Unterton. Und jedenfalls: Das ist der Tatbestand.

Im Zeit-Maß der Arbeit

Wenn wir die eher vergnüglichen Gefilde der anschaulichen Beschreibung verlassen, wenn wir eine Bilanz versuchen oder gar einen Blick in die Zukunft riskieren, dann zeigen sich rasch schwerwiegende Probleme. Eine Arbeitsgesellschaft, der die Arbeit wenn schon nicht ausgeht, dann doch knapp wird, ist bei all ihrem Wohlstand offensichtlich arm dran. Im Grunde gerät sie in eine paradoxe Situation. Denn es war ja immer die Verheißung des Fortschritts, die Utopie der Industriegesellschaft, daß man durch Arbeit das gesellschaftlich notwendige Zeit-Maß der Arbeit entscheidend würde einschränken können. Gleichzeitig aber wurde der gesellschaftliche Status, das Ansehen und das Selbstbewußtsein von der Arbeit bestimmt. Und die Verhaltenstugenden, über Generationen hinduch eingeübt, sahen entsprechend aus: Fleiß, Leistungsbereitschaft, Pflichterfüllung, Ordnungssinn, Sparsamkeit, Präzision und Pünktlichkeit. Wie es dereinst einmal sein würde, wenn die Utopie sich erfüllte, darum kümmert man sich kaum. Man schob es wieder als eine Art von Pflichterfüllung in die Zukunft ab: Heute noch müssen wir hart arbeiten, damit die Kinder, die Enkel es einmal besser haben. Wenn allerdings die Zeit der Erfüllung nahe herbeigekommen ist und es kein Ausweichen mehr gibt, dann zeigt man sich vom Ergebnis peinlich überrascht.

Versucht man indessen ein Bild von der Zukunft, wie sie bald nach dem schon nahen Jahr 2000 aussehen könnte, so ließen sich zwei Szenarien entwerfen. Das erste zeigt eine neue und sehr unerwartete Form von Klassengesellschaft, von Bourgeoisie und Proletariat: hier die Besitzer und dort die Nichtbesitzer von Arbeit. Es gibt neo-konservative Ideologien und Strategien, die das kühl kalkulieren: Für zwei Drittel wird gesorgt, das restliche Drittel wird ins Abseits gedrängt und mag sehen, wo es bleibt. Auch in demokratischen Systemen wäre damit durchaus zu regieren; zwei Drittel bilden ja eine komfortable Mehrheit.

In der Gegenversion würde man dem drohenden Klassenkampf durch Umverteilung begegnen: Die einen geben Arbeitszeit ab, damit die anderen noch oder wieder Arbeit haben. So wünschenswert dies sein mag, es dürfte schwierig genug und keinesfalls ohne heftige Konflikte zu erreichen sein. Ich nenne nur zwei.

Erstens geraten die Gewerkschaften zunehmend in eine Zwickmühle. Ihr Kampf für Arbeitszeitverkürzungen mochte allen ihren Mitgliedern einleuchten, solange es darauf ankam, überhaupt erst einmal eine nennenswerte Freizeit zu schaffen. Von einem gewissen Punkt an muß es jedoch zunehmend darum gehen, den Arbeitsbesitzern mindestens in der Form von Lohnchancen etwas wegzunehmen, um es anderen zu geben. Die Gewerkschaftsmitglieder sind aber ganz überwiegend Arbeitsbesitzer! Schon heute gibt es ja durchaus massive Widerstände, zum Beispiel wenn Überstunden eingeschränkt werden sollen, um statt dessen neue Arbeitsplätze zu schaffen.

Zweitens gibt es heftige und in ihrer Heftigkeit zunehmende Konflikte zwischen den Geschlechtern. Auf der Höhe der bürgerlichen Gesellschaft galt für die halbwegs Arrivierten der Pascha-Stolz: „Meine Frau hat es nicht nötig zu arbeiten!“ Eben damit wurden freilich — unter den Wertgesichtspunkten einer Arbeitsgesellschaft — die Frauen in den zweiten, den minderen Rang gedrängt. Das lassen sie sich inzwischen und mit Recht immer

weniger gefallen. Sie wollen Chancengleichheit, sie drängen in die Berufsarbeit hinein; während das Arbeitsvolumen schrumpft, steigt also der Tendenz nach gleichzeitig die Beschäftigungsquote. Die strukturelle Knappheit der Arbeit wird damit zusätzlich verschärft. Andererseits sollen die Männer ihren vollen Anteil an den häuslich-familiären Lasten übernehmen.

In der Wirklichkeit werden Modelle natürlich nie rein verwirklicht; die Realität der Zukunft dürfte irgendwo zwischen der Zweitdrittelgesellschaft und einer Gesellschaft des Lastenausgleichs angesiedelt sein.

Von Frei-Zeit zur Muße-Kultur

Bisher gab es in der modernen Gesellschaft zwei Grundformen von Zeit: die Arbeitszeit auf der einen und die Freizeit auf der anderen Seite. Dabei kam der Arbeitszeit, nicht bloß im quantitativen, sondern auch im qualitativen Sinne der Vorrang zu: Die Freizeit war von der Arbeitszeit her bestimmt und auf sie bezogen, eben als Freiraum von Arbeit — und nicht zuletzt: als Ausgleich und Erholung, das heißt als eine Art von Dienstleistung an der Arbeit. Was im übrigen die Leute in ihrer Freizeit taten oder nicht taten, konnte weitgehend auf sich beruhen; eigentlich interessierte es nur als zusätzliche Absatzchance für Produkte aus der Arbeitszeit.

Damit wird es in der Zukunft immer weniger getan sein. Wenn nämlich die Freizeit in unserem Lebenshaushalt immer mehr anwächst, wenn sie schließlich die Arbeitszeit deutlich übersteigt, dann kann sie nicht länger von dorther bloß negativ bestimmt bleiben. Es wird ein Umschlagspunkt erreicht, von dem an sie eine eigene Gestalt, einen eigenen Wert entwickeln muß. Um es mit einem Schlagwort zu sagen: aus Frei-Zeit müßte eine eigenständige und aktive Muße-Kultur werden. Es kann schwerlich damit sein Bewenden haben, daß man noch ausdauernder vor der Mattscheibe hockt, noch verbissener unter der Mittelmeersonne brät und Maulaffen feilhält.

Gibt es ein Recht auf Faulheit?

Gewiß, vor reichlich einem Jahrhundert schon hat der Schwiegersohn von Karl Marx, Paul Lafargue, ein Buch geschrieben unter dem schönen Titel „Das Recht auf Faulheit" — übrigens sehr zum Mißfallen des Schwiegervaters. Und dieses Recht auf Faulheit mag ein unveräußerliches Menschenrecht sein. Aber schlicht zum Faulenzen ist der Mensch einfach nicht gemacht. Er ist, so scheint es, ein unverbesserlicher Aktivist. Er klettert auf Berge, wandert durch Wüsten, taucht in die Ozeane, fliegt in den Weltraum, läßt sich auf waghalsige Wetten und Wettkämpfe ein, sucht das Abenteuer in jeder nur möglichen und unmöglichen Form. Er spielt, tanzt, singt, produziert Kitsch und Kunst, Opern, Operetten, Gelehrsamkeit und Taschenspielertricks und wer weiß was sonst noch alles. Und bei alledem fühlt er sich pudelwohl, obgleich gar nichts Nützliches und Vernünftiges, im Sinne der biologischen Erfordernisse Notwendiges dabei herausspringt. Andererseits kann der Mensch in der Fülle des Notwendigen, vollgestopft mit Futter, Sex und allem anderen, völlig verzweifeln und — ein humanes Privileg — im extremen Falle Selbstmord begehen. Bekanntlich fallen die Selbstmord- und Kriminalitätsraten nicht mit dem Wohlstandsniveau unserer Zivilisation, sondern sie steigen. Es ist nun einmal nicht auszuhalten, keine Aufgabe zu haben, nicht gebraucht zu werden, aufs immerwährende Zuschauen und Sich-Ausruhen verwiesen

zu sein. Oder, schlicht gesagt: Der Mensch lebt nicht vom Brot allein. Diese alte biblische Wahrheit macht sich genau in dem Maße handgreiflich bemerkbar, in dem es am Brot nicht mehr mangelt.

Wie aber könnte eine Mußekultur eigentlich aussehen? Ich werde mich hüten, eine Antwort aus der Tasche zu ziehen, die ich nicht habe. Nur zweierlei möchte ich zum Abschluß noch sagen. Erstens: In der postmodernen Gesellschaft müßte man in mancher Hinsicht wohl wieder ans Vormoderne anknüpfen. Das gilt nicht zuletzt für die Zeitorganisation. Das heißt keinesfalls, die moderne Zeitorganisation mit all ihren Errungenschaften einfach zu verdrängen, als hätte es sie nie gegeben. Aber es hieße, neben ihr, unabhängig von ihr eine zweite zu entwickeln, die sich von der dauernden Angespanntheit, Gehetztheit, vom Diktat der Uhr wieder freikämpft. Vielleicht könnten wir dafür tatsächlich von dem „Eingeborenen" unter südlicher Sonne, vom Indio in Mexiko etwas lernen.

Zweitens: Ich fürchte, daß gerade wir Deutschen wie kaum eine andere Nation mit der Entwicklung einer Mußekultur große Schwierigkeiten haben werden. Denn rücksichtsloser, radikaler als anderswo sind bei uns vormoderne Traditionen zerstört und die modernen Tugenden durchgesetzt worden. Wir brauchen gar nicht bis Mexiko zu reisen, um das festzustellen. Ein Abstecher zu unseren romanischen Nachbarn — nach Frankreich zum Beispiel — genügt vollauf. Man sehe sich nur einmal an, wie da Familien, Verwandte, Nachbarn, Freunde sich Zeit nehmen fürs behagliche Tafeln; die Essenskultur ist gewiß nur ein, aber ganz gewiß ein wichtiger Bestandteil jener Mußekultur, die den Zeitaufwand nicht nachrechnet und im Blick auf die Uhr nur sagt: Ach, zum Teufel damit!

Mit der Zeit arbeiten
Über einige grundlegende Zusammenhänge von Zeit und Ökonomie

Jürgen P. Rinderspacher, Münster

Die berühmte Einsicht B. Franklins, derzufolge Zeit auch Geld ist, gibt unbezweifelbar eine der wichtigsten Handlungsmaximen der modernen Industriegesellschaft wieder, erfahrbar für den Unternehmer genauso wie für den Arbeitnehmer oder den Konsumenten. Um so erstaunlicher ist es, daß kaum danach gefragt wird, warum das so ist und wie es dazu kam. Auch die Behandlung der Frage in der wissenschaftlichen Literatur ist erstaunlich dürftig. Im folgenden soll anhand einiger prägnanter Beispiele die Bedeutung des Faktors Zeit und dessen innerer Zusammenhang zum wirtschaftlichen Denken und Handeln moderner Gesellschaften dargestellt werden. Ferner wird darüber zu sprechen sein, welche positiven und negativen Effekte eine hochentwickelte Zeitwirtschaft für Mensch und Natur aufweisen kann.

Zeitwirtschaft als Kulturleistung

Wenn man von unserem Wirtschaftssystem her denkt, dann erscheint es gelegentlich wie ein Wunder, daß die Menschheit den weitaus größten Teil ihrer Vergangenheit auch ohne Uhr und teilweise sogar ohne eine Vorstellung von „Zeit" zubringen konnte.

Soweit man heute sieht, spielte sich das Wirtschaftsleben vorangegangener Gesellschaften, besonders aber das der sogenannten primitiven, im wesentlichen ohne die Existenz und Berücksichtigung eines zeitlichen Bezugssystems ab. Das Erscheinen von „Zeit" im Leben menschlicher Gemeinschaften hängt vom Entwicklungsstand einer Gesellschaft ab. Erst allmählich haben die Menschen ein zeitliches Bezugs-

Dr. Jürgen P. Rinderspacher, geb. 1948, ist wiss. Mitarbeiter am Institut für Christliche Gesellschaftswissenschaften der Universität Münster. Er vertritt dort das Fach Wirtschaftsethik in Forschung und Lehre. Studium der Politologie, Wirtschaftswissenschaften und ev. Theologie in Berlin. Von 1977–1983 Mitarbeiter am Wissenschaftszentrum Berlin, Schwerpunkt Arbeitspolitik. Bis 1985 Mitarbeiter an der Forschungsstelle Sozialökonomik der Arbeit der Freien Universität sowie Lehrbeauftragter an der Fachhochschule für Wirtschaft in Berlin. Zahlreiche Veröffentlichungen zum Thema Zeit und Gesellschaft, u. a.: Gesellschaft ohne Zeit, Frankfurt/New York 1985; Am Ende der Woche, Bonn 1987; mit H. Przybylski (Hrsg.). Das Ende gemeinsamer Zeit, Bochum 1988; mit K.W. Dahm, A. Mattner, R. Stober (Hrsg.), Sonntags nie? Die Zukunft des Wochenendes, Frankfurt/New York 1989.

Dr. Jürgen P. Rinderspacher, Westfälische-Wilhelms-Universität Münster, Institut für Christliche Gesellschaftswissenschaften, Universitätsstraße 13–17, 4400 Münster

system herausgebildet und erst sehr spät gelernt, sich die Zeit für die Verbesserung ihrer Lebensverhältnisse systematisch nutzbar zu machen. In alten Gesellschaften machte sowohl die soziale Organisationsform von Wirtschaft und Arbeit wie die Beschaffenheit der verfügbaren Werkzeuge besondere zeitliche Bezugssysteme nicht erforderlich.

In Gesellschaften, die so gut wie keine Arbeitsteilung kannten und in denen die Gemeinschaft auf den unmittelbaren Kontakt ihrer Mitglieder aufbaute, in denen also ein gemeinsamer Lebensrhythmus Ergebnis der alltäglichen Lebensvollzüge wie auch der klimatischen und tageszeitlichen Bedingungen (Hell-Dunkel-Rhythmus) war, gab es keinen Anlaß für die Evolution eines unabhängig von den konkreten Handlungen der Individuen existierenden Systems „Zeit". Statt eines universellen zeitlichen Bezugssystems, das losgelöst von den tatsächlich eintretenden Ereignissen vorab jeden Tag in Stunden und jedes Jahr in Wochen oder Monate gliedert, findet man bei den Jäger- und Sammlergesellschaften bestenfalls ein „okkasionelles" Zeitbewußtsein. Dieses beschränkte sich darauf, daß beispielsweise besonders herausgestellte und legitimierte Personen bzw. Institutionen wie Priester oder Medizinmänner verbindlich für alle Mitglieder der Gemeinschaft die Zeitpunkte für Aussaat, Ernte oder die zahlreichen Feste bekanntgaben. Das Wissen um die richtigen Zeitpunkte war eine durch charismatische oder religiöse Autorität legitimierte Spezialkenntnis. Immerhin waren neben dem natürlichen Hell-Dunkel-Rhythmus und den Jahreszeiten hier bereits „Zeit"punkte von Bedeutung für den „wirtschaftlichen Erfolg", zum Beispiel eines Ackerbau treibenden Dorfes, der aber zugleich in religiösen und kultischen Dimensionen zu denken ist und nicht mit unserem heutigen

eingeschränkten Verständnis ökonomisch effektiven Handelns zu vergleichen ist.

Das zeitliche Bezugssystem entsteht

Ebenso wenig benötigten beispielsweise einfach organisierte Nomaden ein zeitliches Bezugssystem. Sofern sich ihr Wirtschaften überhaupt an Zeit orientierte, beschränkte sich dies ebenfalls auf die Bezugnahme auf einige prägnante Naturerscheinungen wie den Tag-Nacht-Rhythmus. Genutzt wurden diese regelmäßigen Veränderungen in der Natur aber nur als eine Art Wegweiser, als Anhaltspunkt für das Wann einer Aktivität. Ihre Ökonomie, sofern überhaupt vorhanden, zielte nicht etwa darauf ab, möglichst wenig Zeit zu (ver)brauchen, sondern möglichst wenig Güter und Geräte zum (Über)Leben besitzen zu müssen. Denn in einer auf ständigen Ortswechsel angelegten Lebensweise erscheinen zu transportierende Lasten, modern gesprochen, eher als ein Hindernis für die Entfaltung der Lebensqualität, denn als ein Segen. Wo immer Menschen nomadierend gelebt haben, haben sie wahrscheinlich erst einmal ans Gewichtsparen und nicht ans Zeitsparen gedacht.

Anders die späteren agrarischen Gesellschaften. Die Nähe des Ackerbaus zu den Rhythmen der Natur ließ ein dieser Produktions- und Lebensweise angemessenes zeitliches Bezugssystem entstehen. Mit der Natur bewegt sich auch die Alltagswelt der agrarischen Gesellschaft in kreisförmigen Verläufen. Das Leben wird noch nicht als auf einer Zeitachse voranschreitend gedacht. Eine offene Zukunft im heutigen Verständnis gab es nicht, weil die agrarische Wirtschaftsform praktisch keine Anlässe bot, über mehr als einige Zyklen hinauszudenken und über längere Fristen hin zu planen.

Erstaunlich, daß gerade das in verschiedenen Epochen teils nomadisierende, teils seßhafte israelitische Volk eine verhältnismäßig ausgeprägte Vorstellung von Zeit entwickelte. Im Alten Testament finden sich sowohl zyklische als auch lineare Zeitvorstellungen. Soweit man sehen kann, taucht hier eine der ersten handlungs- und orientierungsrelevanten Vorstellungen von einer Zukunft auf, und zwar in Form einer konkreten, sich auf der Erde verwirklichenden Heilserwartung. Diese war zwar primär religiös fundiert, hatte jedoch auch eine materielle Seite: „Das gelobte Land" wurde erwartet als der Ort, an dem „Milch und Honig fließt".

Bereits die im Schöpfungsmythos der Bibel (entstanden im babylonischen Exil im 5. Jahrhundert vor Chr.) vorzufindende zeitliche Gliederung der Erschaffung der Welt deutet auf ein verhältnismäßig weit entwickeltes kollektives Zeitbewußtsein hin. Die Begründung eines regelmäßig wiederkehrenden Feiertages, des Sabbats, der hieraus abgeleitet wird und mit einem Imperativ der Enthaltsamkeit von jeder wirtschaftsbezogenen Aktivität verknüpft wird, ist für die damalige Welt ein Novum: Um die Ruhe Gottes, von der alle Schöpfung ausgeht, nachempfinden zu können, muß auch die wirkliche Welt regelmäßig zur (Arbeits-)Ruhe gebracht werden. Niemand soll aber daraus einen wirtschaftlichen Vorteil ziehen. Weitere Einschnitte, die ebenfalls mit wirtschaftsbezogenen Imperativen, der Unterbrechung der Arbeit bzw. der Neuverteilung des Besitzes verbunden waren, waren das Sabbatjahr (siebenjähriger Zyklus) und das Hall-Jahr (alle 49 Jahre).

Vorstellungen von einer Linearität zeitlicher Verläufe müssen auch schon in den bekannten Hochkulturen bestanden haben. Die großen Bauvorhaben — Städte, Pyramiden, Wasserleitungen, Schiffe, strategische Grenzanlagen oder die Logistik einer organisierten Kriegsführung zwingen zum Denken in Zeitkategorien. Befördert wurde dabei die Fähigkeit zur Schaffung eines funktionierenden Gesamtsystems sowie zu längerfristiger Kalkulation durch die zeitliche Koordinierung unterschiedlicher Komponenten. Diese stellt eine kulturelle Errungenschaft der Menschheit dar, ohne die die Entwicklung zum modernen wirtschaftlichen Handeln und Entscheiden undenkbar wäre.

Obwohl die technischen, wirtschaftlichen, militärischen und sozialen Entwicklungen der alten Hochkulturen sicher eine wichtige Vorbereitung hierzu waren und obwohl zum Beispiel die Ägypter, Griechen und Römer ein weites Handelsnetz aufgebaut hatten, spielte der Faktor Zeit bei wirtschaftlichen und sonstigen Entscheidungen dennoch eine untergeordnete Rolle. Zeit hatte selbst dort, wo diese Gesellschaften eine ausgeprägte Arbeitsteilung aufwiesen, wie insbesondere in den Städten, vorwiegend die Funktion eines Synchronisierungsinstruments, etwa um Verabredungen genauer treffen zu können.

Markt, Zins und Zeit

Von einer konsequenten und allumfassenden Bewirtschaftung der Zeit kann eigentlich erst in der europäischen Neuzeit die Rede sein. Dort, wo sich seit dem ausgehenden Mittelalter die großen Kaufmannskapitale etablierten und allmählich Wirtschaft und Gesellschaft umwandelten, indem sie dem agrarwirtschaftlichen Denken das kapitalwirtschaftliche hinzufügten, wurde der rechenhafte Umgang mit der Zeit schrittweise Allgemeingut. Im Zentrum des Entwicklungsprozesses standen soziale Institutionen, die es in rudimentärer Form zwar schon zuvor in verschiedenen Gesellschaften gab, die aber erst jetzt prägend auf die Lebensweise der ganzen Gesellschaft zu wirken begannen: der *Markt* und der *Zins*.

Der revolutionäre Umbruch des Zeitbewußtseins von der Stufe gleichsam des passiven Sicheinfügens in die Rhythmen der Natur zum aktiven Zeitmanagement wurde ganz wesentlich durch die Praxis des Geldverleihens mitbewirkt. Dies war jedoch von Beginn an ein problematischer Vorgang, und es gab bzw. gibt in verschiedenen Kulturen verschiedene ethische Bewertungen hierfür. So wurden im christlich geprägten Mittelalter bekanntlich erhebliche Bedenken dagegen angemeldet, so etwa von Augustin. Er argumentiert, die Vermehrung eines Vermögens durch Zinsen entstehe offensichtlich durch die Zeit, also ohne menschliches Dazutun. Die Zeit gehöre aber Gott und nicht dem Menschen, und dieser dürfe sie sich nicht vermittels Geldverleih aneignen.

Eine solche Problemstellung konnte aufkommen, weil die Güter dieser Erde als letztlich durch Gott verursacht gedacht wurden. Erst als der Protestantismus, insbesondere in seiner calvinistischen Variante, die menschliche Mitverantwortung für das Hervorbringen von Gütern und Lebensverhältnissen stärker betonte, konnte auch der Zins primär als Ergebnis wirtschaftlicher Aktivität, als Belohnung für die gelungene Mitgestaltung der Welt gedeutet werden.

Damit war eine tiefgreifende Umorientierung, nicht nur eine oberflächliche Bewältigung der Zinsproblematik, etwa durch scholastische Spitzfindigkeiten, möglich geworden. Nun erschien der Mensch wenn auch nicht als Herr und Schöpfer der Zeit, so doch als ihr legitimer Sachwalter, der den Auftrag hatte, die von Gott gegebene Zeit zur Mehrung des materiellen Reichtums — jedoch nicht unbedingt zu dessen Verzehr — zu nutzen. Dadurch, daß der effektive Umgang mit der Zeit in den Rang einer ethischen Norm erhoben wurde, konnte der Gedanke der ökonomischen Effizient als ein Gebot der Alltagskultur massenwirksam werden.

Investition: warten und gewinnen

Die Gedankenwelt der theoretisierenden und praktizierenden Ökonomen wie die wirkliche Ökonomie ist voll von zeitlichen Bezügen, die allerdings oft nicht als solche behandelt werden. Viele eines zeitlichen Gehalts auf den ersten Blick völlig unverdächtige Begriffe haben ganze Zeitphilosophien zum Inhalt. Im folgenden geht es daher um die Herausarbeitung der zeitlichen Implikationen zweier ökonomischer Grundbegriffe: Investition und Markt. Zunächst sollen Begriffe wie „Investition", „Risiko" und „Warten", die Axiome jeder modernen Wirtschaftstheorie sind, erläutert werden. Anschließend soll dargestellt werden, in welcher Weise der Marktmechanismus auf das Bezugssystem „Zeit" angewiesen ist.

Folgt man den Lehrmeinungen, dann ist ein Kapital die Belohnung für eine vorangegangene Leistung. Diese besteht erstens in dem Verzicht des Eigentümers darauf, das ursprüngliche Kapital sofort aufgezehrt zu haben und zweitens darin, sich der Gefahr des Verlustes des Kapitals, dem Risiko ausgesetzt zu haben. Gewinne werden u. a. als Belohnung für das Wagnis angesehen, neue Anlagen, Produkte, Allokationsmuster, das heißt Kombinationen der Produktionsfaktoren u. a., zu erproben. Die Gesellschaft belohnt dieses für ihre wirtschaftliche Zukunft unverzichtbare Wagnis bei Erfolg mit einer Prämie auf das eingesetzte Kapital. Der Verzicht und das Risiko, die Expedition in immer neue, unsichere Zukünfte, sind Schlüsselbegriffe der über das Niveau der nur der Selbsterhaltung dienenden Subsistenzwirtschaft hinausweisenden Wirtschaftsgesellschaft.

Die aus einer rationalen Einsicht bewußt vollzogene Verzichtsleistung bezüglich der Möglichkeit, vorhandene Mittel sofort zu konsumieren, wird begrifflich dargestellt in der Denkfigur der Investition. Das moderne Wirtschaften kapitalistischer ebenso wie sozialistischer Gesellschaften geschieht in einem Spannungsfeld von Einsatz und Ertrag. Zwischen beiden Polen ist definitionsgemäß eine Zeitspanne zu denken. Zwar wirft nicht allein durch diesen Zeitfaktor ein Kapital schon Gewinne ab, jeder Gewinn setzt jedoch eine mehr oder weniger ausgedehnte Zeitspanne voraus, die nötig ist, um den Ertrag zu erwirtschaften.

J. M. Keynes hat im Kontext seiner nachfrageorientierten Wirtschaftstheorie postuliert, die Unternehmen würden nur dann investieren, wenn Gewinne in Aussicht stünden. Er geht sogar so weit zu fordern, im Zweifelsfalle müsse der Staat durch Schaffung eigener Nachfrage Gewinnaussichten, Zukunftsperspektiven für die Unternehmen, hervorrufen, wenn die Wirtschaftslage nicht von sich aus dazu führe. Aus der Kategorie der Erwartung (eines Gewinns) wird in der Wirtschaftstheorie der Impuls oder gar das Motiv zum wirtschaftlichen Handeln, zum Unternehmen, hergeleitet.

In den alten christlich geprägten Gesellschaften bezogen sich Erwartungen stets auf Gewißheiten, die zumeist durch die Darstellung in wiederkehrenden Kreisbewegungen veranschaulicht und glaubhaft gemacht werden konnten: Die Jahreszeiten, die Woche oder das Kirchenjahr bildeten gleichsam ein geschlossenes System, das die Angst vor einer ungewissen Zukunft verringern half und unkalkulierbare Ereignisse vom Wetter bis hin zu Kriegen und Naturkatastrophen als punktuelle

Eingriffe Gottes in die Welt erklären konnte, etwa um diese zu strafen. Die mittelalterliche Gesellschaft lebte in der Erwartung der Wiederkunft Christi, wobei lediglich der Zeitpunkt, nicht jedoch deren Tatsache als offen angesehen wurde. Infolge dieser Heilserwartung befand sich die christlich geprägte Gesellschaft im Spannungsfeld zwischen dem vergangenen Ereignis der Kreuzigung und dem zukünftigen Ereignis der Auferstehung und verblieb hierdurch in einem geschlossenen Horizont existentieller Erfahrungsgewißheiten.

Zwar unterschied das Mittelalter göttliche und profane Zeit, und letztere wurde schon als relativ offen gedacht. Erst die Kapitalrationalität beinhaltet jedoch den Gedanken einer wirklich kontingenten Zukunft, die nicht mehr nur als Spanne relativer Ungewißheit zwischen zwei für sicher gehaltenen Ereignissen interpretiert werden kann. Die Erfahrung des Scheiterns beim wagemutigen Einsatz des eigenen Kapitals muß nun als individuelles Unvermögen verstanden werden, kaum noch als der Wille einer höheren Macht. Folglich kann in dieser ungemütlichen Welt des Wirtschaftens mit ihren offenen Zukunftsperspektiven das mit der Investition verbundene Risiko immer mehr zum Leitmotiv werden. In den grundlegenden Theorien über das Wirtschaften wird zum Beispiel der „wagemutige Unternehmer" als Leitbild propagiert, der neue Wege geht, der in einem Prozeß der „schöpferischen Zerstörung" (Schumpeter) die Natur zum Wohle der Menschen risikoreich umgestaltet.

Mit dem neuen Bild der ungewissen Zukunft ist die Gestaltungsnotwendigkeit verknüpft. Der Zusammenhang zum Leistungsdenken wird hier offensichtlich. Der gezielte Einsatz von (Kapital-)Mitteln, nicht der günstige Augenblick, der Kairos oder eine göttliche Vorsehung, den sich noch die großen Feldherren und Kaufleute vergangener Epochen gern zunutze machten, sollte der Ausgangspunkt dieser sich durch ständige Erneuerung erschließenden Zukunft sein. Damit übernimmt der Mensch die Verantwortung für eine möglicherweise auch mißlingende Zukunft.

Die Zukunftshorizonte der modernen Gesellschaft müssen aber jeweils konkretisiert werden. Dies geschieht durch Art und Umfang unternehmerischer Aktivitäten: Die Zukunft des Unternehmens verwirklicht sich beispielsweise in bezug auf den Zeitrahmen der Kapitalrückflüsse, auf die Amortisation und Lebensdauer von Anlagen oder Fahrzeugen, auf die Dauer abgeschlossener Pacht- und Mietverträge oder Herstellungszeiten von Gebäuden und Anlagen. Ebenso stellen die erwartete Ausbeutbarkeit von Rohstoffquellen wie auch Wirtschaftskonjunkturen und Modetrends, die Erwartung von Sättigungsgrenzen auf einzelnen Märkten, langfristige Veränderungen regionaler Wirtschafts- oder Qualifikationsstrukturen und vieles andere mehr konkrete hoffnungsvolle Erwartungen der Wirtschaftssubjekte dar. Zunehmend erhalten durch neue Techniken hervorgerufene ungewohnte Zeithorizonte größere Bedeutung, so bei der atomaren Entsorgung durch Halbwertzeiten. Auch Projekte der Luft- und Raumfahrt erfordern wegen ihrer enormen Kosten, aber auch ihrer Natur nach die Kalkulation über viel weitere Zeiträume (zum Beispiel Erreichen entfernter Himmelskörper) als in vorangegangenen Epochen.

Zyklizität, Linearität, Infinität

Die Logik des Kapitals beinhaltet alle drei, für entwickelte Wirtschaftsgesellschaften charakteristischen nebeneinander existierenden Zeitstrukturen: *Zyklizität, Linearität* und *Infinität*.

Die Bewegungsform des Kapitals ist zunächst zyklisch: Ein Kapital wird von seinem Besitzer gleichsam entlassen und kehrt nach einer mehr oder weniger genau kalkulierten Dauer zu seinem Ausgangspunkt zurück. Es ist um so produktiver, je häufiger es in einer (Jahres-)Periode umschlägt, also die Kreisbewegung innerhalb der Periode vervielfacht. Der Linearität entspricht die Zeitspanne zwischen Beginn und Ende eines Geschäfts entlang einer Zeitachse, wie oben dargestellt, in eine offene Zukunft hinein. Darüber hinaus impliziert die Logik der Kapitalbewegung Infinität, eine „Rastlosigkeit", die dem Kapital wesensmäßig innewohnt. Denn kapitallogisch gibt es keinen vernünftigen Grund, auf eine mögliche Anlage zu verzichten sowie die Zeitspanne zwischen Einsatz und Rückgewinnung des Kapitals nicht noch weiter zu verkürzen.

Diese logische und faktische Unbegrenztheit der Erhöhung der Umschlagsgeschwindigkeiten der Kapitale sowie die Gleichgültigkeit der Kapitale gegenüber jedem Inhalt, also hinsichtlich der Frage, für welche konkrete wirtschaftliche Aktivität das Kapital eingesetzt wird, ist in ihrer Grundstruktur zugleich charakteristisch für den gesellschaftlichen Umgang mit der Zeit. In der Ablösung der Verkürzungsmaxime vom Gegenstandsinhalt, das heißt in der wirtschaftlichen Grundidee der auf jeden Gegenstand anwendbaren infiniten Verkürzung von Zeitaufwänden besteht das Wesen der wirtschaftlichen Rationalität. Und da der Zeitwirtschaft eine Schlüsselstellung in den entwickelten Industriegesellschaften zukommt, kann man vielleicht sogar sagen: der wirtschaftlichen Rationalität überhaupt.

Die Gesellschaften des abstrakten Zeitverständnisses — und diesbezüglich sind die real existierenden sozialistischen und kapitalistischen Gesellschaften fast gleichzusetzen — erschließen ihre Zukunft aus der immerwährenden Spannung von Einsatz und Gewinn. Ungeachtet konkreter Inhalte, werden der Kredit, abgeleitet aus dem lateinischen Wort „glauben", und der ökonomische Fortschritt, per definitionem eine Zukunftsvision, zum Motor bzw. Gestalter der Gesellschaft.

Markt: sich über die Zeit vergleichen

Nicht immer und überall wurde das Leben der Menschen von Marktmechanismen und deren Bewegungsdynamik geprägt. Auch der Markt hat seine Geschichte. Die fortschreitende Durchdringung der Gesellschaft mit marktförmig gesteuerten Austausch-Prozessen bzw. marktregulierten Interaktionen ging einher mit erstens dem Voranschreiten der Arbeitsteilung und zweitens dem Wandel vom subsistenzwissenschaftlichen zum akkumulationswirtschaftlichen Denken: Während sich die Subsistenzwirtschaft mit dem jeweiligen ökonomischen Entwicklungsstand begnügt und die Menschen nicht dazu anregt, mehr zu arbeiten, als für den gegebenen Lebensstandard erforderlich ist, setzt die auf Wachstum gerichtete Akkumulationsgesellschaft einen zeitlich bestimmten Arbeitseinsatz ihrer Mitglieder fest und versucht, auf dieser Basis das Niveau der verfügbaren Güter und Leistungen ad infinitum weiter und weiter anzuheben. Sie ist nun mehr und mehr auf den Tausch angewiesen. Revolutionär ist dieser Umschlag, zu dem natürlich auch das oben erwähnte Erstarken der Handelskapitale beitrug, weil er von einem Bewußtsein vom Handeln *in* der Zeit, das Zeit als Koordinationsinstrument zu handhaben wußte, hinführt zu einem Bewußtsein des gezielten Umgangs *mit* der Zeit. Aus

einem wirtschaftlichen Hilfsmittel wird ein eigenständiger Gegenstand der Bewirtschaftung.

Die subsistenzwirtschaftlich organisierten Gesellschaften litten zumeist unter beträchtlichen Mangelerscheinungen. Die Entdeckung der Möglichkeit des gezielten Umgangs mit der Zeit als einer wirtschaftlichen Ressource mußte daher nicht nur wegen der hiermit verbundenen Gewinnaussichten auf seiten der großen Handelskapitale, sondern auch durch die Aussicht auf eine verbesserte Versorgung der zumeist ärmlich dahinvegetierenden Menschen euphorische Gefühle aufkommen lassen.

Selbst zur Zeit des berühmten Nationalökonomen Adam Smith am Ende des 18. Jahrhunderts war die Markttheorie, die er propagierte, noch keine allgemein anerkannte ökonomische Einsicht. „The Wealth of Nations" enthielt vielmehr eine Kampfthese, nämlich die Aufforderung zu einem gigantischen (markt-)wirtschaftlichen Umbau der Gesellschaft mit dem Ziel, aus den feudalen und staatswirtschaftlichen Strukturen auszubrechen, deren Leistungsfähigkeit Smith als historisch überholt ansah. Dies ähnelte an Ungeheuerlichkeit vermutlich der heutigen Aufforderung zum ökologischen Umbau der Wirtschaft. Smiths berühmtes Beispiel, anhand dessen er den wirtschaftlichen Vorteil der Arbeitsteilung innerhalb der Fabrik erläutert, ist ein Paradebeispiel einer bis ins kleinste gedachten Zeitökonomie: Je geübter die Arbeiterin in der Nadelherstellung durch die Konzentration auf eine einzige Teilverrichtung werde, desto größer werde die produzierte Stückzahl in einer gegebenen Zeiteinheit. Damit verbillige sich das Produkt und sei daher auf dem Markt konkurrenzfähiger.

Nicht zufällig wird in der Smithschen Wirtschaftstheorie, der sogenannten Arbeitswertlehre, die Wertschöpfung in Verbindung mit dem Faktor Zeit gebracht. Anders als die Wirtschaftstheoretiker vor ihm sieht Smith, wie vor allem auch der zweite große Nationalökonom des aufstrebenden englischen Industriebürgertums, Ricardo, den Ursprung der Vermehrung des gesellschaftlichen Reichtums in der menschlichen Arbeit. Daraus ergibt sich dann die qualitative und quantitative Bestimmung der Größe, die auf dem Markt die Tauschrelationen steuert: die in einer Ware enthaltene menschliche Arbeit, dargestellt im Zeitaufwand, gemessen als „Arbeitszeit". Die Entdeckung des Zeitfaktors für die wirtschaftliche Entwicklung der Gesellschaft legte es nahe, eine Theorie zu formulieren, die „Bewirtschaftung" als Sparsamkeit im Umgang mit der Zeit auffaßt. Diese Botschaft der Arbeitswertlehre läßt sich etwas verkürzt darin zusammenfassen, daß die Wirtschaft so zu organisieren sei, daß der zeitliche Input der Faktoren bei der Herstellung der Waren, besonders aber bei der Arbeitskraft, möglichst klein zu halten sei.

Ökonomie der Zeit

Marx hat die Bedeutung des Zeitfaktors für die Wirtschaft in der lakonischen Bemerkung zusammengefaßt, letztlich laufe alles auf die Ökonomie der Zeit hinaus. Diese Aussage dürfte sich zunächst auf die von ihm vor allem im Anschluß an Ricardo ebenfalls vertretene Arbeitswertlehre beziehen. Auch für Marx resultiert der Wert einer Ware aus der in ihr vergegenständlichten menschlichen Arbeitszeit. Der Konkurrenzkampf der Kapitale zwingt diese demzufolge, den Anteil der menschlichen Arbeit durch Maschineneinsatz immer weiter zu reduzieren, wodurch der Wert der Ware sinkt und sich so die Verkaufschancen auf dem Markt verbessern.

Schwierig ist die Beantwortung der Frage, ob der Tausch über den Markt von Anfang an vermittelt über den Faktor Zeit stattgefunden hat oder ob dies erst von einem bestimmten Entwicklungsstadium der Gesellschaft an der Fall war. Sozialgeschichtlich erscheint es eher unwahrscheinlich, daß man schon immer nach an der Zeit gemessen Arbeitsinputs getauscht hat, weil einfache Gesellschaften — wie oben dargestellt — ja fast keinen Bezug zur Zeit hatten. Allenfalls läßt sich denken, daß die mehr oder weniger große Mühe für die Herstellung eines Produkts, die aber auch anders als in Zeiteinheiten gedacht werden kann, als „Inputfaktor" Berücksichtigung fand. Wohl kaum kann man Gesellschaften, für die die Zeit keine Bedeutung hatte, unterstellen, sie hätten ihre Waren vielleicht unbewußt entsprechend des in ihnen jeweils vergegenständlichten Arbeitszeitaufwands verglichen. Darüber hinaus muß eine Gesellschaft erst einmal einen Begriff davon haben, daß das Vergehen von Zeit, während man sich einer Arbeit widmet, für sich schon einen Verlust darstellt, der nach äquivalenter Entschädigung im Tauschakt verlangt. Zudem müssen die Menschen in einer Gesellschaft erst einmal in die Lage versetzt sein, diesen Verlust beziffern und ihn über den Marktmechanismus anderen mitteilen zu können.

Von den arbeitsteiligen Gesellschaften und Hochkulturen des Altertums, die eine funktionierende Geldwirtschaft kannten, muß dagegen angenommen werden, daß sie, wenn auch nicht in der uns geläufigen Präzision, einen Zeitfaktor zur Bestimmung des Warenwertes mit berücksichtigt haben.

Die neoklassische subjektive Wertlehre, die seit Anfang unseres Jahrhunderts die Wertbildung aus individuellen Nutzenkalkülen bzw. Präferenzstrukturen der Wirtschaftssubjekte erklärt, spricht zwar nicht ausdrücklich davon, daß die Wert- bzw. Preisbildung wesensmäßig an den Faktor Zeit gekoppelt sei. Jedoch ist auch hier die Zeit als Medium der Steuerung wirtschaftlicher Vorgänge implizit enthalten. Die Bewertung eines Produkts geschieht hiernach über die Preisbildung, die das Ergebnis einer Angebots-Nachfragerelation ist. Das Zeitproblem erscheint hier nicht explizit, es verbirgt sich aber hinter den in Geld dargestellten Kostenrechnungen. Diese beinhalten den Imperativ der sparsamen Verwendung der Produktionsfaktoren, vor allem der Faktoren Kapital und Arbeit. Danach wird derjenige Anbieter, der ein Produkt auf den Markt bringt, dies zu einem je geringeren Preis anbieten können, wenn weniger Arbeitskosten in das Produkt eingegangen sind. Die Arbeitskosten sind nun jedoch ihrerseits sowohl eine Folge des Preises der Arbeitskraft wie aber langfristig auch des gesellschaftlich durchschnittlichen Zeitaufwandes, der zur Herstellung des Produkts erforderlich ist. Ebenfalls hat die Bereitstellung von Kapital eine zeitliche Dimension: Die Maxime der Kostenminimierung erfordert es, die zeitliche Bindung von Kapital soweit wie möglich zu reduzieren, also im Prinzip genauso sparsam und gezielt einzusetzen wie die Arbeitskraft.

Das Phänomen der stetigen Erhöhung der Arbeitsproduktivität ist, welche Theorie man auch zu Grunde legt, bei genauerer Betrachtung explizit oder implizit auf den Faktor Zeit zurückzuführen. Der Markt ist auf Zeit als Bezugsgröße angewiesen, soweit er einen Zuteilungsmechanismus darstellt wie auch ein Allokationsinstrument ist, das heißt die Kombination der Produktionsverfahren regelt. Im Zusammenhang mit der Allokationsfunktion geht es immer auch um die Anwendungsdauer der Inputfaktoren, und die Regel lautet: Eine kürzere Anwendungsdauer für das gleiche Produkt wird vom Markt positiver sanktioniert als eine längere. Ein funktionierender Marktmechanismus übermittelt den Wirtschaftssubjekten, welche Dauer der Anwendung erstens der Arbeitskraft und zweitens der Anlagen pro Produkteinheit jeweils als angemessen gilt. Dabei unterliegen die Anwendungszeiten der beiden Komponenten einer ständigen Korrektur, in der Regel nach unten.

Die sozialistischen Wirtschaftstheorien haben bekanntlich gehofft, die Risiken und Zufälligkeiten, die der Markt in sich birgt, durch langfristige gesamtgesellschaftliche Planung eindämmen zu können. Wie sich herausgestellt hat, können jedoch auch sozialistische Gesellschaften das sehr komplexe Wirtschaftsgeschehen offenbar nur bedingt zentralistisch kontrollieren und zugleich effizient sein. Die neuen Umstrukturierungsmaßnahmen der sozialistischen Gesellschaften, die wieder mehr Marktelemente etablieren möchten, deuten in diese Richtung. Eines der Steuerungsprobleme könnte darin begründet liegen, daß die vereinzelten Systemzeiten gleichartiger sowie heterogener Wirtschaftssubjekte mit den Mitteln bewußter Entscheidung kaum kontrollierbar sind. Möglicherweise kommt die Gesellschaft nicht ohne einen übergeordneten, unabhängigen und vom einzelnen Wirtschaftssubjekt argumentativ nicht abzuweisenden globalen Systemimperativ aus: Sie benötigt einen „roten Faden", der ohne Rücksicht auf Verluste das exekutiert, was für das Gesamtsystem überlebensnotwendig ist, besser: sein soll. Für Industriegesellschaften gleich welcher Provenienz scheint die Bewirtschaftung der Zeit die Rolle eines solchen übergreifenden Systemimperativs innezuhaben. Der Markt leistet hier offensichtlich effizient den Vergleich unterschiedlicher Arbeitsproduktivitäten, die ja eben auch als unterschiedliche zeitliche Inanspruchnahme der Produktionsfaktoren gedeutet werden können. Solange also Arbeitsproduktivität als Maßstab wirtschaftlicher Leistungsfähigkeit einer Gesellschaft eine Rolle spielen soll, scheint nach der Erfahrung der letzten Jahrzehnte der Markt unverzichtbar zu sein.

Gegenwärtige Tendenzen der Zeitwirtschaft

Die dargestellte Marktlogik drängt zu immer weiterer Vervollkommnung der Zeitökonomie im betrieblichen Alltag. Schon seit Beginn der Industrialisierung gehört die rationelle Organisation der Produktion im Sinne einer möglichst guten zeitlichen Abstimmung betrieblicher Abläufe zu den betriebswirtschaftlichen Grundregeln. In neuerer Zeit findet, ausgelöst durch die gewaltigen Fortschritte in der Datenverarbeitung und der Produktionstechnik wie auch durch den immer höheren Anteil der Kapitalkosten mit steigender Tendenz eine Neubesinnung auf die Rationalisierungsreserve „Zeit" unter dem Schlagwort der „Logistik" statt. Nach den Vorstellungen der Ingenieure wird die Fabrik der Zukunft vollkontinuierlich mit möglichst nie stokkender Materialzu- und Abfuhr betrieben werden, bei möglichst gegen Null strebender Lagerhaltung und darauf zeitlich genau abgestimmtem Personaleinsatz.

In noch weiter reichenden Entwürfen ist die automatische Fabrik eines von vielen Zentren im Netz eines gigantischen, nach Maßgabe eines zeitlichen Gesamtzeitplans gesteuerten Produktions-, Dienstleistungs- und Transportverbundes, gleichsam einer „Mega-Maschine". Der einzelne Arbeitsplatz, die Werkhalle, selbst die Fabrik sind hier als funktionierende Rädchen im Getriebe eines großräumig konzipierten vollintegrierten Flusses von Menschen, Material und Kapital gedacht.

Die weitgespannte Gesamtzeitplanung erfaßt qualitativ ganz unterschiedliche Elemente: Unternehmen, Personen, Kapital und technische Aggregate. Letztere reichen vom Lkw über die klassischen Werkzeugmaschinen bis zur EDV-Anlage.

Weiterhin müssen vor allem die zu bearbeitenden Gegenstände selbst zeitlich kalkulierbar sein oder, wo dies nicht der Fall ist, durch Technikeinsatz zeitlich disponierbar gemacht werden (Nixdorf-Werbung: Damit die Banane pünktlich reift...). Etwa Trocknungsprozesse, die Dauer für Gärung oder Ausreifung eines Produkts u.a. erfordern weniger Kostenaufwand, wenn der Zeitpunkt ihrer möglichen Weiterverarbeitung bzw. Auslieferung bereits im voraus berechnet werden kann, und nur dann ist eine vollständige Systemintegration möglich. Darüber hinaus sind die Bestandteile der Anlagen bezüglich ihrer Materialbeschaffenheit möglichst so aufeinander abzustimmen, daß sie in etwa die gleiche Lebensdauer aufweisen — beispielsweise beim Pkw die zu erwartenden Rostschäden mit der durchschnittlichen Lebensdauer des Motors synchronisiert sind.

Zeitliche Verfügbarmachung meint also nicht in jedem Fall einfach Beschleunigung. Um die zeitliche Verzahnung mit anderen Produktionsstufen zu gewährleisten oder wegen einer veränderten Nachfragesituation kann im Gegenteil auch Verlangsamung erwünscht sein (zum Beispiel Verhinderung von Reifung und Verfall durch Kühlung). Gleichzeitig wird auf der Grundlage einer möglichst hohen Synchronität eine Beschleunigung des Gesamtprozesses der Herstellung sowie des Waren- und Kapitalumschlags angestrebt.

Je stärker die zeitliche Vernetzung ist, desto mehr müssen Unterbrechungen der Produktion als katastrophales Ereignis erscheinen, weil damit immer mehr Teilsysteme in Mitleidenschaft gezogen werden. In einer so gearteten Organisation des Produktionsprozesses verkehrt sich das Verhältnis von Normalität und Erklärungsbedürftigkeit: Das besondere Ereignis ist der Stillstand, nicht mehr die Bewegung. Die Ruhe von Arbeitskraft und Maschine, in einer an eine rhythmische Lebensweise gewöhnten Gesellschaft noch auf keine Rechtfertigung angewiesen, erscheint unter diesem Blickwinkel mehr und mehr als Rückständigkeit, das heißt als durch technische, wirtschaftliche oder soziale Hindernisse *noch* nicht voll implementierte Logistik.

Betriebswirtschaftlich gerechnet führt die Unterbrechung des Produktionsprozesses, je kostspieliger die Anlagen sind, zu relativ immer höheren Verlusten, gerechnet am Gewinn, der potentiell in der Zeit hätte gemacht werden können, in der die Anlage stillstand. Diese Berechnungsweise ist ebenfalls nicht neu. Schon immer haben die Unternehmen daher Vorstöße unternommen, die Maschinen auch in den Abend- und Nachtstunden sowie am Sonntag laufen zu lassen.

Einen verstärkten Auftrieb erfährt die Debatte um die Laufzeiten der Maschinen durch den technischen Wandel, und hier vor allem durch die Geschwindigkeit, mit der sich Innovationen durchsetzen. Infolge der immer kürzeren Innovationszyklen werden Anlagen heute zumeist wegen ihrer Unwirtschaftlichkeit und nicht wegen Funktionsuntüchtigkeit ausgemustert. Wenn Anlagen schneller abgeschrieben werden müssen und gleichzeitig die Neubeschaffung einen (allerdings nur absolut, nicht relativ) höheren Kapitalaufwand erfordert, muß die innerhalb der Spanne eines Innovationszyklus gegebene Nutzungszeit der ökonomischen Logik nach möglichst lückenlos ausgeschöpft werden. Nur dann kann die kalkulierte Gesamt-

anwendungsdauer der Maschine erreicht werden.

Mit der zeitlich ausgeweiteten Anwendung von Maschinen einerseits und Menschen andererseits werden sich die betrieblichen Zeitstrukturen nicht nur dem Umfang nach verändern. Fielen individuelle Arbeitszeit und Betriebszeit — letztere ist sozusagen die Öffnungszeit der Betriebe — bislang zumeist zusammen, so werden sie künftig in immer mehr Betrieben und Branchen entkoppelt werden.

Wahrscheinlich werden deutlich ausgeweitete Betriebszeiten eine grundlegend andere zeitliche Organisation unseres gesamten Alltags nach sich ziehen. Zu vermuten ist eine Gesellschaft mit stark individuellen Zeitverwendungsmustern.

Die Auswirkungen der Bewirtschaftung der Zeit in der modernen Wirtschaftsgesellschaft weisen, wie in den Beispielen dargestellt, sowohl die Tendenz der immer intensiveren wie auch der extensiveren Nutzung zeitlicher Ressourcen auf. Darüber hinaus dürfte der zeitlichen Abstimmung, das heißt der immer stärkeren Synchronisation unterschiedlicher Systemzeiten bei der Organisation wirtschaftlicher Prozesse, auf absehbare Zeit eine erhebliche Bedeutung zukommen.

Über die Grenzen der Zeitwirtschaft

Die allzu konsequente Bewirtschaftung der Zeit hat auch kontraproduktive Wirkungen. Dies läßt sich beispielsweise mit Blick auf wohlstandstheoretische wie umweltpolitische Belange zeigen.

Betrachtet man die Technikentwicklung etwa der vergangenen zweihundert Jahre, so wird deutlich, daß neuentwickelte Technologien immer auch zeitliche Neuorganisation in ihrem Anwendungsbereich zu verwirklichen suchten. Dies meint dem Wesen nach zeitliche Beherrschbarkeit in mehrerer Hinsicht, die Steigerung von Geschwindigkeiten ist nur als Spezialfall hiervon zu betrachten.

Nun hat die konsequente Umgestaltung der Arbeits- und Lebenswelt und zum großen Teil sogar ehemals natürlicher Verläufe wie bei chemischen und biologischen Prozessen (zum Beispiel Wachstumssteuerung in der Tier- und Pflanzenproduktion) nach dem zeitwirtschaftlichen Rationalisierungsprinzip seit der industriellen Revolution zwar die Güterproduktion enorm gesteigert: die Gesellschaft des Gütermangels konnte so prinzipiell überwunden werden. Zugleich wurden dadurch aber andere, neuartige Knappheitsprobleme hervorgerufen: die Knappheit an Zeit und die Knappheit der natürlichen Umwelt.

Obwohl durch die Idee der systematischen Bewirtschaftung der Zeit, das heißt der Reduzierung des Zeitaufwandes für eine Produktionseinheit einerseits eine relativ sparsame Verwendung der natürlichen Ressourcen bewirkt wurde, ist hiermit andererseits eine Ressourcenbeanspruchung auf einem nie dagewesenen absoluten Niveau eingeleitet worden. Denn beispielsweise benötigt jede Veränderung von Geschwindigkeiten, etwa für Distanzüberwindung oder für Erwärmung bzw. Kühlung (Molekulargeschwindigkeiten), die die Verfügbarkeit über die Zeit erhöht, zusätzliche Energie. Die Bewirtschaftung der Zeit setzt also in vielen Fällen die Inanspruchnahme anderer Ressourcen voraus, ist also nicht zum Nulltarif erhältlich.

Durch diesen Umstand und weil die externen Effekte und die Schäden einer bestimmten Form der Zeitökonomie für die Gesellschaft vielgestaltig offenbar werden, könnte das Bezugssystem Zeit künftig an Bedeutung wieder verlieren. Die höhere Bewertung der Erhaltung einer naturgemäßen Umwelt, die heute im großen und ganzen bei allen politischen und gesellschaftlichen Kräften zumindest dem Anspruch nach eine hohe Wertschätzung erfährt, hat die Maßstäbe verrückt. Nicht höhere Geschwindigkeit allein erscheint mehr erstrebenswert. Stattdessen wird immer öfter zum Beispiel im Zusammenhang mit der Erneuerung von Verkehrsmitteln und der Verkehrsinfrastruktur nach den Vorleistungen dafür an Energie, Fläche, natürlicher Umwelt und Gesundheit der Menschen gefragt.

Das führt zu der Vermutung, daß die Zeit(wirtschaft) möglicherweise ihre besten Zeiten hinter sich haben könnte. Denkbar ist, daß Zeit in Zukunft nur noch *ein* Maßstab für wirtschaftliche Effizienz unter mehreren innerhalb eines komplexeren Zielsystem sein könnte.

Solche Grenzen zeitwirtschaftlicher Optimierung zeigen sich zum Beispiel dort, wo die Umweltbelastung nur durch Verzicht vermieden werden kann. Eine Autobahn- oder Eisenbahntrasse nicht durch ein Landschaftsschutzgebiet hindurch zu legen, setzt wegen der damit verbundenen Umwege die Reisegeschwindigkeit herab. Auch Geschwindigkeitsbeschränkungen auf den Autobahnen im Hinblick erstens auf den Energieverbrauch, zweitens die Waldschäden und drittens die Verkehrssicherheit stellen in der Tat einen zeitwirtschaftlichen „Rückschritt" dar. Diese Logik würde sich nur dann aufheben lassen, wenn ein Fahrzeug erfunden würde, das bei höheren Geschwindigkeiten weniger Energie verbraucht, weniger Schadstoffe ausstößt und sicherer ist. Immerhin ist eine ähnliche Zielsetzung bei einem so trivialen Gerät wie dem Schnellkochtopf gelungen, indem dieser bei geringerem Energieaufwand zugleich schneller und schonender arbeitet.

Demgegenüber korrellieren bislang Geschwindigkeit und Energieverbrauch zumeist noch positiv, so bei Überschallverkehrsflugzeugen. Hier fragt sich, wie wertvoll die Zeit der Passagiere sein muß, um den vergleichsweise hohen Ressourcenaufwand zu rechtfertigen.

Güterwohlstand und Zeitwohlstand

In der Mangelgesellschaft machte es Sinn, jede verfügbare Zeiteinheit zur Produktion zu nutzen, weil damit die Menge der massenhaft kaufbaren Produkte erhöht werden konnte. Die Propagierung der radikalen Zeitwirtschaft durch Adam Smith muß als für diese Epoche angemessene Problemlösungsstrategie betrachtet werden. In einer Gesellschaft, deren Mitglieder in der Regel viel Zeit, aber wenig Güter hatten, stellte der Markt einen sinnvollen Steuerungsmechanismus dar, um vermittelt über die Konkurrenz den Zeitaufwand für die Herstellung eines Produkts zu senken und damit das Warenangebot zu vergrößern. Im Ergebnis erhält die Gesellschaft mehr der dringend benötigten Güter, dafür wird nun jedoch die ehemals reichlich vorhandene Zeit zu einem immer knapperen Gut.

Der große Unterschied zu anderen Gesellschaften, die relativ viel Zeit hatten — relativ zu dem „zeitlichen Elend" der Frühindustrialisierung, nicht aber beispielsweise zum Mittelalter, das durch Feiertage zeitlich reich gesegnet war —, besteht darin, daß in den mit nur geringen technischen Hilfsmitteln ausgestatteten Gesellschaften verfügbare Zeit immer das Ergebnis entweder von natürlichen oder sozialen Umständen, nicht aber im wahrsten Sinne des Wortes produzierte Zeit war. Besonders in nicht auf Wachstum angelegten Gesellschaften, in Subsistenzwirtschaften, war das Mehr oder Weniger an frei verfügbarer Zeit ein Resultat zufälliger Umstände, gleichsam der Launen der Natur. So entstanden ohne menschliches Dazutun je nachdem entweder große zeitliche Inanspruchnahme oder viel „freie Zeit".

War Zeit in der vorindustriellen Gesellschaft im wesentlichen noch ein freies Gut, das zwar begrenzt war (wie die Pilze des Waldes) und insofern (relativ) knapp, aber durch Mitteleinsatz praktisch kaum vermehrbar, so hat erst die moderne Industrie die Mittel bereitgestellt, Zeit einzusparen. Zeitersparnis, oder umgekehrt ausgedrückt: die Herstellung verfügbarer Zeit (für etwas anderes) ist als ein Produktionsprozeß anzusehen, der einer ökonomischen Bewertung unterliegt.

Das Grundproblem entwickelter Gesellschaften mit hoher zeitwirtschaftlicher Effizienz besteht darin, daß, vereinfacht dargestellt, der relative Wert der Güter tendenziell sinkt, während der Wert der Zeit(einheit) vermutlich in dem Maße anwächst, wie der Güterwert fällt. Das hat zur Folge, daß Zeit in den hochentwickelten Gesellschaften zu einem genauso knappen Ding wird wie materielle Produkte.

Die Verkürzung der Arbeitszeiten im Tages-, Wochen-, Jahres- und Lebenszyklus scheint ja zunächst ein Beleg für das Anwachsen eines Wohlstandes an Zeit zu sein. Doch die hier den Menschen als Zeitwohlstand von der Gesellschaft bereitgestellte Zeit ähnelt arbeitsfreien Zeiten früherer Gesellschaften nur äußerlich. Ihrem Wesen nach handelt es sich um ein produziertes und nicht wie ehemals um ein freies Gut.

Die ursprüngliche „Absicht", die die Gesellschaft dazu bewogen haben mag, sich nach zeitwirtschaftlichen Maßstäben modernisieren zu lassen, scheint gleichsam in Vergessenheit geraten zu sein: Die Verbesserung des Lebensstandards meinte in der Frühphase die Vermehrung von Gütern; heute mag die Bereitstellung von mehr im sozialen Kontext sinnvoll zu verbringender Zeit, die Wiederaneignung von Zeit unter Beibehaltung des gegenwärtigen Niveaus des Güterwohlstandes, ein vorrangiges Ziel sein. Dementsprechend wären die Produktivitätsfortschritte vom Bereich der Güterversorgung auf die qualitativ und quantitativ besssere „Versorgung" mit Zeit zu verlagern.

Die hochentwickelten Industriegesellschaften unserer Tage könnte man auch als Gesellschaften der ungerichteten Zeitwirtschaft bezeichnen. Sie zeichnen sich dadurch aus, daß sie den Anwendungsbereich zeitwirtschaftlicher Modernisierung offensichtlich nicht nach Maßgabe ihrer selbstgesetzten Wohlstandskriterien ge-

zielt eingrenzen können und von einem umfassenden, verselbständigten Drang zur ständigen Revision ihrer Zeitnormen beherrscht werden. Sie verzichten hierdurch aber auf potentielle Wohlstandsgewinne, wenn man darunter nicht nur die Verfügung über Güter, sondern gleichermaßen über Zeit versteht. Die Vernichtung der natürlichen Lebensgrundlagen sowie die Klagen über die permanente Zeitknappheit im alltäglichen Leben müssen künftig stärker in einen systematischen Zusammenhang mit den zeitwirtschaftlichen Grundlagen der modernen Industriegesellschaft gestellt werden. Denn in dieser ist die Zeit kein Geschenk mehr, sondern ein Verdienst.

Zeitbewußtsein in Entwicklungsländern

Rudolf Wendorff, Gütersloh

Zwischen der wirtschaftlichen Entwicklung der westlichen Welt in den letzten Jahrhunderten und der Herausbildung und zunehmenden Durchsetzung eines bestimmten Zeitbewußtseins besteht ein enger Wirkungszusammenhang. Deshalb drängt es sich auf, zu überlegen, ob in der Dritten Welt irgendwelche ursächlichen Beziehungen zwischen anderen Formen des Zeitbewußtseins und wirtschaftlicher „Unterentwicklung" bestehen könnten. Unter diesem besonderen Aspekt soll nach „wirtschaftsrelevanten" Zeit-Faktoren in Entwicklungsländern Umschau gehalten werden.

Typisches Zeitbewußtsein in Entwicklungsländern

Es erscheint zweckmäßig, vor der Charakterisierung des Zeitbewußtseins in drei Regionen der Dritten Welt einige Merkmale von Zeitbewußtsein zu nennen, die als weitgehend typisch für die meisten Entwicklungsländer — auch unabhängig von ihren Religionen und besonderen Kulturtraditionen — gelten:

1. Der wohl am häufigsten und sichtbarsten in Erscheinung tretende Unterschied zum westlichen Zeitbewußtsein ist die Einstellung zu Terminen und Zeitstrecken. Angaben dazu sind oft verschwommen. Vereinbarte Zeiten werden nicht eingehalten. Zeitliche Präzisierung wird als fremd und lästig empfunden. Sinn und praktische Bedeutung von Zeitmessung werden nicht verstanden. Über Zeitmessung hinaus handelt es sich auch um das generelle Problem ungenügender Meßmethoden überhaupt, eines unterentwickelten Sinns für Quantitäten, für mathematische Proportionen.

Im Hinblick auf die Beachtung genauer Angaben über Termine und Zeitdauer spricht Herskovitz von „zwei Zeitsystemen, das eine ist genau und anspruchsvoll-fordernd, das andere ungenau und entspannt-lässig".[1] Ohne genaue Zeitmessung

Rudolf Wendorff war nach geisteswissenschaftlichem Studium in Berlin als Lektor, Verleger und Vorstandsmitglied einer Aktiengesellschaft tätig. Seit 1975 freier wissenschaftlicher Schriftsteller. Mitglied der International Society for the Study of Time. Buchveröffentlichungen: Zeit und Kultur. Geschichte des Zeitbewußtseins in Europa. 3. Auflage, Opladen/Wiesbaden 1985; Dritte Welt und westliche Zivilisation. Grundprobleme der Entwicklungspolitik. Opladen/Wiesbaden 1984; Der Mensch und die Zeit. Wiesbaden 1988.

Rudolf Wendorff, Amtenbrinks Weg 84, 4830 Gütersloh

ist es aber nicht möglich, wirtschaftliche Zusammenarbeit in größeren Betrieben, verwaltungsmäßige Abläufe und öffentliches Leben effizient zu regeln: Es gibt teuren, unproduktiven und deshalb auch ärgerlichen Leerlauf, Durcheinander und Schwierigkeiten beim plötzlichen Zusammentreffen unterschiedlicher Anforderungen. Andererseits muß man Verständnis dafür haben, daß Menschen sich nicht *unnötig* anstrengendem zeitlichem Zwang unterwerfen wollen. Ein ägyptischer Professor für Soziologie und Anthropologie sagt verallgemeinernd über das Zeitbewußtsein in Agrargesellschaften: „Das Verhalten von Bauern wird oft beschrieben als charakterisiert vor allem durch Indifferenz gegenüber der Zeit und nicht nach einem Zeitplan geordnet. Deshalb handeln und arbeiten Bauern ohne Hast. Eile wird als Mangel an Benehmen in Verbindung mit teuflischem Ehrgeiz betrachtet. Sie sind Meister darin, die Zeit an sich vorbeistreichen zu lassen..."[2]

Neben den Eigentümlichkeiten traditioneller Agrarwirtschaft ist für dieses unscharfe Zeitempfinden sicher auch maßgebend das Leben in vorwiegend kleinen, selbständigen, überschaubaren Einheiten ohne wesentliche interne oder externe zeitliche Koordinationsnotwendigkeiten, ferner das Fehlen stärkerer Arbeitsteilung, von Industrie und von Organisationsproblemen bei Bevölkerungsballungen. Schließlich mag mitwirken, daß die meisten Religionen in der Dritten Welt keinen großen Wert auf Quantifizierung irdischer Zeit legen.

2. Mit dem schwach ausgeprägten Sinn für Zeitgliederung verbunden ist eine Art von Nichternstnehmen der Zeit als einer Chance für das Handeln. Die „Ausschöpfung der Zeit", die (nicht nur ökonomische) Nutzung von Zeitabschnitten mit dem leichten Druck, der sich aus ihrer Begrenztheit und jeweiligen Einmaligkeit ergibt, wird nicht wirklich angestrebt. Wer in einem Meer voll unstrukturierter, immer reichlich vorhandener Zeit zu schwimmen glaubt, kennt nicht die innerhalb einer Stunde von 60 Minuten mögliche Wertschöpfung, ihren Reiz und ihren Lohn. Respekt vor dem objektiven Maßstab der Zeitgliederung ist Basis jeder modernen Leistungsgesellschaft. In sehr einfachen und in glücklichen Umständen genügt „guter Wille", und es kann auf die Beachtung des Zeitfaktors verzichtet werden. Meistens leben wir aber in einer bedrängten Situation und wollen Leistungssteigerung, und dann braucht man die Wertung gemessener Zeit.

3. Kleiner Zeithorizont und vor allem geringe Zukunftsbezogenheit sind ein weiteres Charakteristikum. Dies gilt gleichzeitig auf den verschiedenen Ebenen: für das durch Erinnerungen und Erwartungen bestimmte Interessenfeld des einzelnen, für ökonomische Planungen von Betrieben oder staatlichen Institutionen, für das Geschichtsbild eines Volkes und für die Vorstellungen von der Entwicklung des Kosmos. Zwischen den Zeitvorstellungen auf allen diesen Ebenen bestehen offenbar (wie in der Geschichte des europäischen Zeitbewußtseins sichtbar) wechselseitige Einflüsse. Man kann erwarten, daß Erweiterung des überschaubaren und interessierenden Zeitraums des einzelnen früher oder später auch zu größerer zeitlicher Weite in anderen Denk- und Lebensbereichen ermuntert. Dies kann weitreichende Folgen im ökonomischen Bereich haben.

Die Zukunftsbezogenheit wird geschwächt einerseits durch Verengung des Zeithorizonts auf eine etwas erweiterte Gegenwart, andererseits durch Überbetonung der Vergangenheit, deren Traditionswerte sich gegen Zukunfts- und Änderungsideen stellen.

So fehlt oft die beflügelnde Kraft eines Selbstvertrauen und Mut fördernden Optimismus. W. E. Mühlmann schildert diese Problematik, den Unterschied von Okzident und Orient, vereinfachend: „Wir abendländischen Menschen leben in einer eigentümlichen Weise in der Erwartungsspannung zwischen dem ‚Jetzt' und dem ‚Dann'. Wenn Orientalen diese unsere Eigentümlichkeit auf die Formel bringen, sagen sie: ‚Ihr lebt zu viel in Projekten.' Im okzidentalen Denken wird die Veränderung vom Früher zum Jetzt, und vom Jetzt zum Dann mit einer besonderen Pathetik erlebt; sie manifestiert sich in dem Begriff des Fortschritts."[3]

4. Den Zeitvorstellungen fehlt weitgehend eine deutliche Ausprägung ihres Charakters im Sinne von Linearität, von Gerichtetheit (oder Unwiederholbarkeit) und Kontinuität und damit verbundener zeitlicher Kausalität. Dies bezieht sich auf die private Lebenssphäre ebenso wie auf Wirtschaft, politisches Handeln und Geschichte. Das in einer Kurzformel mit Linearität gekennzeichnete Zeitbewußtsein ist im wesentlichen Errungenschaft der europäischen Geistesgeschichte. Damit verglichen leben die Kulturen der Entwicklungsländer in einer anderen Vorstellungswelt. Die berühmten Untersuchungen von Lucien Lévy-Bruhl über die geistige Welt der Primitiven gelten zwar in vielen Teilen als überholt und erfassen nur einen Teil dessen, was neuerdings als Dritte Welt bezeichnet wird. Aber sie geben doch gerade zum Zeitbewußtsein eine weithin richtige Charakterisierung: Die „Naturvölker sehen in ihrer Vorstellung nicht diese gerade Linie ins Unendliche laufen, die sich immer gleich bleibt, auf der sich die Ereignisse aufreihen, auf der man sie von vornherein in einer einlinigen und unerschütterlichen Reihenfolge aufstellen kann, und wo sie sich mit Notwendigkeit nacheinan-

der einordnen. Die Zeit ist für den Naturmenschen nicht wie für uns ... eine ‚Ordnung der Nacheinanderfolge'. Noch weniger ist sie ein homogenes ‚Quantum'. Sie wird mehr qualitativ empfunden ... Ein zukünftiges Ereignis liegt nicht klar und deutlich in dieser oder jener Entfernung auf der Linie des zukünftigen Zeitverlaufs ... Dieses ist einer der hauptsächlichsten Gründe für ‚Unvorsichtigkeit' ... Sie stellen sich die kommende Zeit nur sehr unklar vor, wie es im allgemeinen ihre Sprachen bezeugen, die recht arm an Mitteln sind, um die verschiedenen Arten des Futurums auszudrücken. Daraus entsteht eine Art von Kurzsichtigkeit."[4]

5. Das Nebeneinander verschiedener Formen des Zeitbewußtseins ist in neuerer Zeit in vielen Entwicklungsländern schärfer ausgeprägt als in der westlichen Zivilisation und ist dort geistig und seelisch schwerer zu bewältigen. Meist erfassen neue Zeitgewohnheiten nicht das ganze Land, sondern zunächst „Inseln" der Industrie, rationeller Landwirtschaft, Großstädte, Verkehrswesen, Massenmedien usw. So gibt es ein geographisch und soziologisch „gesprenkeltes" System des Nebeneinander und Durcheinander von Formen des Zeitbewußtseins. Daraus folgen Unsicherheiten in den Verhaltensweisen, unschöne Brüche im Lebensstil und den kulturellen Ausdrucksformen. Das erleben zum Beispiel afrikanische Industriearbeiter, die abends oder am Wochenende in ihre heimische ländliche Umwelt mit einem ganz anderen Zeitrhythmus zurückkehren und sich anschließend wieder in die mechanische Stundeneinteilung unter Herrschaft der Uhr einfügen müssen. Oft leben diese Menschen auch geradezu in zwei Berufen unterschiedlichen Zeitcharakters. „Afrika macht heute sowohl im Dorf als auch in der Stadt Erfahrungen mit einer Überlappung von Zeit-

systemen, und der psychologische Ehrgeiz richtet sich auf die Frage, wie man die verschiedenen Zeiterlebnisse wieder in eine Harmonie bringen kann... Zu einem modus vivendi zwischen diesen verschiedenen Zeitsystemen zu kommen, wird in manchen Fällen zu einem Kunststück, fast zu einer Heldentat, sowohl für einzelne wie für die afrikanische Gesellschaft im ganzen." [5]

Diese Dissonanzen und Ambivalenzen stellen gegenwärtig bei vielen Völkern eine zusätzliche Belastung dar. Vielleicht sollte man sich wünschen, daß diese Konflikte sich nicht zu früh abflachen und mit gut gemeinten Worten verwischt werden, damit die eigene Situation in einer sich wandelnden Welt auch hierin erkannt und womöglich deutlicher verstanden wird. Diese Unterschiede und Gegensätze sind gewissermaßen weltgeschichtlich vorprogrammiert. Die Spannungen — wenn auch gelegentlich schmerzhaft — zu erleben und zu bedenken, mag wichtiger sein, als einseitig auf alten Vorstellungen zu beharren oder mit fliegenden Fahnen zum europäischen Zeit- und Zivilisationsbewußtsein überzuwechseln.

Indien und Welt des Buddhismus

Man empfindet das Verhältnis zur Zeit in Indien als geradezu diametralen Gegensatz zum Zeitbewußtsein Europas und Nordamerikas und ahnt, daß das Verhalten im modernen Alltag Ausdruck einer Zeitauffassung ist, die seit langem alles durchdringt und im religiösen Bereich verankert sein muß. Dies ist sicher maßgeblich, auch wenn es noch andere regional bestimmte Faktoren wie das Klima und ökonomische Verhältnisse gibt, denn ähnliches Zeitbewußtsein finden wir auch in den südostasiatischen Nachbarländern, die mehr vom Islam oder wie die Philippinen vom Christentum beherrscht werden. Die in diesem Raum vor allem beheimateten Religionen haben keinen festen dogmatischen Kern und deshalb weiche Konturen, aber sie stimmen darin überein, daß die Welt keinen einmaligen oder gar datierbaren Anfang und kein bedeutungsvolles Ende hat. „Das in vielen Religionen so entscheidende Problem des ersten Anfangs der Welt, das zumeist durch die Annahme eines ersten Urhebers aller Dinge zu lösen versucht wird, ist vielen Asiaten unverständlich und gilt ihnen als müßig... Der Buddhismus erklärt die Frage nach einem ersten Weltbeginn für unlösbar und lehnt alle diesbezüglichen Spekulationen ab." [6] Äonen und „Kalpas" bezeichnen die Zeitdauer zwischen Entstehen und Vergehen *eines* Weltsystems, dem andere folgen. Ihre Längen werden durch Gleichnisse ausgedrückt oder durch Zahlen wie etwa 1 334 000 oder 1 280 000 000 Jahre, die sich jeder Anschauung entziehen, so daß die zeitlichen Grenzen verschwimmen. [7]

Die Zeit ist ein ewiges Fließen

Während nach der christlichen Vorstellung Gott die Welt und damit gleichzeitig die Zeit für eine endliche Dauer, bis zur Wiederkunft des Herrn und dem Ende der Zeit, geschaffen hat, ist im hinduistischen und buddhistischen Bereich Zeit von Grund auf unbegrenzt. Zeit ist ein ewiges Fließen, eine Wiederholung von Rhythmen, und enthält immer wieder das gleiche. Damit entfällt die eigentliche Basis für exakte Untergliederung der Zeit, für historische Chronologie, für Gerichtetheit von Zeit auf Ziele hin und für den einmaligen Wert jeder Stunde. Religiöse Verneinung des Wertes linearer Zeit geht konsequent über in entsprechende Abwertungen in Geschichte, Arbeit und Alltag.

Nakamura, ein japanischer Professor für

indische und buddhistische Philosophie, hat einen der wenigen Versuche unternommen, Zeit im indischen Denken zu erfassen und zu erklären. Er charakterisiert sie als mehr statisch als dynamisch, weil sich nur einige oberflächliche Erscheinungen verändern, aber niemals das Wesentliche: „Der Inder gibt nicht zu, daß wir niemals zweimal in den gleichen Fluß steigen; er richtet unsere Aufmerksamkeit nicht auf das Fließen des Wassers, sondern auf den Fluß selbst, das unveränderliche Allgemeine.“ [8]

Eine Bestätigung dieser Auffassung findet Nakamura in den sprachlichen Strukturen. Er schreibt, daß in den klassischen indischen Sprachen keine Wörter vorhanden sind, die dem Konzept von „Werden“ entsprechen. „Werden“ wird zu einem bloßen Aspekt von „Sein“. Man liebt die Adjektive mehr als die Adverbien. Das Sanskrit macht von Verben nur geringen Gebrauch, zentral ist das Substantiv. Das Sanskrit kennt zwar fünf Zeiten, aber es ist nachlässig in ihrer klaren Unterscheidung. In der modernen Hindi-Sprache bezeichnet das Adverb „kal“ gleichzeitig gestern und morgen. Wo in der Sprache die linearen Zeitvorstellungen keinen angemessenen Ausdruck finden, fehlt auch eine Voraussetzung für das Erkennen kausaler Zusammenhänge, für das zwingende Zusammenspiel von Ursachen und Folgen (zumal man davon ausgeht, daß selten *eine* Ursache bestimmend ist, sondern normalerweise ein Bündel).

Der Fremdheit gegenüber geschichtlicher Zeit entspricht es, wenn ein Aufsatz „Der indische Geist und die Geschichte“ mit dem Satz beginnt: „Kein anderes Kulturvolk der Menschheit hat eine solch unvorstellbare Gleichgültigkeit gegenüber der Wahrheit historischer Tatsachen bewiesen wie die Inder.“ [9] „Besonders fehlt den Indern eine Geschichtsschreibung, die

‚gewordene Politik‘ beinhaltet . . . Niemals hat der Hindu auch nur die naheliegendste Form der Geschichtsschreibung, die erzählende oder berichtende, erreicht, von einer pragmatischen, genetischen oder soziologischen ganz zu schweigen . . . Man erzählte nicht, wie es war, sondern wie es hätte sein sollen, um die Herzen späterer Hörer am meisten zu befriedigen.“ [10]

Es mag seltsam erscheinen, daß Indien trotz seiner Stärke auf den Gebieten von Mathematik und Astronomie nicht selber einen besonders zweckmäßigen Kalender konzipiert und durchgesetzt hat, sondern zum Beispiel noch 1953 unter dem Wirrwarr von 30 nebeneinander gültigen Kalendern litt. Grund dafür ist sicher auch die religiöse und politische Zerrissenheit, aber vielleicht wurde das Kalender-Anliegen früher nicht wichtig genommen. Wahrscheinlich suchte man keinen festen und verbindlichen Zeitrahmen für das profane Leben, sondern vor allem ein Hilfsgerüst für die Verankerung der zahllosen religiösen Feste. Erstaunen und Bewunderung wecken einige großartige Kalenderbauten in Indien, die aber erst im 18. und 19. Jahrhundert errichtet wurden. Aber hier ging es nicht um einen neuen Zugang zur Bestimmung linearer Zeit, sondern vorwiegend um kultische Reflexion über kosmische Zusammenhänge, letzten Endes wohl um eine Transformation zeitlicher Vorgänge in ein statisches Abbild. [11] Uhren spielen in der Kultur- und Geistesgeschichte Indiens anscheinend keine Rolle.

Im Tempo des Fußgängers

Das vorherrschende Zeit-Klima in Indien wird von einem länger dort lebenden Journalisten so charakterisiert: „Das Tempo der Zeit ist gemächlich, gelassen, langsam, ja so langsam, daß es in der Zeitlosigkeit zu zerrinnen scheint. Es ist das Tempo des

Die Zeit ist ein ewiges Fließen, eine Wiederholung von Rhythmus, und enthält immer wieder das Gleiche: Landbewäs-
serung in Bangla Desh.   (Foto: Süddeutscher Verlag)

Fußgängers oder des von bedächtig trottenden Rindern gezogenen Karrens. Der gelassene Rhythmus lullt den Besucher aus der Industriekultur ein, spinnt ihn in einen magischen Kokon: Es ist der Gegensatz zur Welt der Autos, Schnellzüge und Düsenflugzeuge." [12] Die Gemächlichkeit anzuschauen ist eine Wohltat für den europäischen Touristen, und viele, besonders jüngere Angehörige der westlichen Zivilisation wallfahrten eben dieser Zeitlosigkeit wegen nach Indien. Wer aber in der Verantwortung steht, die Wirtschaft zu entwickeln, um den Lebensstandard zu erhöhen, erlebt die Kehrseite von der Medaille: Anträge zur Errichtung neuer Firmen oder Abteilungen etwa im Maschinenbau oder der Eisenverarbeitung brauchen zwei oder mehr Jahre bis zu Genehmigung und Arbeitsbeginn.[13] Die indische Bürokratie lebt

vom Mißtrauen, von Kontrollmechanismen und Zentralisierungsideen, von fachlicher Unsicherheit und politischer Entscheidungsschwäche — aber auch von völliger Fremdheit gegenüber der Idee, daß Zeit Geld ist.

Islamische Welt

Für den Araber kennt nur Gott die Zukunft, und deshalb ist es anmaßend, über sie überhaupt zu reden. Sicheres weiß man nur von der Vergangenheit, die man deshalb positiver bewertet. Ein ägyptischer Anthropologe sagt: „Die Zukunft ist leer und trügerisch. Man weiß nichts über sie, und deshalb blickt man auf sie mit Unsicherheit und Skepsis. Die Zukunft gehört nicht dem Menschen; sie gehört Gott, und deshalb kann man niemals sagen, was einem in der Zukunft zustoßen mag."[14]

Oft wird eine Passage aus dem Koran zitiert, die ausdrücklich bestimmt, daß niemand sagt, was er tun will, es sei denn, er fügt in gleichem Atemzug hinzu, daß er es mit Gottes Hilfe versuchen will.[15]

In dieser bescheidenen Zurückhaltung und dem geringen Zukunftsehrgeiz verzichtet der Islam von vornherein auf ein beträchtliches menschliches Kräftereservoir. Aus der Lehre von der Vorherbestimmung ergibt sich die Möglichkeit, unterlassene oder fehlerhafte oder zu schwache Handlungen zu entschuldigen: „Ein Mensch bringt eine Arbeit nicht rechtzeitig zum Abschluß — nicht aus Fahrlässigkeit oder Sorglosigkeit oder Trägheit oder schlechter Planung und Berechnung von seiner Seite aus, sondern vielmehr weil Gott der Allmächtige nicht will, daß er es tut, oder weil die Zeit ‚noch nicht reif' dafür ist, daß die Arbeit zu dem anvisierten Ergebnis führt. Wie der Ackerbau durch die Jahreszeiten bestimmt wird und jede Ernte zu einer bestimmten Zeit reift, so auch menschliche Taten und Arbeiten. Nichts kann außerhalb der ‚richtigen Zeit' erreicht werden — unabhängig von den gemachten Anstrengungen und der aufgewendeten Zeit. Die richtige Zeit oder ‚Jahreszeit' wird durch Gott oder das Schicksal bestimmt."[16]

Der Islam sagt: „Gott handelt als Schöpfer und die Schöpfung ist da. Um aber auch im nächsten Moment wieder dazusein, ist sie wiederum im vollen Maß vom Schöpfungsakt abhängig. Die Herausarbeitung dieser Idee führte zur Form des zeitlichen Atomismus: Im Sprung von einem Moment zum nächsten muß der Schöpfungsakt wiederholt werden, damit die Schöpfung überdauert. Ihr Fortbestehen ist, um eine anachronistische Metapher zu verwenden, wie das Leinwandbild eines Films

während der Projektion. Daß es sich nur um eine Schein-Dauer handelt, wird außerdem unterstrichen durch den Lehrsatz, daß, welche Kontinuität auch immer aufzutreten scheint, es sich um nichts anderes als eine göttliche Gewohnheit handelt: Einige Dinge werden in der gleichen Weise in einer anhaltenden Serie sich wiederholender Schöpfungsakte ständig neu geschaffen."[17]

Verharren im Zyklus der Jahreszeiten

Islamische Anschauungen entmutigen in gewissem Maße Zukunftsplanungen als über die menschliche Kompetenz hinausgehend. Die landwirtschaftlichen Vorausüberlegungen beschränken sich zumeist auf den Zyklus eines Jahres und finden in dieser Begrenzung eine Befestigung, eine Starrheit, die vom freieren und weitergehenden Zukunftsdenken ablenkt. Das Stehenbleiben auf der Stufe des Jahreszeitenzyklus führt zu einer konservativen, auf ständige Wiederholung des Gleichen ausgerichteten und die Erwartung des Neuen und Anderen damit ausschließenden bzw. abwertenden Verhaltensweise. Bei der Herausbildung von Zeitbewußtsein ist deshalb der Sprung über die Jahreshorizonte hinaus eine mutige, folgenreiche Tat. Erst nach Überschreitung dieser Schwelle kann man von echter Zukunftsplanung sprechen.

Verharmlosung des Zeitfaktors

Planung will normalerweise eine echte Veränderung im Laufe der Zeit und mit Hilfe der Zeit erreichen. Der Islam übersieht gerade diese Funktion der Zeit bei qualitativer zivilisatorischer Veränderung, die zunehmend mit dem Begriff „Kulturwandel" bezeichnet wird. Man weicht gerne auf andere Gedankenmodelle aus,

„Die Zukunft gehört nicht den Menschen, sie gehört Gott."   (Foto: Süddeutscher Verlag)

indem Kulturwandel quantitativ, als Einverleibung neuer Elemente, gesehen wird.[18] Dies nährt die Illusion, alles Bisherige könne so bleiben, man müsse nur einzelne Faktoren (relativ äußerlich) hinzunehmen. Diese Ausklammerung oder Verharmlosung des Zeitfaktors ist in der religiösen Tradition verankert, die ein lineares Zielbewußtsein kaum kennt. Dem Geschichtsbild und dem politischen Denken fehlt die Bereitschaft zur schöpferischen Begegnung mit der Zukunft. „Wenn man sich Mohammeds Geschichtsbild visuell klarmachen wollte, könnte man sagen, daß ihm der Ablauf des Weltgeschehens nicht etwa in Form einer Linie vorschwebt, die mit einigem Auf und Ab, aber immerhin durchgehend vom Anfang des Menschengeschlechts bis in seine Zeit herabführt, sondern eher in Form einer Spirale ... derart, daß lauter kreisförmige Figuren aneinandergehängt sind, die nach Belieben untereinander in Deckung gebracht werden könnten."[19] Solche zyklische Geschichtsvorstellung ist keine günstige Grundlage für Entwicklungs- oder Fortschrittsdenken.

Die Fremdheit gegenüber den positiven Möglichkeiten eines linearen, zukunftsgerichteten Zeitbewußtseins hat eine Unterschätzung des Wertes von Zeitstrecken und Terminen, von genauer Zeitmessung und -kontrolle zur Folge. Sparen, Kapital bilden, Investitionen zugunsten der Zukunft tätigen, Zinsen für Zeitvorteile zahlen oder Zinsen dadurch gewinnen, daß ich anderen einen Zeitvorteil verschaffe — alles das ist in der islamischen Welt weniger entwickelt, zum Teil — wie im gegenwärtigen Iran — diskriminiert. Auch das Christentum hat sich im Laufe seiner Geschichte mehr oder weniger kritisch nicht nur gegen Wucher, sondern auch gegen Zinsnehmen überhaupt ausgesprochen, aber im Neuen Testament wird das mosaische Zinsverbot nicht wiederholt. Nur der Islam ächtet eindeutig Zins in seiner Heiligen Schrift, dem Koran. Es sind allerhand Kunstgriffe nötig, um in streng islamischen Ländern dieses Handikap durch Ersatzkonstruktionen zu überwinden. So können die Fachleute zwar die Wirtschaft in Gang halten, aber dem Volk insgesamt geht dabei die ständige Erziehung zum sorgfältigen, ökonomischen Umgang mit dem Zeitfaktor verloren, einer Basis für die richtige Schätzung vieler materieller Werte und für Planungsüberlegungen. Verwandt ist dieses Verhalten mit der Skepsis gegenüber der religiös-moralischen Zulässigkeit einer einfachen Versicherung. Manche strenggläubige Geistliche sehen in der Versicherung eine Art des grundsätzlich von Mohammed verbotenen Glücksspiels.[20] In der Tat geht es ja bei der Versicherung darum, das in der Zukunft liegende Risiko einzuschränken. Darf man das, wenn Gott sich die Entscheidung über künftiges Glück und Unglück vorbehalten hat?

Afrika — diesseits der Zukunft

Für Schwarzafrikaner ist Zeit keine zunächst abstrakte und umfassende Vorstellung, die auf alles nur Denkbare von einem entfernten Anfang der Weltschöpfung bis zu einem etwa ebensoweit entfernten Weltende angewendet werden könnte. Über so fern liegende Phantasie-Phänomene macht man sich keine Gedanken. Der Zeithorizont ist eng, aber unscharf begrenzt, und umfaßt „eine lange Vergangenheit, Gegenwart und praktisch keine Zukunft. Das lineare westliche Zeitkonzept ist afrikanischem Denken fremd. Die Zukunft bleibt praktisch ausgeschlossen, weil in ihr liegende Ereignisse nicht stattgefunden haben; sie sind nicht realisiert worden und können deshalb Zeit nicht konstituieren. Wenn es jedoch sicher ist, daß künftige Ereignisse stattfinden oder wenn sie im zwangsläufigen Naturrhythmus liegen, konstituieren sie allenfalls potentielle Zeit, keine aktuelle Zeit ... Aktuelle Zeit ist deshalb, was gegenwärtig und was vergangen ist."[21] Zeit ist an den unmittelbaren eigenen Erfahrungshorizont gebunden, an alles, dem man „Realität" zubilligt.

Der Rückblick in die Vergangenheit wird durch mündliche Überlieferungen über wenige Generationen begrenzt, konkrete Schätzungen sprechen von maximal hundert Jahren[22] oder (in bezug auf die Nuer) auch von nur fünfzig Jahren im Sinne historischer Zeit mit direkter Aufeinanderfolge von Ereignissen und Zuständen. In Ermangelung einer Chronologie mit Jahreszahlen bezeichnet man einzelne Ereignisse durch Bezugnahme auf ungewöhnliche Vorgänge wie einen Krieg, eine Hungersnot, eine große oder kleine Überflutung usw. Der Begrenztheit und Ungenauigkeit historischer Erinnerungen entspricht die Unklarheit über das eigene Lebensalter; fast könnte man sagen: Man ist dort so alt wie man sich fühlt.[23] Wenn man eine zeitliche Distanz nicht zahlenmäßig bezeichnen kann, hilft man sich oft durch die Art, wie man ein entsprechendes Adverb betont.[24]

Wesentlich stärker noch ist die Zukunftszeit begrenzt. In den ostafrikanischen Sprachen gibt es keine bestimmten Wörter zur Bezeichnung der Idee einer entfernten Zukunft. Eine Untersuchung verschiedener Sprachen in Kenia ergab bei Verben neben fünf Zeiten für verschiedene Stufen der Vergangenheit und einer für die Gegenwart nur drei Zeiten für die Zukunft, wobei das weitestgehende Futurum eigentlich auf etwa zwei bis sechs Monate von jetzt aus begrenzt ist, allerhöchstens noch bis zu zwei Jahren reicht. „Die Menschen haben ein geringes oder doch kein aktives Interesse an Ereignissen, die in der Zukunft noch mehr als maximal zwei Jahre entfernt liegen; die untersuchten Sprachen haben keine Wörter, durch die solche Ereignisse begriffen oder ausgedrückt werden können."[25] Bei den Suaheli ist die Situation anders. Dort werden zwei Arten Zeit unterschieden: „Sasa" als die Zeit der Realität, die viel Vergangenheit und nur ganz wenig Zukunft erfaßt (Mikro-Zeit) und „Zamani" als der große, allumfassende Zeitrahmen, der Zeitozean (Makro-Zeit), der auch die Sasa-Zeit mitumfaßt.

Die sich vorwärts bewegende Geschichte – eine rein westliche Idee

In Schwarzafrika fehlt bei so schwach ausgeprägter Zukunftskategorie auch jede Basis für die Setzung von Zukunftszielen (wie im eschatologischen, fortschrittlichen oder utopischen Denken des Westens) und für die Dynamisierung des Verhaltens auf den Wegen, sich ihnen anzunähern. „Im traditionellen afrikanischen Denken gibt es keine Idee von Geschichte, die sich ‚vorwärts' bewegt in Richtung auf einen künftigen Höhepunkt oder ein bestimmtes Ende der Welt. Da Zukunft über ein paar Monate hinaus nicht existiert ist, kann man nicht erwarten, daß sie in ein goldenes Zeitalter hineinführt... So haben afrikanische Völker keinen ‚Fortschrittsglauben' als die Idee, daß die Entwicklung menschlicher Aktivitäten und Errungenschaften von einer niederen auf eine höhere Stufe führt. Das Volk macht weder Planungen für die entferntere Zukunft noch baut es Luftschlösser." [26] Die Fremdheit gegenüber dem stark vom Christentum geprägten westlichen Zukunftsdenken wird sehr deutlich bei den missionarischen Schwierigkeiten, die eschatologischen Vorstellungen zu vermitteln. [26]

Tragen der Armbanduhr – ein Bekenntnis der Anpassung

Afrikanische Kulturen, die Zeit weder wichtig noch genau nehmen, haben wenig Anstrengungen unternommen, die Zeit sorgfältig und für alle verbindlich zu gliedern und entsprechend zu messen, ihre Abschnitte und Punkte kontrollierbar zu machen und zu werten. Dementsprechend gibt es hier im Vergleich mit anderen Kulturen am wenigsten chronologische Datierung, Kalender oder Uhren. [27] Monate verlieren als genaue Bestimmungen an Bedeutung gegenüber den Jahreszeiten, die ja nach Umfang und zeitlicher Plazierung variabel sind. Monatsnamen werden relativ wenig benutzt. Noch unwichtiger ist die Zeiteinheit Woche, soweit nicht Markttage eine entsprechende deutliche Markierung schaffen.

Die zeitliche Untergliederung des Tages wurde im christlichen Mittelalter und wird in der islamischen Welt weitgehend durch Gebetszeiten bestimmt, die ein erstes grobes Raster bildeten, das von der religiösen Sphäre her auf die Gliederung des Alltags übergriff und durch Stundengliederung ergänzt wurde. Diese Gewohnheit von genau fixierten Gebetszeiten gibt es in Afrika nicht. [28] Man hat sich aber ohne präzise Uhrzeiten in anderer Weise geholfen wie zum Beispiel bei den Nuer, wo es für die Zeit von 4 bis 18.15 Uhr dreizehn ungleichmäßige Zeitabschnitte gibt, die jeweils mit einem besonderen Namen bezeichnet werden wie etwa: ganz wenig Licht – mehr Licht – Dämmerung – Sonnenaufgang – Sonne neigt sich wieder – direkt nach Sonnenuntergang. Fast die Hälfte dieser Zeiteinheiten bezieht sich auf die Stunden von 4 bis 6 Uhr früh, weil es hier um den Start wichtiger Aktivitäten geht, die eine gewisse Koordinierung und Regelmäßigkeit verlangen. [29] Uhren sind selten, sie dringen zwangsläufig vor in den Bereichen des Verkehrs, der größeren Städte und der Wirtschaft sowie – mit anderen Assoziationen – im Feld der Missionen. Da sie als Symbol der christlichen und westlichen Welt gelten, ist das Tragen einer Armbanduhr zunächst oft ein Bekenntnis der Anpassung, und erst allmählich beginnt das ständige Ticken der Uhren in das Bewußtsein einzudringen.[30]

Ein schwach entwickeltes Zeitbewußtsein ist nicht nur aus Religion, Weltanschauung und wirtschaftlichen Bedingungen und Prozessen abzuleiten. Das haben zwei Nervenärzte und Psychotherapeuten in ihren Untersuchungen über die Yoruba in Westafrika eindrucksvoll dargestellt. Diese Afrikaner haben es nicht gelernt, zu warten, Verzögerungen in Kauf zu nehmen. Eine Art anerzogener Lebensgier trachtet danach, alles Begehrenswerte so schnell wie möglich in Besitz zu nehmen. Wenn das nicht gelingt, ist man frustriert und reagiert leidenschaftlicher, ist aber nicht bereit, den eigenen Lebenswillen zu zähmen, zu disziplinieren, den Zeitfaktor zu respektieren und in das eigene Verhalten einzubeziehen. Solches „Temperament" kann mit sorgfältig gegliederten Zeitstrecken nichts anfangen. Für ein synchronisiertes Zusammenspiel in Betrieben, für den Einsatz in einer auf systematische Leistungssteigerung ausgerichteten Wirtschaft sind solche Menschen nicht geeignet. Sie sind hastig und optimistisch, und später um so tiefer enttäuscht. „Wir sagen, der Yoruba habe einen kurzen ‚Spannungsbogen', und das will heißen, daß er nur über kurze Zeit hin in der Lage ist, die innere Spannung des Wartens auf eine (angenehme) Wunscherfüllung zu ertragen."[31] Dies wird psychologisch auch daraus abgeleitet, daß der Yoruba als Säugling überhaupt nicht mit der Dimension der Zeit in Berührung kommt. Seine Wünsche werden jederzeit augenblicklich befriedigt. In seiner Seele fehlt jedes Engramm, das ein „Bild von Zeit" als etwas vom Menschen Unabhängiges und von sich aus Wichtiges innerpsychisch fixieren würde. Strukturierte Zeit wird gar nicht wahrgenommen.

Verschiedene Formen des Zeitbewußtseins

In allen Entwicklungsländern finden insbesondere in den letzten Jahrzehnten zivilisatorische Veränderungen in unterschiedlichem Ausmaß und Tempo statt, die auch das Zeitbewußtsein (wenn auch meist mit Verzögerung) beeinflussen. Neben die direkte Wirkung westlicher Zivilisation durch Beispiele im Rahmen ihrer Präsenz sowie ihre Fernwirkungen durch Literatur und andere Medien treten Prozesse in der physischen und geistigen Umwelt. Dazu nennen wir an erster Stelle die aus der Bevölkerungsexplosion und anderen Faktoren folgende Urbanisierung und die mit dem notwendigen Ausbau der Infrastruktur verbundene Vernetzung des öffentlichen Lebens, die zu größerer gegenseitiger Abhängigkeit in komplexer werdenden Strukturen führen und mehr Synchronisation erfordern. Termine und Zeitpläne werden wichtiger. Das ergibt sich auch bei Industrialisierung sowie bei Modernisierung und Rationalisierung von Verwaltung, bei zunehmendem Verkehr sowie beim ökonomischen Zwang, den Fortschritt in der Wirtschaft langfristiger, sorgfältiger und detaillierter als bisher zu planen und ständig zu kontrollieren. Hinzu kommt die stärkere Eingliederung der Länder in das internationale System der Politik, der Wirtschaft, des Verkehrs- und Nachrichtenwesens, und die Gewöhnung an ein international gültiges Zeitsystem, an das man durch Uhren, Kalender und Übernahme der westlichen Chronologie Anschluß findet. Soweit neue Zeitvorstellungen eine gewisse Lösung von alten Gewohnheiten und Normen fordern, wird das gefördert durch mehr Bildung und Rationalität, mehr Demokratie, Liberalisierung und Pluralismus. Die seelische Bereitschaft, Zeit zu nutzen und Zukunft nach eigenen Plänen zu gestalten, wird schließlich gestärkt durch zunehmenden Individualismus *und* nationales Gemeinschaftsbewußtsein.

Alles dies kann dazu führen, daß das vorwiegende Zeitbewußtsein allmählich qualitativ verändert wird und daß zum Beispiel der Geltungsbereich bestimmter Auffassungen sich verringert oder Einzelaspekte des Zeitempfindens stärker betont, weiter verbreitet oder mehr genutzt werden. Man könnte hier von „organischen Wandlungen" mit gewisser Kontinuität sprechen. Wo sich aber stärkere bzw. schnellere Zivilisationsänderungen abspielen, ist es leicht möglich, daß die neuen Antriebe nicht in ein der Tradition folgendes, aber sie fortführendes zentrales Zeitbewußtsein eingeschmolzen werden, sondern sich eine Art oppositionellen oder alternativen Zeitbewußtseins neben dem dominanten etabliert.

Das war in Europa der Fall, als die starken geistigen Verschiebungen in der zweiten Hälfte des 18. Jahrhunderts und dann der Eintritt ins Industriezeitalter dazu führten, daß sich ein geistig-seelischer Protest dagegen erhob, der insbesondere in Deutschland unter dem Namen der Romantik in Musik, Literatur, Kunst, Philosophie und Lebensgefühl eindeutigen und nachhaltigen Ausdruck fand. Hier wurde das vorherrschende lineare Zeitgefühl abgelehnt: die Zeitmessung, die ökonomisch berechnende Zeitnutzung, der Zwang zur Identifizierung mit der Gegenwart und das die Zukunft rationalisierende Fortschrittsdenken. Ein freieres, subjektiveres und weicheres Zeitgefühl wurde deutlich artikuliert, es blieb aber vorwiegend auf die gebildeten Schichten beschränkt und fand wenig Anhänger in den das Alltagsleben aller bestimmenden Bereiche von Wirtschaft, Technik und Wissenschaft. Dieses hier einmal knapp als „romantisch" bezeichnete Zeit- und Kulturbewußtsein ist seitdem, also seit gut eineinhalb Jahrhunderten, in der westlichen Zivilisation lebendig und tritt gerade in den letzten Jahrzehnten wieder stärker hervor. Es gibt heute im Westen vereinfacht formuliert nebeneinander zwei Formen des Zeitbewußtseins: ein dominantes „lineares" und ein dagegen protestierendes von intelligenten Minderheiten. Der Konflikt zwischen beiden Positionen ist außerordentlich anregend und wird auch weiterhin in allen kulturkritischen Diskussionen eine maßgebliche Rolle spielen.

In der Dritten Welt deutet sich etwas Ähnliches mit umgekehrten Vorzeichen an. Bei der Schnelligkeit von Veränderungen ist es wahrscheinlich, daß verschiedene Formen des Zeitbewußtseins immer deutlicher und für längere Zeit, wenn nicht für immer, *nebeneinander* existieren werden. Dies ist nicht in erster Linie eine Folge geistiger Einwirkungen der christlichen Religion und der europäisch geformten Geisteshaltung des Westens in Philosophie, Literatur, Kunst usw. Vor allem handelt es sich vielmehr um die Auswirkungen von „Sachzwängen", die sich ergeben, wenn man mit den wirtschaftlichen und politischen Aufgaben am Ende des 20. Jahrhunderts fertig werden will. Zwischen zwei Formen des Zeitbewußtseins wird sich eine Spannung ergeben, die als ständiges Element der Unruhe nicht nur für die materielle, sondern auch für die geistige und seelische Entwicklung in der Dritten Welt fruchtbar werden kann.

[1] *Herskovits, M. J.:* Economic Change and Cultural Dynamics. In: R. Brabanti/J. J. Spengler: Tradition, Values and Socio-Economic Development. Durham 1961. S. 128. — [2] *Abou-Zeid, A. M.:* The Concept of Time in Peasant Society. In: Time and the Sciences. Hrsgg. von Frank Greenway. Paris 1979. S. 119 f. — [3] *Wilhelm E. Mühlmann* im Kapitel „Okzident und

Orient". In: Homo Creator. Wiesbaden 1962. S. 417, 419. — [4] *Lévy-Bruhl, L.:* Die geistige Welt der Primitiven. (München 1927) Reprint Darmstadt 1966. S. 105 f. — [5] *N'Sougan Ablemagnon, F.:* Time in Rural Societies and Rapidly Changing Societies. In: Time and the Sciences. S. 165, 171. — [6] *von Glasenapp, H.:* Der Buddhismus — eine atheistische Religion. München 1966. S. 174. — [7] *Conze, E.:* Buddhismus. 5. Auflage, Stuttgart 1974. S. 45, 46. — [8] *Nakamura, H.:* Time in Indian and Japanese Thought. In: The Voices of Time. Hrsgg. von J.T. Fraser. London 1968. S. 77. — [9] *Quecke, K.:* Der indische Geist und die Geschichte. In: Saeculum, Vol. 1950, S. 362. — [10] *Quecke, K.* (Anm. 9), S. 368. — [11] Kalenderbauten. Frühe astronomische Großgeräte aus Indien, Mexiko und Peru. München 1976. S. 71. — [12] *Ross, Th.:* Der trügerische Charme des Archaischen. Beobachtungen in indischen Dörfern. In: Frankfurter Allgemeine Zeitung vom 19. August 1981. — [13] *Ross, Th.:* Warum deutsche Unternehmen so wenig in Indien investieren. In: Frankfurter Allgemeine Zeitung vom 8. Februar 1981. — [14] *Abou-Zeid, A. M.* (Anm. 2), S. 124. — [15] Ebenda, S. 123. — [16] Ebenda, S. 123. — [17] *Nieuwenhuijze, C. A. O.:* Muslim Attitudes Towards Planning. In: Internationales Jahrbuch für Religionssoziologie. Band 5: Religion, Kultur und sozialer Wandel. Köln/ Opladen 1969. S. 93. — [18] *Simson, U.:* Typische ideologische Reaktionen arabischer Intellektueller auf das Entwicklungsgefälle. In: Aspekte der Entwicklungspolitik. Hrsgg. von R. König. Opladen o. J. S. 159. — [19] *Paret, R.:* Das Geschichtsbild Mohammeds. In: Die Welt als Geschichte, 11 (1951). S. 218. — [20] Islamische Republiken schaffen die Zinsen ab. In: Capital, 10 (1979). S. 222 bis 226. — [21] *Mbiti, J. S.:* African Religions and Philosophy. London 1969. S. 17. — [22] *Jenny, H.:* Afrika kommt nicht mit leeren Händen. Stuttgart 1971. S. 56. — [23] *Parin, P.* u. a.: Die Weißen denken zuviel. Psychoanalytische Untersuchungen in Westafrika. München 1972. S. 62. — [24] *Evans-Pritchard, E. E.:* Nuer Time Reckoning. In: Africa, Vol. 12 (1939). S. 205. — [25] *Mbiti, J. S.* (Anm. 21). S. 17 ff. — [26] *Mbiti, J. S.* (Anm. 21), S. 23. — [27] *Mbiti, J. S.:* New Testament Eschatology in an African Background. Oxford 1971. Besonders S. 57 ff. Siehe auch *Bürkle, H.:* Eschatologie in den Weltregionen? In: Neue Zeitschrift für systematische Theologie und Religionsphilosophie 22 (1980), S. 189 bis 201. — [28] *Briault, R. P.:* Dans la Forêt du Gabon. Paris 1930. S. 109. — [29] *Evans-Pritchard, E. E.* (Anm. 24), S. 206. — [30] *Fernandez, J. W.:* Fang Representations under Acculturation. In: Africa and the West. Madison 1972. S. 6; *Briault, S. P.* (Anm. 24), S. 113; *Taliani, E.:* Vom freien Zeitgefühl zur Arbeits- und Freizeiteinteilung. In: Otto Neuloh (Hrsg.): Die ostafrikanischen Industriearbeiter zwischen Shamba und Maschine. München 1969. S. 359. — [31] *Staewen, Ch./Schönberg, F.:* Kulturwandel und Angstentwicklung bei den Yoruba Westafrikas. München 1970. S. 373, 290.

Zyklische Zeit – lineare Zeit

Gerhard Schmied, Mainz

Soll man Zeit als Kreis oder als Pfeil darstellen? Ist die Zeit Wiederkehr des ewig Gleichen oder das Fortschreitende, das sich nie mehr wiederholen kann? Kurz: Ist sie als zyklisch oder als linear aufzufassen? Die Beschäftigung mit dieser wichtigen Alternative muß keineswegs bloß zu geschichtsphilosophischem Raisonnement im Elfenbeinturm oder gar zu einer Spielerei mit Darstellungsformen führen. Sie kann vielmehr in kultursoziologischer Analyse zu einem vertieften Verständnis unserer Lebenswelt beitragen. Denn die Option für eine der beiden Vorstellungen prägt zutiefst das soziale Leben.

Anthropologische Grundlegung

Die Anthropologie Arnold Gehlens sieht die Besonderheit des Menschen in seiner „Instinktreduktion"[1] begründet, die ihn zu einem „weltoffenen"[2] Wesen mache. Weltoffenheit bedeutet negativ gewendet Verhaltensunsicherheit und positiv gewendet die Fähigkeit, Verhaltensbereiche, die beim Tier durch Instinkte festgelegt sind, durch eigene Leistung auszufüllen. Um aber nicht ständig Verhaltensmuster „erfinden" zu müssen, deren Erfolg womöglich noch zweifelhaft ist, und um sein Verhalten mit Zeitgenossen zu koordinieren, entwickelt der Mensch Regelmäßigkeiten, stabile Verhaltensmuster, von Gehlen sogenannte Institutionen[3], die ihm Entscheidungsentlastung sowie ein soziales Leben

ermöglichen. Institutionen sind Menschenwerk, sie sind Kulturschöpfungen. Aber das schließt nicht aus, daß der Mensch auch aus der Umwelt Regelmäßigkeiten auswählt. Zu diesen das Verhalten dauerhaft steuernden Daten aus der Umwelt zählen Phänomene, die dem Verhalten eine zeitliche Dimension geben. Die Folge von Tag und Nacht ist wohl die grundlegendste Zeiteinteilung überhaupt, der Menschen wie Tiere und Pflanzen folgen. Der Sonnenstand bestimmt den Tageslauf, der Mondzyklus bietet die ältesten Gliederungspunkte für längere Zeiträume als den Tag. Dazu kommt in den nicht-

Dr. phil. habil. Gerhard Schmied, geb. 1940, Akadem. Direktor am Institut für Soziologie der Universität Mainz. Forschungsschwerpunkt: Kultursoziologie, insbesondere Religionssoziologie. Jüngste Buchveröffentlichungen: „Soziale Zeit" (1985), „Sterben und Trauern in der modernen Gesellschaft" (1985, TB-Ausgabe 1988), „Kirche oder Sekte?" (1988), „Religion – eine List der Gene" (1989).

Dr. Gerhard Schmied, Berliner Ring 60, 6806 Viernheim

tropischen Gebieten der Jahreslauf der Sonne, der mit den jahreszeitlichen Schwankungen verbunden ist. Auf diese Weise ist also die Zeit in die Regelmäßigkeiten eingereiht, die dem sozialen Leben Struktur und dem Individuum Verhaltenssicherheit geben. Zeitliche Einteilungen der genannten Art erlauben Voraussicht und Planung und erbringen damit eine gewisse Sicherheit in künftigen Fällen. Zeit als Regelmäßigkeit, als Wiederkehr von Phänomenen, als zyklische Zeit erfüllt damit wichtige soziale Funktionen.

Ursprung und Vorkommen

Es muß angenommen werden, daß zyklische Zeit einer früheren Epoche angehört als lineare Zeit, daß lineare Zeit eine spätere Entwicklung ist. Schon die Etymologie des Wortes „Zeit" weist in diese Richtung. So wird angeführt, daß die Wörter „time" und „tide" eine gemeinsame Wurzel besitzen. Ähnlicher Art dürfte die Verwandtschaft von „Zeit" und „Gezeiten" sein, letztere ein zyklisches Ereignis par excellence.

Lineare Zeit als Zeit der Nicht-Wiederkehr ist in der sozialen Umwelt des Menschen nicht so häufig zu beobachten. Der Mensch — auch der moderne — lebt vor allem in Zyklen; Familie, Beruf und Freizeit wie generell der vom Kalender vorgegebene Jahreskreis weisen viele zyklische Elemente auf, die das Leben bestimmen. Der wichtigste Prozeß, der linear verläuft, ist das Altern des Menschen, das in das fundamental und existentiell anrührende Ereignis des Todes mündet.

Archaische Zeit

In dem Begriff "archaisch" faßt der Religionswissenschaftler Mircea Eliade sogenannte primitive Kulturen und die frühen Hochkulturen zusammen.[4] In diesen archaischen Gesellschaften werden zahlreiche Verhaltensweisen als Wiederholung der in mythischer Vorzeit von einem Gott oder einem Heros eingeführten oder demonstrierten Handlungen gesehen. Das betrifft nicht nur Rituale als Handlungen, die einen Bezug zum Transzendenten herstellen sollen, sondern auch die alltäglichen Handlungen zur Nahrungsbeschaffung und Nahrungsbereitung oder das sexuelle Verhalten. Eliade spitzt diesen Zug im Verhalten auf die Aussage zu: „. . . in den Einzelheiten seines bewußten Verhaltens kennt der ‚Primitive', der archaische Mensch keine Handlung, die nicht von einem andern gesetzt und vorgelebt worden wäre, *von einem anderen, der kein Mensch gewesen ist*".[5] Handlungen, die als Wiederholungen begriffen werden, stellen nicht nur das Exemplarische der Urzeit dar, sondern sie sind oft gleichzeitig auch der ebenfalls als notwendig betrachtete Einklang mit dem Geschehen im Kosmos. So wird in verschiedenen Kulturen der Beischlaf als Reproduktion der Vereinigung zwischen Himmel und Erde gedeutet.

Der Kulturphilosoph Ernst Cassirer weist darauf hin, daß bestimmte Verhaltensweisen ebenso wie Eigenarten in der Natur als „erklärt" gelten, wenn ein Bezug zum mythischen Ursprung hergestellt ist. Über mythische Weltbilder führt er aus: „Hier ist eine Stufe erreicht, auf welcher der Gedanke sich bei der bloßen *Gegebenheit*, sei es der Dinge, sei es der Gebräuche und Vorschriften, bei ihrem einfachen Dasein und ihrer einfachen Gegenwart nicht mehr beruhigt, während er andererseits alsbald stille steht, sowie es ihm gelungen ist, diese Gegenwart auf irgendeine Weise in die Form der Vergangenheit umzusetzen. Die Vergangenheit selbst hat kein ‚Warum' mehr: sie *ist* das Warum der Dinge".[6]

Durch derartige Verankerung in mythischen Urbildern und in kosmischen Abläufen werden Verhaltensweisen auf eine Art stabilisiert, die eine Abweichung kaum in Betracht kommen läßt. Die gesamte Denkweise ist auf Wiederholung angelegt, so daß zunächst einmalig erscheinende Vorkommnisse nach und nach zu Begebenheiten werden, die nach dem Vorbild von Mythen umgestaltet sind. Eliade berichtet über ein zeitgenössisches Beispiel; in einer ländlichen Gegend Rumäniens wurde noch in diesem Jahrhundert ein Unglücksfall in eine an den Mythen orientierte Ballade umgeformt.[7]

Zyklik in den rites de passage

In besonderer Weise dienen Feste der Verankerung des Bewußtseins der Wiederkehr. Das gilt auch für jene Feste, in denen Menschen in einen neuen Status überführt werden, für die sogenannten rites de passage. Als Prototyp solcher Feste, über die der Völkerkundler Arnold van Gennep eine wichtige Monographie verfaßt hat[8], gelten die Initiationsriten, die den Übergang des Kindes in die Erwachsenengesellschaft bewirken.

Erfüllen Feste per se auch eine integrative Funktion, so ist dies bei den rites de passage besonders ausgeprägt. Denn neben der Integration aller Teilnehmer wird derjenige, dessen gesellschaftlicher Status sich wandelt, in diesem neuen Status der Gesellschaft einverleibt. Die mit vielen Initiationsriten verbundene Vorstellung vom Sterben und Auferstehen bringt deutlich das Zyklische zum Ausdruck. Bei einer Taufe im christlichen Kulturbereich oder bei einem Pubertätsritus in einer Naturvolkgesellschaft dominiert im erlebenden Bewußtsein nicht das Unwiederbringliche des Vergangenen und das Hervorgehen eines Neuen, sondern die Wiederholung in neuen Formen. Dieses Repetitive zeigt sich zunächst darin, daß der Ritus als eine zweite Geburt verstanden wird, die eine Wiederholung der physischen ist. Weiterhin zeigen Initiationsriten meist unübersehbare Bezüge zu den Ursprüngen. Die Riten werden oft als Überlieferungen göttlicher Herkunft und die Zeit der Initiation als Zeit der Schöpfung betrachtet. Selbst ein wichtiges Sinnelement der christlichen Taufe, die Wegnahme der Erbschuld und damit die partielle Rückführung in den paradiesischen Zustand, zeigt den Rekurs auf die mythische Vorzeit an.

Einschnitte in die Zeit

Es gibt zahlreiche Feste, bei denen die Wiederherstellung der mythischen Vergangenheit direkt im Vordergrund steht. Dazu zählt oft das in vielen Kulturen gefeierte Neujahrsfest. Dabei wird das neue Jahr als jeweils gänzlich neue Schöpfung betrachtet, und der Jahreswechsel mit Bräuchen gefeiert, die die Vernichtung des alten Jahres darstellen. Ferner können Reinigungsriten vorkommen, die von den Verfehlungen des vergangenen Jahres befreien, aber auch Maskeraden und Orgien, die das Chaos vor der Welterschaffung darstellen. Riten im Zusammenhang mit dem Anbruch des neuen Jahres symbolisieren die Erschaffung der Welt oder sollen wenigstens an sie erinnern. Denken wir an die in unserem Kulturkreis üblichen Maskeraden und Feiern am Silvesterabend, wobei die Mitternachtsstunde oft einen besinnlichen, manchmal sogar feierlichen Einschnitt bildet, dann zeigt sich, auf welch alten Traditionen diese manchem vielleicht modisch erscheinenden Feiern ruhen. Und die weit verbreiteten Neujahrsvorsätze sind dann nicht profanierte Bußvorsätze, sondern sie sind Partizipation an — wie es Eliade ausdrückt — „der von den archaischen Gesellschaften gespürten Notwendigkeit, sich periodisch durch die Annullierung der Zeit zu regenerieren".[9]

Die kosmische Überhöhung, die für das Neujahrsfest demonstriert wurde, kann auch anderen Einschnitten im Leben einer Gesellschaft zukommen. So wurde sowohl in Sumer wie im Alten Ägypten als auch auf den Fidschi-Inseln angenommen, daß mit dem Amtsantritt eines Herrschers die Welt von neuem beginnt. Der englische Ethnologe Jack Goody weist in diesem Zusammenhang darauf hin, daß die Regimes während der Französischen Revolution sowie der Faschismus in Italien diese Vorstellung einer völlig neuen Ära wieder aufgegriffen hatten und daß letztlich auch demokratische Wahlen mit säkularisierten Vorstellungen vom Anfang einer neuen Zeit in Verbindung stehen.[10]

Feste als Erinnerungen

Die Dimension des Wiedervollzugs oder zumindest die Erinnerung des in Anfangszeiten Geschehenen, die wir bei Neujahrsfeiern vorfanden, ist auch für andere Feste des Jahres feststellbar, wobei jedes Fest einen bestimmten Aspekt des Geschehens betont. Die jüdische Sabbatruhe wiederholt die Gott am siebten Tag der Schöpfung zugeschriebene Verhaltensweise. Vom Mythos entfernter und der historischen Dimension näher, stellen die großen Feste des christlichen Kirchenjahres die Erinnerung an die Heilsgeschichte und an das Leben Jesu dar. Auch in kürzeren Zeiteinheiten wiederholt sich dieser Zyklus. Der Sonntag wird im Christentum als Tag der Auferstehung gefeiert, und die Abendmahlsfeier ist, zumindest nach katholischem Verständnis, auch eine Wiederholung des Kreuzesopfers Jesu.

In der Entwicklung von den archaischen Riten zum christlichen Festkalender sind

zwei die Bestimmung der Termine betreffende Veränderungen bemerkenswert. Die Verlagerung der Festtermine von lokalen Festlegungen auf kalendarische Daten geschah unter dem Einfluß von verschiedene geographische Räume umfassenden Religionen, vor allem von sogenannten Weltreligionen. Im Zuge der Expansion derartiger Religionen wird in der Regel ein einheitlicher Kalender eingeführt, da gemeinsame, zu einem bestimmten Termin abgehaltene Feiern die zentralen Gehalte der Religion zum Ausdruck bringen und ein Gefühl der Verbundenheit zwischen den entfernt voneinander wohnenden Anhängern aufkommen lassen. Weiterhin kommt traditionellen Festterminen oft eine Art Eigenleben zu, das über bestimmte Inhalte hinausgeht. So erwies es sich auch nach der Durchsetzung neuer Religionen oft als zweckmäßig, Termine beizubehalten. Die Daten verschiedener christlicher Feste — etwa von Weihnachten — sind Füllungen alter Termine mit neuem Sinn.

Voraussetzungen für Linearität

Ein fixer Punkt, von dem aus die Jahre gezählt werden, kann ein Indikator für die Ausbildung linearer Zeitvorstellungen sein. Als frühester Fixpunkt für die Jahreszählung soll die Ära des babylonischen Königs Nebukadnezar im Jahre 777 v. Chr. gedient haben. Manche Forscher nehmen auch die Seleukidenära (312 v. Chr.) als einen derartigen Punkt an.

Die Rechnung von einem festen Datum aus besagt in den meisten bekannten Fällen, daß man in der eigenen Geschichte einen Fixpunkt gefunden hat, der über alle noch so wichtigen, aber wiederkehrenden Ereignisse, wie zum Beispiel die Inthronisierung eines neuen Herrschers, hinaus Gültigkeit behält. Gehlen nimmt an, daß eine solche Wertung und ein damit entstehendes Geschichtsbewußtsein die Schrift voraussetzen. „Der archaische Mythos vermag historische Erinnerungen in seine Urzeiterzählungen einzuflechten, aber was ihm völlig fehlt, ist das historische Bewußtsein selbst. Dieses besteht, kurz gesagt, in der Fähigkeit, ein *gegenwärtiges* Ereignis als epochemachendes, also mit den Augen *künftiger* Generationen zu sehen … Diese Fähigkeit aber ist gleichursprünglich mit der Entwicklung der ägyptischen Schrift."[11] Schrift ist ebenso wie Anfangspunkte der Zeitrechnung eine Leistung abstrahierenden Geistes, und sie dürfte wie der Fixpunkt die Ausbildung von linearen Zeitvorstellungen begünstigt haben.

Daß aber in bestimmten Kulturen lineare Zeit das Geistesleben sowie das Bewußtsein des einzelnen tiefgehend prägen konnte, dazu gehörte vor allem ein Pendant zum Anfangspunkt, nämlich ein Ziel, auf das die Zeit hinläuft. Vorstellungen von einem Zielpunkt der Geschichte, die eine ausgeprägte Linearität im Zeitdenken hervorbrachten, sind in der israelitischen Religion feststellbar. Die Wirkungen dieser Zielvorstellungen und die mit ihnen verbundene Linearität reichen bis in unsere Tage hinein.

Linearität im biblischen Judentum

Ein Mittelpunkt jüdischen Denkens sind die Verheißungen Jahwes, die seine Macht offenbaren. Nun sind Vorstellungen vom Erscheinen Gottes und seinem Wirken kein Spezifikum des Judentums. Aber oft sind sie in eine mythische Zeit verlegt, die zu fern ist, um in der Weise handlungsmotivierend und stark integrierend zu wirken wie die zentralen Bezugspunkte im israelitischen Denken. Deutlich wird dieser Unterschied schon, wenn man bestimmte Aspekte der jüdischen Vergangenheitsbetrachtung heranzieht. Die Ret-

tung Israels vor den Ägyptern und die Gesetzgebung Gottes werden an einem bestimmten Ort und über eine bestimmte, als historisch angenommene Person vollzogen. Und von dem Moses übergebenen Gesetz erhält jedes Ereignis in der jüdischen Geschichte seine Bewertung. Diese Ereignisse waren nicht Wiederholungen, sondern je einzigartig und werden so auch von Jahwe jeweils einzeln bewertet. So wird die nationale Geschichte zu einer Geschichte der Taten Jahwes, der über allem steht und nicht an eine ursprüngliche Ordnung, wie das für die griechischen Götter angenommen wurde, gebunden ist. Jedes Ereignis zeigt sein Gefallen oder Mißfallen an, kann aus seiner Perspektive gesehen werden.

Erstes Ziel der Verheißungen Jahwes, die vor allen in den Patriarchengeschichten von 1. Mos. immer wiederkehren, war die Überlassung des Landes Kanaan. Nach Auffassung der biblischen Autoren hat Gott den Duktus der Geschichte auf dieses konkrete Ereignis hingelenkt.

Die Patriarchengeschichten sind wahrscheinlich zwischen 950 und 900 v. Chr. entstanden. Die dort angelegte Konzeption der Linearität erhielt durch die Propheten eine wesentliche, in ihrem Rang gar nicht hoch genug einzuschätzende Komplettierung. Nach Auffassung wichtiger Propheten will Gott die Geschichte auf einen Punkt hinleiten, an dem seine Macht und damit die des jüdischen Volkes aller Welt offenbar wird. Wurde in den Patriarchengeschichten vor allem die Erfüllung der Verheißungen Gottes in der Vergangenheit deutlich, so liegt ein Schwerpunkt der prophetischen Aussagen in der Zukunft. Ein Höhepunkt dieser Ausrichtung sind die dem sogenannten Deutero-Jesaja zugeschriebenen Teile des Buches Jesaja, die zwischen 553 und 538 v. Chr. abgefaßt wurden. Hier wird in anschaulichen Bildern (zum Beispiel vom Weiden des Wolfs neben dem Lamm, vom Beifall der Berge, Hügel und Feldbäume, von der Flut der Kamele, die den Reichtum der Welt nach Jerusalem bringen[12]) ein Reich des Friedens ohne Ende ausgemalt. In diese Zukunftshoffnungen wird über das Volk Gottes hinaus die gesamte Menschheit einbezogen, wenn auch die dominierende Stellung Israels als Orientierungspunkt erhalten bleibt. Die prophetischen Aussagen sind in einem Zusammenhang mit den Bedrängnissen der Zeit vor, während und nach dem Babylonischen Exil (597–538 v. Chr.) zu sehen und werden oft als Kompensation für die Leiden gedeutet. Im Sinne dieser Deutung ist eine weitere Schärfung des teleologischen Konzepts im Buch Daniel verständlich, das um 200 v. Chr. verfaßt wurde, als das Spätjudentum durch die Seleukiden einer äußerst scharfen Verfolgung ausgesetzt war. Die Weltgeschichte wird im Buch Daniel als eine Abfolge von vier Reichen konzipiert. Den vier Weltreichen der Babylonier, Meder, Perser und Griechen wird sich das Reich Gottes anschließen. Weiter wird der Zeitpunkt, an dem die endgültige Herrschaft Gottes anbricht, als unmittelbar bevorstehend gedacht. Es entsteht die sogenannte jüdische Apokalyptik. In diesem Zusammenhang werden Berechnungen durchgeführt, in denen unter Benutzung bestimmter symbolischer Zahlen wie 3, 4, 7, 10, 12 und 70 konkrete Angaben über das Ende der Periode der Bedrängnis und den Anbruch der Heilszeit vorgelegt werden.

Der englische Religionswissenschaftler S. G. F. Brandon hat in seiner Schrift „Time and Mankind" überzeugend demonstriert, daß eine besonders ausgeprägte Zukunftsperspektive kein Spezifikum der Weltsicht im Vorderen Orient war, sondern nur im Judentum ausgebildet wurde. Weder im altägyptischen noch im mesopotamischen, griechischen oder römischen Kulturraum erreichte die Zukunftsperspektive die Bedeutung, die ihr im jüdischen Denken zukam.[13] Zu ähnlichen Ergebnissen kommt Cassirer in bezug auf Buddhismus und Taoismus.[14]

Linearität im Christentum

Das frühe Christentum übernahm den Gedanken eines Ziels der Geschichte, das mit der Wiederkunft Christi erreicht sein sollte. Im Mithraskult, der lange Zeit den wichtigsten Rivalen des sich ausbreitenden Christentums darstellte, waren solche linearen Vorstellungen nur rudimentär vorhanden. Die Wiederkunft wurde von den ersten Christen als unmittelbar bevorstehend gedacht. Als das Ende auf sich warten ließ, geschah — vor allem durch Paulus — eine Adaption der jüdischen Tradition, und Christus und die Christen wurden als ein Wendepunkt in der Heilsgeschichte gesehen, die auf das Ziel einer neuen Welt unter der Herrschaft Gottes ausgerichtet ist. Schon bei Paulus lassen sich auch chiliastische Vorstellungen nachweisen, die im Laufe der Kirchengeschichte immer wieder wirksam wurden. Nach diesen Vorstellungen geht dem endgültigen Ausbruch der Gottesherrschaft ein tausendjähriges Reich Gottes auf Erden voran. Markant werden beide Ziele in den letzten Kapiteln der „Geheimen Offenbarung" dargestellt.

Die Wiederkunft Jesu, die das endgültige Heil für die Gemeinschaft mit sich bringen sollte, verlor in der Geschichte des Christentums mehr und mehr an Bedeutung zugunsten des Heils für den einzelnen nach dem Tode als direktem Ziel. Die Lehre vom Fegefeuer ist in diesem Zusammenhang zu sehen. Nur in gesellschaftlichen Ausnahmesituationen spielte die Vorstellung eines unmittelbar bevorstehenden

Endes dieser Welt eine Rolle. Neben den eher transzendenten Zielpunkten der Geschichte erwies sich mit den Missionserfolgen des Christentums ein dritter völlig immanenter als anziehungskräftig. Dieser Endpunkt war die vollständige Ausbreitung des Christentums, die besonders in der Kirche des Mittelalters ein gedankliches Zentrum war.

Alle drei Prozesse zeugen von einer optimistischen Weltsicht: Am Ende wird das Gute siegen, sei es in Gestalt Christi, des geläuterten Christen oder des Christentums, in einem neuen Himmel und einer neuen Welt, im Jenseits oder in einem Reich Gottes auf dieser Welt. Dieser Zukunftsoptimismus wurde in der Folge der reformatorischen Erbsündenlehren, die von einer grundsätzlichen, nicht mehr korrigierbaren Verderbtheit des Menschen ausgingen sowie der jansenistischen Strömungen innerhalb des Katholizismus deutlich abgeschwächt. Die positive Sicht der Zukunft wurde von anderen übernommen.

Linearität in der Neuzeit

Als das Ziel der Geschichte säkularisiert wurde, stiegen in einem Rationalisierungsprozeß aus der Apokalypse die neuzeitlichen Utopien auf. Jene Persönlichkeiten, die Utopien ausarbeiteten, waren in der Regel vom Christentum distanziert. Auf Philosophen und frühe Soziologen wie Hegel und Marx, Condorcet und Comte ging die bisher von der Theologie wahrgenommene Funktion der Interpretation des linearen Geschichtsverlaufs über.

Neben den Utopien sind weitere Phänomene zu verzeichnen, in denen sich Linearität dokumentiert.

Zunächst werden ab dem 16. Jahrhundert in der Philosophie und den Naturwissenschaften Zeitkonzeptionen entwickelt, in denen die Linearität begrifflich gefaßt und ausdrücklich betont wird. Bereits 1602 hatte Francis Bacon in einer Schrift mit dem kurios klingenden Titel „Die männliche Geburt der Zeit" die Auffassung vertreten, die Zeit schreite linear fort. Weitere wichtige Vertreter eines Linearismus waren Petrus Gassendi (1592–1655) und Isaac Barrow (1630–1677). Beide waren ebenso Mathematiker wie Isaac Newton, dessen 1687 vorgelegte Abhandlung über „absolute" und „relative" Zeit einen Höhepunkt der theoretischen Auseinandersetzung mit dem Phänomen „Zeit" darstellt.

Zumindest analytisch muß der allgemeine Fortschrittsgedanke von der Utopie getrennt werden. Gewiß beziehen in späterer Zeit Utopien auch die Vorstellung von Fortschritt mit ein, diese ist aber weniger auf einen Prozeß als vielmehr auf einen zeitlosen Idealzustand gerichtet. Was hier als „allgemeiner Fortschrittsgedanke" bezeichnet wird, ist eine ab dem 18. Jahrhundert wirksame Konzeption, die eng mit der Entwicklung der Wissenschaft und der Technik verknüpft ist und — das ist das Entscheidende — in der ein definiertes Ziel der Geschichte fehlt. Die Naturbeherrschung durch den Menschen und die moralische Perfektion des Menschen werden als unbegrenzt fortschreitend gedacht. Der allgemeine Fortschrittsgedanke ist dadurch viel weiter von den eschatologischen Vorstellungen christlich-jüdischer Provenienz entfernt als die Utopien. Das Fehlen eines Zielpunktes zeigt eine Wende, die der Zeitbegriff in der Neuzeit nimmt. Es werden nicht immer Abschlüsse konzipiert: Zukunft heißt vielfach offene Zukunft. Spätestens seit der Französischen Revolution ist diese Vorstellung manifest. Offene Zukunft bedeutet gleichzeitig ungesicherte Zukunft. Dies ist eine Vorstellung, die, wenn sie nicht positiv besetzt werden kann, erhebliche psychische Belastungen zur Folge hat. Der Unterschied zwischen Utopie und allgemeiner Fortschrittsvorstellung zeigt sich auch in einem weiteren Kriterium. Die Fortschrittsvorstellungen gehen von der Machbarkeit der Zukunft aus, während bei Utopien vom Menschen nicht endgültig zu beherrschende Zwänge die Geschichte zu einem Zielpunkt hindrängen. Der „objektive Geist" etwa entfaltet sich nach Hegel zwangsläufig. Wie wieder am Beispiel Hegels deutlich wird, ist bei utopischen Konzeptionen, in denen dialektischem Denken Raum gegeben wird, die Linearität teilweise verdeckt. Bei der Annahme allgemeinen Fortschritts ist die Linearität deutlich konturiert.

Im 19. Jahrhundert gewann mit dem Historismus eine geistige Strömung bedeutendes Gewicht, zu deren Grundannahmen die Einzigartigkeit und Unwiederholbarkeit geschichtlicher Ereignisse gehören. Diese historische Grundannahme regte zur Vervollständigung der Rekonstruktion des Geschichtsverlaufes an; auch dadurch kam lineares Zeitverständnis zum Tragen.

Negative Konnotationen der Linearität

Neben neuen Ausfaltungen der Linearität sind in der Moderne auch Faktoren zu finden, die das Bewußtsein der Linearität der Zeit abschwächen. Sie stehen in Verbindung mit einer pessimistischen Sicht des menschlichen Lebenslaufs wie der gesellschaftlichen Entwicklung. In der Betrachtung der sozialen Evolution hatten wir schon negativ getönte Elemente registriert, sobald die Vorstellung einer offenen Zukunft in das Zentrum des Fortschrittsgedankens gerückt wurde. Aber da sind noch stärkere Faktoren zu vermerken, die den optimistischen Glauben an ein positives Ziel der Geschichte wie des Menschenlebens zutiefst erschütterten.

War Linearität bis zur Neuzeit eine Zeitvorstellung gewesen, die vor allem auf die Geschichte und ihren Verlauf bezogen wurde, so wurde in den letzten beiden Jahrhunderten das einzelne Menschenleben verschärft unter diese Perspektive gestellt. Mit der Leugnung der Unsterblichkeit der Seele und eines Lebens nach dem Tode, mit der Entwicklung und der weit verbreiteten Rezeption agnostizistischer und atheistischer Vorstellungen kam Linearität in den existentiell besonders erregenden Bereich menschlichen Selbstverständnisses; das Leben wurde als einmaliger Weg von der Geburt zum endgültigen Auslöschen im Tode angesehen.

Weitere Faktoren sind die Theorie Darwins über die Entstehung der Arten, aber auch die neueren Vorstellungen der Astrophysiker über den linearen Ablauf des Geschehens im Weltall seit dem „big bang". Eindeutig ist in der Evolutionstheorie Darwins kein göttlicher Plan und kein Telos ersichtlich. Heute haben sich die Vorstellungen Darwins über die Entstehung der Arten weitgehend durchgesetzt. Von dieser Warte ist der Umfang der Widerstände gegen den Darwinismus und den durch ihn erzeugten Sinnverlust kaum vorstellbar. Selbst der so aufgeklärt und überlegen wirkende George Bernard Shaw schrieb: „Wenn bewiesen werden könnte, daß das gesamte Universum durch solche Zuchtwahl entstanden ist, dann könnten nur Narren und Halunken das Leben noch ertragen".[15] Widerstand wurde der Evolutionstheorie von allen sinngebenden Institutionen entgegengesetzt, die ein Ziel der Geschichte annehmen. Toulmin und Goodfield, die die Geschichte dieser Widerstände skizziert haben, bemerken dazu: „Das Element des Zufälligen, Gelegentlichen im Darwinismus war den Marxisten ebenso zuwider wie den naiveren Christen".[16]

Desorientierung könnten auch die heute diskutierten Thesen über die Entstehung sowie die Ausdehnung und den voraussichtlichen Zusammenfall des Universums hervorrufen. Der Mensch ist, wenn man diese Thesen akzeptiert, eine Episode in einem Prozeß, der unerbittlich nicht nur der Abkühlung dieser Erde, sondern auch dem Ende des Universums entgegenführt. Positive Ziele für die Menschheit sind weder in dieser Konzeption noch in den mit ihr konkurrierenden[17] enthalten. Doch haben diese Forschungsergebnisse bei weitem nicht so viel Resonanz gefunden wie die Darwinschen Theorien. Die Beurteilung des Sachbuchautors Friedrich L. Boschke scheint zutreffend zu sein: „Wir wissen jetzt um die Vergänglichkeit auch des Alls. Es wird noch lange dauern, bis wir begreifen, was das bedeutet und wie wir das Bild unserer Existenz in der Zeit umbauen müssen".[18]

Aber es gab und gibt auch Erfahrungen, die jedermann zur Kenntnis nehmen muß, denen sich niemand entziehen kann und die den Pessimismus zu einer weit verbreiteten Lebensstimmung machen. Erlebnisse, die in dieser Richtung besonders tief wirkten, waren die beiden Weltkriege in diesem Jahrhundert, die für viele den Rückschritt in die Barbarei bedeuteten; das Grauen und das Elend der Jahre von 1914 bis 1918 und von 1939 bis 1945 ließen den Gedanken an steten Fortschritt verblassen. Gefühle der Unsicherheit blieben auch nach dem Wiederaufbau zurück, die durch die Entwicklung der Atomwaffen nach dem Zweiten Weltkrieg noch verstärkt wurden.

Wieder absolutes Dominieren des Zyklischen?

Der Erste Weltkrieg dürfte eine Art endgültiger Wendepunkt in Richtung auf ein düsteres Zukunftsbild gewesen sein. 1923 erschien die endgültige Fassung von Oswald Spenglers „Der Untergang des Abendlandes" (1. Auflage von Band 1 Sommer 1918) und 1934 der erste Band von Arnold J. Toynbees „A Study of History". Ein Teil der überaus starken Resonanz, die diese Schriften fanden, ist sicherlich das Resultat der Faszination, das von den in ihnen enthaltenen Vorstellungen eines zyklischen Geschichtsverlaufs ausging. Worin liegt letztlich diese Faszination des Zyklischen? Zyklische Vorstellungen stellen eine Basis dar, die es dem einzelnen leichter macht, Vertrauen zu entwickeln, durch das „die Komplexität der zukünftigen Welt reduziert"[19] wird und aus dem heraus die Gegenwart entschlossen bewältigt werden kann. Der Kulturhistoriker Ahasver von Brandt charakterisiert das Erleben des Zyklischen treffend so: „Der Mensch ist geborgen in diesem Kreislauf".[20] Er ist nicht Überraschungen und drängenden Entscheidungen ausgesetzt. Der Mensch in modernen Gesellchaften, der dauernden Wandel erlebt und vollzieht, braucht Marksteine der Wiederkehr als ruhende Stellen in einem dauernden Fluß der Veränderungen. Von Brandt sieht auch in der Einführung von Jubiläen als Feiern zur Wiederkehr von vergangenen Ereignissen „einen sehr merkwürdigen Versuch des gesellschaftlichen Unterbewußtseins ... aus der Gefährdung durch den immer rasenderen linearen Zeitablauf in die Geborgenheit der zyklischen Zeit zurückzukehren".[21]

Noch viel deutlicher zeigt das in weiten Kreisen der westdeutschen Bevölkerung bestehende Interesse an Reinkarnationsvorstellungen, daß die Linearität an Bedeutung verliert. Nach einer EMNID-Umfrage von 1979 antworteten 26 Prozent der Probanden auf die Frage: „Glauben Sie an die Wiedergeburt?" mit Ja[22]; Bücher, in denen Reinkarnation propagiert wird, erreichen hohe Auflagen[23]; auch in der modischen weltanschaulichen Strömung, die als „New Age" bezeichnet wird, spielt der Reinkarnationsgedanke meist eine wichtige Rolle.

Wir hatten oben das Altern des Menschen als das wichtigste Ereignis bezeichnet, über das Linearität erfaßt wird. Der Lauf eines Lebens hin zum Tod ist gleichzeitig der den einzelnen am meisten anrührende Aspekt seines Welterlebens. Wenn es kein allgemein akzeptiertes Ziel des Lebens, etwa in einem Jenseits, mehr gibt, dann ersetzt die Zyklik des „Immer wieder" traditionelle Verheißungen. Und wenn zusätzlich die kollektive Zukunft weitgehend mit Angst besetzt wird, wenn „Katastrophe" in Form von „Hungerkatastrophe", „Wasserkatastrophe", „Atomkatastrophe" zum Schlüsselwort wird[24], dann führt die Vorstellung einer wiederholten Existenz in weiteren Leben dazu, daß die so begriffene Gegenwart als Episode in einem langen Zug von Reinkarnationen erscheint. Die Zyklik erweist sich so nicht als Relikt aus der Kindheit des Menschengeschlechts, das zurückzudrängen ist, sondern als Bewußtseinsinhalt, der zu jeder Zeit Stabilität und Zuversicht vermitteln kann. Sie verstärkt sich immer dann wieder, wenn die Linearität keine Hoffnungen mehr für Individuum wie Kollektiv ausstrahlt.

Ergänzende bibliographische Angaben finden sich in meiner Schrift: Soziale Zeit. Umfang, „Geschwindigkeit" und Evolution. Berlin 1985. S. 144 ff. — [1] Z. B. *Gehlen, A.:* Der Mensch. Frankfurt/M.-Bonn, 7. Aufl. 1962. S. 26; sowie ders.: Urmensch und Spätkultur. Bonn 1956. S. 142. — [2] Zum Begriff „weltoffen" vgl. etwa *Gehlen, A.:* Der Mensch (Anm. 1), S. 35. — [3] Zum Begriff der Institution vgl. etwa *Gehlen, A.:* Mensch und Institutionen. In: ders.: Anthropologische Forschung. Reinbek 1961. S. 69 ff. — [4] Vgl. *Eliade, M.:* Der Mythos der ewigen Wiederkehr. Düsseldorf 1953. S. 11. — [5] Ebd., S. 14 (Hervorhebung durch Eliade). — [6] *Cassirer, E.:* Philosophie der symbolischen Formen, II. Teil. Darmstadt, 3. Aufl. 1958. S. 130 (Hervorhebung durch Cassirer). — [7] Vgl. *Eliade, M.* (Anm. 4), S. 71 f. — [8] *van Gennep, A.:* Übergangsriten. Frankfurt/M.-New York-Paris 1986 (frz. zuerst 1908). — [9] *Eliade, M.* (Anm. 4), S. 125. — [10] Vgl. *Goody, J.:* Time: Social Organization. In: David L. Sills (Hrsg.): Encyclopedia of the Social Sciences. Bd. 16. o. O. 1968. S. 35. — [11] *Gehlen, A.:* Urmensch (Anm. 1), S. 258 (Hervorhebung durch Gehlen). — [12] Vgl. Jes. 65,25 sowie 55, 12 und 60,6. — [13] Vgl. *Brandon, S. G. F.:* Time and Mankind. London-New York-Melbourne-Sydney-Cape Town 1951. S. 27 ff. — [14] Vgl. *Cassirer, E.* (Anm. 6), S. 150 ff. — [15] Nach: *Toulmin, St./Goodfield, J.:* Entdeckung der Zeit. München 1970. S. 267. — [16] Ebd., S. 274. — [17] Vgl. ebd., S. 298 ff. — [18] *Boschke, Fr. L.:* Und 1000 Jahre sind wie ein Tag. München 1979. S. 67. — [19] *Luhmann, N.:* Vertrauen. Stuttgart 1968. S. 18. — [20] *von Brandt, A.:* Historische Grundlagen und Formen der Zeitrechnung. In: Studium Generale 19 (1966),S. 726. — [21] Ebd., S. 728. — [22] Nach: *Daiber, K.-Fr.:* Reinkarnationsglaube als Ausdruck individueller Sinnsuche. In: Hansjakob Becker u. a. (Hrsg.): Im Angesicht des Todes. Bd. I. St. Ottilien 1987. S. 209. Bei dieser Interpretation wird vorausgesetzt, daß das Wort „Wiedergeburt", das ja auch etwa als Wiedergeburt in der Taufe gedeutet werden kann, im Sinne von Reinkarnation aufgefaßt wurde. — [23] Hier könnte man z. B. auf die Bücher zweier aus sehr unterschiedlichen Gründen prominenter Autorinnen verweisen: auf Elisabeth Kübler-Ross' „Über den Tod und das Leben danach" und Shirley McLaines „Zwischenleben". — [24] Vgl. dazu *Müller, A. M. K.:* Die präparierte Zeit. Stuttgart, 2. Aufl. 1973. S. 28.

Punktzeit
Zur Zeiterfahrung in der Informationsgesellschaft

Peter Gendolla, Siegen

Moderne Techniken ersetzen menschliche Kommunikation durch apparative Information. Simultanität und Zeitlosigkeit gewinnen an Bedeutung. Zeiterfahrung ist nur noch in Gestalt zerstreuter Einzelwahrnehmungen möglich. Diese „flimmernde Gleichzeitigkeit" verkürzt unsere historischen Dimensionen.

Mit dem Einbau von Mikroprozessoren in die Maschinen der Produktion, des Transports und der Verwaltung, in Kaffee- und Waschmaschinen, vor allem in die Apparate der Kommunikation, die Telefon-, Fernseh- und Rundfunksysteme, verändert sich nicht bloß das Äußere dieser Dinge und der Produkte, die sie auswerfen. Das Verschwinden von Hebeln und Drehknöpfen, kompliziert zusammengefügten Bedienungslandschaften zugunsten glatter Oberflächen mit einfachen Reihen von Sensoren und Leuchtdioden geht einher mit der radikalen Veränderung einer Grunderfahrung unserer Lebenswelt, der Erfahrung von Zeit. Es ist die Form, in der sich die Dinge bewegen und in der sie von den Individuen wahrgenommen werden, ein komplexes Ineinander von physikalischer, objektiver Zeit und innerer, subjektiver Zeit, den Bewußtseinsprozessen von präsenter Wahrnehmung, Erinnerung und Erwartung. Die technologische Manipulation äußerer Bewegungen produziert innere Zeitbegriffe ebenso wie sie von ihnen ausgeht, der techne der Selbstorganisation geistiger Prozesse.

Drei große Zeitbegriffe lassen sich unterscheiden, die im Laufe der Gattungsgeschichte die Lebenswelt bestimmt haben: *zyklische Zeit, lineare Zeit* und *Punktzeit*. In der Geschichte der verschiedenen Kulturen existieren sie durchaus nebeneinander, allerdings mit unterschiedlicher Dominanz. So finden wir in den archaischen und antiken Gesellschaften bis weit ins Mittelalter den zyklischen Zeitbegriff. Erst allmählich und nie vollständig — wohl erst mit der Einführung der exakt geregelten

Prof. Dr. **Peter Gendolla,** geb. 1950 in Harsum/Hildesheim. Studium der Kunstgeschichte, Literatur, Philosophie in Hannover und Marburg. 1979 Promotion, 1987 Habilitation. Lehrt Allgemeine und Neuere Deutsche Literaturwissenschaft an der Universität Siegen. Publikationen zu Literatur und Technologie, Zeiterfahrung, Imaginationstheorie.

Prof. Dr. Peter Gendolla, Universität Gesamthochschule Siegen, Fachbereich Sprach- und Literaturwissenschaften, Adolf-Reichwein-Straße, 5900 Siegen

Federuhren in den Alltag — wird er vom linearen Zeitbegriff, der eigentlichen „technischen" Zeit, abgelöst. Gegenwärtig nun gerät auch diese, eine bestimmte Geschichte mit einem bestimmten Geschichtsbewußtsein transportierende Zeit in Erosion. Ein neuer Zeitbegriff beginnt die Lebenswelten zumindest der westlichen Industriekulturen zu dominieren, die Punktzeit. Das hängt erstens mit den Informationstechnologien zusammen, kaum ein Bereich bleibt von ihnen unberührt. Weder kommen die von was immer aus dem Gleichgewicht gebrachten Herzen ohne den per Mikroprozessor geregelten Schrittmacher wieder in Gang, noch wird die durchseuchte Pflanzenwelt ohne kybernetische Apparaturen erhalten werden können, zu schweigen von den Mutanten, die die Biotechnologie bereits heute und demnächst vermehrt in die Welt entlassen wird. Sie alle leben in jener neuen, unendlich zerstreuten Zeit. Ihrer Entwicklung gilt die folgende Skizze.

Die zyklische Zeit

Wenn der Nil im alten Ägypten über die Ufer trat, das Land überschwemmte und fruchtbare Erde zurückließ, dann war das kein einfaches Naturereignis, unverhofft und nützlich wie heutzutage ein Regen nach langer Trockenperiode. „Natur" im Sinne des von der Zivilisation Getrennten gab es nicht, ebensowenig einen bloßen Zweck oder Nutzen. Vielmehr war das Überschwemmungsereignis erwarteter, notwendiger Bestandteil eines komplexen Gefüges von Himmels- und Erdbewegungen, deren Anordnung und zeitliche Sukzession, Synchronie und Diachronie in den Erzählungen von Isis und Osiris zusammengefaßt wurden. Deren Mythos, wie der Mythos überhaupt, war keine bloße Deutung, symbolische Widerspiegelung der Außenwahrnehmung. Die Erzählung vom Mord an Osiris, der Zerstückelung und Zerstreuung seines Körpers durch Set, das Sammeln der Teile durch Isis und die Wiederbelebung ihres Geliebten gibt den Grund für die immer erneute Fruchtbarkeit der Erde, und sie gibt vor allem Handlungsanweisungen, wann unter welchen Umständen zu säen, zu ernten, zu arbeiten oder zu ruhen ist.

„Der Kalender der Primitiven und der Bauern, der von der mythischen Zeit durchwirkt ist, erweist sich als ein Zyklus, der durch die Wiederkehr eines bestimmten Jagdwildes, durch die Reife einer bestimmten Pflanze oder durch die Feldarbeit markiert ist; die Zeit ist hier eine konkrete, operative Zeit, an der die astronomischen Körper teilhaben, sei es als Mitakteure in einer gewaltigen, techno-religiösen Maschine, sei es als weit entfernte Spender."[1] Der Mythos ist das unabdingbare Gelenk zwischen Naturereignis und menschlicher Praxis, er schließt sie zusammen. Der Mythos schließt einen Kreis, auf dem jedes Element seinen Platz hat, die bestimmte Sternenkonstellation, die das Opfer folgen läßt, der die Überschwemmung folgt. Die Dinge tauchen auf, um wieder zu vergehen, und sie werden mit der gleichen Notwendigkeit wieder erscheinen. Die Ereignisse wechseln, aber sie bleiben sich gleich, nichts erscheint völlig neu, nichts verschwindet für immer. Das mythische Zeitbewußtsein kennt die Veränderung nur als Eintreten des Erwarteten, der Mythos bildet immer erneut die Zeichen dieser abwechslungsreichen, aber in sich völlig homogenen Zeit. Nach ihm ordnet sich der Tagesablauf ebenso wie das Jahr, es ist ein Ring, der in andere Ringe greift, die eine Kette bilden, die wiederum mit anderen zu größeren Zyklen zusammengeschlossen sind, in sich unabhängig, aber einer einzigen Struktur gehorchend.

Der Monotheismus

Wahrscheinlich haben zwei Ereignisse den mythischen Zyklus aufgebrochen und die lineare Zeit zumindest vorbereitet: die Entstehung des Monotheismus und die Erfindung der alphabetischen Schrift. Unter Amenhotep IV. in der 18. Dynastie der Pharaonen erlebte Ägypten zu Anfang des 14. Jahrhunderts v. Chr. eine kurze Phase des Monotheismus. Amenhotep, der sich Echnaton — „dem Aton wohlgefällig" — nannte, setzte die Verehrung des einen Sonnengottes Aton durch, die Reihe der anderen Götter wurde degradiert. Schon bald nach Echnatons Tod 1352 verhalfen die Priester ihren alten Göttern wieder zu den angestammten Plätzen. Einigen, durchaus kontrovers diskutierten Theorien nach, hat hier Israels Monotheismus einen Ursprung und damit der weitere abendländische. Wie immer, mit welcher Intensität oder ob überhaupt ein solcher Einfluß der Aton-Verehrer von Ägypten ins alte Israel bestanden hat, der dortige Jahwe wurde — vorher nur einer der Götter eines polytheistischen Systems — allmählich zur ausschließlichen, allesbeherrschenden Instanz.[2] Mit dieser Instanz erfahren die Elemente des mythischen Weltbilds eine Neuordnung, eine Zerlegung und Zentrierung, die den Zeitbegriff entschieden verändert. Bestimmte Trennungen werden endgültiger. Das Materielle, Irdische, die bloßen Körper werden ganz substantiell von ihrem göttlichen, geistigen Ursprung unterschieden, und sie erleben eine einzige, endgültige Geburt und einen endgültigen Tod. Mit dem Christentum, dem Tod des Gottessohnes erhält dieses Konzept seine repräsentative Fixierung. „Ein Hauptfaktor, der die Zeit als ein Konzept allererster Bedeutung begründete, war die Ausbreitung des Christentums. Seine zentrale Doktrin, die Kreuzigung als *einmaliges*, keiner Wiederholung unterworfenes Ereignis anzusehen, implizierte Zeit eher als lineare denn als zyklische."[3] Die Welt teilt sich in die sichtbaren, dem fortschreitenden Zerfall unterworfenen Erscheinungen, und die unsichtbare, eigentliche, weil zeitlose göttliche Essenz. Diese wird zum Horizont der irdischen Existenz, die möglichst rasch und reibungslos durchlaufen sein will, um in der Zeitlosigkeit anzulangen. Der mythische Kreis wird durchschnitten und aufgebogen, in eine gerichtete Linie mit Anfang und Ende transformiert.

Das Alphabet

Neben dieser Ausrichtung, der Historisierung der Zeit beim Übergang vom Mythos in die monotheistische Religion, spielt die Erfindung des Alphabets in Phönizien um 1400 v. Chr. eine zentrale Rolle für die Anordnung der Ereignisse auf einer geraden Zeitachse. Voraussetzung dafür ist die Entwicklung der Schrift, der Anordnung von Piktogrammen auf waagerechten oder senkrechten Linien. Diese sehr alten Mytho- oder Ideogramme, synästhetische Repräsentationen einer zyklischen Weltordnung, erfahren durch die Erfindung des Alphabets eine entscheidende Änderung: Die Zeichen orientieren und artikulieren sich nicht mehr nach dem mehrdimensionalen Bezug von äußerer Gestalt und Idee, sie gliedern sich vielmehr gemäß der gesprochenen Sprache, der Lautfolge. Erst diese Phonetisierung der Schrift produziert ein Bewußtsein von Gegenwart, eines Vorher und Nachher. Die Schrift ist seitdem nicht mehr das Abbild eines zirkulierenden Immergleichen, sondern Repräsentation der unmittelbaren Gegenwart der gesprochenen Worte, die sie wiederholt und deren zeitliche Reihenfolge sie wiedergibt.[4] Erst hier bekommt die lineare Anordnung auch den Sinn der chronologischen Abfolge, wird die Schrift zum Bild der linearen Zeit. Sie ist die Bewegungsform des logos, der wie der monotheistische Gott zwar ein für allemal in unmittelbarer Selbstgegenwart ruht, aber eben deshalb Ursprung und Ziel des materiellen Seins festlegt. Für Aristoteles etwa wird Zeit zur gezählten Bewegung.

Hier entsteht die okzidentale Ratio, liegt der Ursprung ihrer Techno-logik, die die Erscheinungen nicht mehr in kreisförmige Erzählungen einfügt, sondern nach ihren Ursachen forscht, ihre Kausalität in Formeln und Apparaten abbildet, mit denen sie schließlich in exponentieller Beschleunigung die Erscheinung selbst verändert. Die lineare, technologische Zeit wird durch die alphabetische, phonetische Schrift vorbereitet, sie liegt den mathematischen und physikalischen Erfindungen der Kepler, Newton und Galilei genauso zugrunde wie den beweglichen Lettern Gutenbergs, der Erfindung des Buchdrucks, die die Neuzeit, das Zeitalter der Maschinen, einleiten. Ihr Modell einer gleichmäßigen Segmentierung, wo die Segmente zwar differente Bedeutungen, aber vollkommen gleiche Ausdehnung in Zeit und Raum besitzen, liegt vor allem einer Erfindung des Spätmittelalters zugrunde, der durch Hemmungen exakt geregelten Uhr. Mit ihren Zahnrädern, ihren gleichmäßig schwingenden Pendeln und Unruhen liefert sie gewissermaßen das praktische Bild jener Schrift, der Schrift an sich, wie sie Segment auf Segment von der Zukunft abschneidet und der Vergangenheit hinzufügt, welcher Prozeß die Gegenwart genannt wird. So wird sie zum Herz und Motor, deutlichsten Signifikanten des Maschinenzeitalters, der Epoche der linearen Zeit.[5]

Vom Kloster
zur industriellen Arbeitsmaschine

Es gibt einen Ort, wo die Teleologie des Monotheismus und die Zeitdefinition der phonetischen Schrift sinnfällig ineinandergreifen, wo ideologisch wie praktisch ein Modell der Industriegesellschaften entworfen wird, das Kloster. Es mag abseitig klingen, diese abseitigen Stätten des Betens und Arbeitens als Versuchsstationen der komplexen Vergesellschaftungsformen des Maschinenzeitalters anzusehen, aber unter dem Aspekt ihres Zeitbegriffs sind sie genau dies: Relais, Orte der Transformierung mythischer in lineare Zeitverhältnisse, praktische Erprobungen einer von Präsenzannahmen strukturierten Lebenswelt, die sich dann in ganz anderen Formen säkularisieren und multiplizieren wird. Die frühen Klöster entziehen ihre Mitglieder einer gemäß mythischen Vorstellungen lebenden Umwelt und unterwerfen sie einem nach christlichen Heilserwartungen gegliederten Kalender, vor allem einem streng geregelten, von der Außenwelt *unabhängig nach Stunden* unterteilten Tag.[6] Wohl die ersten Gemeinschaften dieser Art, das sogenannte Cönobitentum, bildete um 320 n. Chr. Pachomius in der thebatischen Wüste Ägyptens. Pachomius ist der Erfinder der ersten Klosterregel, das heißt er entwarf einen nach Stunden präzis organisierten Plan für Gebet, Arbeit, Mahlzeiten und Ruhe. Diese in ihrem Ursprung und auch ihrer Geschichte immer wieder antistaatliche und antikirchliche — gegen die Kirche der Bischöfe und des Papstes gerichtete — Institution etabliert ein neues Verhältnis zur Zeit: Die irdische Existenz ist gerichtet auf die eigentliche Zeit im Jenseits; im Kampf, der Abwendung von irdischen Genüssen werden die seelischen Qualitäten für die kommende Zeit, das eigentliche Leben nach dem Leben erworben.

Sehr bald, mit der Ausbreitung des Klosterwesens nach Europa, insbesondere mit der Gründung Benedikts von Nursia im 6. Jahrhundert und der immensen Wir-

regel, wird eine weitere Aufgabe mit den Klostergesellschaften assoziiert. Sie entwickeln sich zu den eigentlichen Zentren der Schriftkultur.[7] Ohne die Klöster wüßten wir nichts oder jedenfalls sehr wenig von den Kulturen Alexandriens, Griechenlands oder Italiens, von den Debatten der Manichäer oder Arianer, von den antiken Mythen. Genauer gesagt wissen wir immer noch sehr wenig, unendlich viel ist diskriminiert, ignoriert worden, sind die Texte des mythischen Vorstellungskreises als falsches, abergläubisches Ideengut eben *nicht* gelesen, abgeschrieben und tradiert worden. Vielfach nur als Zitat, signifikanter Ausschnitt in Beweisgängen christlicher Autoren gegen den Mythos wurden die alten Texte erhalten. Auch dies wirft ein Licht auf die enge Kongruenz von phonetischer Schrift und Monotheismus, von logos und Gott, die Auflösung der mythischen *Erzählung* durch das logische *Argument,* das mit der absoluten Präsenz gesetzt wird. Für die frühchristlichen, griechisch-lateinisch gebildeten Autoren, etwa den wichtigsten Übersetzer der heiligen Schrift ins Lateinische, Hieronymus, sind logos und Gott *ein* Wesen. Insbesondere Augustinus wird mit dem „Gottesstaat" zu einem der schärfsten Kritiker der zyklischen Zeitvorstellung zugunsten eines linearen Konzepts. Die mythischen Texte werden aufgeschnitten, parzelliert, in die Eschatologie der christlichen Schriften eingefügt. Der Monotheismus und die phonetische Schrift erfinden die Gegenwart, und mit ihr Vergangenheit und Zukunft, den Dreischritt der linearen Zeit, eben durch die Annahme einer absoluten, „zeitlosen" Präsenz, des vom Zerfall der Materie befreiten Jenseits. Ihre fundamentale Orientierung auf diese absolute Zukunft durchtränkt nach und nach die Vorstellung der westlichen Kulturen, definiert, organisiert nicht allein das kultische, vielmehr in

einem bestimmten Sinne das ökonomische, politische, soziale Handeln. Als Zeitstruktur, Organisation des Lebens nach Maßgabe eines künftigen Zwecks, einer zu realisierenden Idee, beherrscht es die individuellen wie kollektiven Bewegungen auch da, wo unmittelbare Gottesvorstellungen längst vergangen sind, authentische Religionsübungen tatsächlich nur noch im Kloster stattfinden.

Die lineare Zeitstruktur entspringt ideo- oder theologisch aus dem Monotheismus, technologisch aus der phonetischen Schrift. Beide entwerfen immer eine Teleologie: ein höheres Lebensziel, die Aufhebung der Materie im Jenseits, die Theologie; einen Zweck, ein Sein „um zu", begründetes und gerichtetes Sein die Schrift. Dieser Grund und Zweck löst sich als reine Kausalität, als Logik und Mathematik von den ideologischen Kontexten, geht als Techno-Logik in die Entwicklung der neueren Naturwissenschaften seit dem Spätmittelalter ein. Die lineare Zeitstruktur erlaubt so erst zwei Entwicklungen, die das Industriezeitalter prägen, nämlich die protestantisch-calvinistische Ethik, das effektive Wirtschaften fürs Jenseits, den radikal ökonomisch kalkulierenden Menschen auf der einen Seite und die nach der puren Kausalität konstruierte Maschine, die alle Natur in verarbeitetes Material verwandelt, auf der anderen Seite. Mit dem Protestantismus, dem asketischen Monotheismus, wird in direkter religiöser Begründung der primär ökonomisch, zeitökonomisch handelnde Mensch hervorgebracht. Die Zeit als Möglichkeit der Erhöhung oder des Verfalls von Produktion, Umsatz, Verbrauch, die beschleunigte oder verlangsamte Zeit wird zentrales Objekt des Denkens und Handelns der Personen. Vom Handwerk über die Manufaktur zur großen Industrie wird der Konnex, das Ineinandergreifen psychischer Dispositionen mit den Produktionsmaschinen enger, und zwar über das Relais der Zeit. Jeder Produktionsprozeß wird nach Zeitgesichtspunkten zerlegt, in einfachste, regelmäßige Abschnitte nach Vorgabe der Uhr. Menschliche und maschinelle Anteile werden zu einem System transformiert, das sein Produkt in möglichst kurzer Zeit zu erzeugen hat. Die Beschleunigung, die Erhöhung sowohl des Produktionsausstoßes wie auch der Vielfalt der Produkte, ebenso natürlich ihr rascher Verfall, ihr Veralten aufgrund eines gesteigerten Innovationsdrucks, all das ist der linearen Zeit inhärent. Wo die Zeit als *kommende Zeit* erfahren wird, werden alle Anstrengungen auf die Beschleunigung, die Annäherung an jene immer ferne Zukunft gerichtet.

Der Zeitdruck des Krieges

Letztlich gibt es nur eine Möglichkeit, diesem für die lineare Zeit konstitutiven Dilemma, das mit jeder noch so gesteigerten Beschleunigung die Zukunft selbst nie erreicht werden kann, zu entkommen. Es ist die katastrophische Auflösung der Zeit, ihre Explosion, gewaltsame Aufsprengung. Von jeher haben die monotheistischen Religionen an Beginn und Ende ihrer Konzeptionen des Weltverlaufs solche Katastrophen kalkuliert, Sintflut und Weltenbrand, und sind ganz praktisch die höchsten physikalischen Beschleunigungen mit Zerstörungstechnologien erzielt worden, mit Geschossen, Granaten, Bomben, sind in globalen Aufsprengungen aller organischen und anorganischen Materie kulminiert, im Krieg. Auf den Krieg, die plötzliche Auflösung der Dimensionen, zielt schließlich die gewaltsame Verspannung der Materie im Raum, die von linearen Zeitkonzepten vorgenommen wird. Diese parzellieren, segmentieren, zerstückeln jeden Stoff, um ihn einer künftigen Gestalt

einpassen zu können, und zerlegen jede erreichte Gestalt aufs neue für jene eine Noch-nicht-Zeit. So versetzen sie die Dinge in eine Beschleunigung auf jenen unbegreifbaren aber umso wirksameren, allgegenwärtigen Zukunftspol hin.

Alle gesellschaftlichen Anstrengungen der sogenannten Neuzeit, die von den naturwissenschaftlichen Entdeckungen der Kräfte, der mechanischen, chemischen, magnetischen, elektrischen bis schließlich den atomaren Kräften bezeichnet wird, sind auf solche Beschleunigungen gerichtet, sind durch die Suche nach der Kraft, die die Teilchen, welcher Art auch immer, auf sich hin beschleunigt, gekennzeichnet. Ebensogut kann diese Neuzeit aber auch durch die Apparaturen und Maschinen bezeichnet werden, in denen jene Kräfte praktisch wirksam werden, die Maschinen der Produktion, des Handels und Verkehrs, mit denen die Dinge in Bewegung gesetzt werden. Von der Manufaktur über die Fabrik des 19. zur Bandarbeit des 20. Jahrhunderts, vom eotechnischen Transport über den Eisenbahnverkehr zum Düsenflugzeug, von den „ein-Leben-lang" haltenden Produkten des Handwerks zum Plastikbecher ist es die Beschleunigung des Materieumlaufs, die die ökonomischen, sozialen, politischen Anstrengungen zumindest der westlichen Gesellschaften bestimmt. Sie alle finden ihre wiederholte Auflösung, ihren abrupten, unverhofften, aber ganz zwingenden Abschluß im Krieg, das heißt in den „kleinen" Kriegen des 18. und 19. Jahrhunderts — die aber schon vollständig, etwa die Napoleonischen, unter dem Druck der Zentralisierung des Raums, das heißt nichts anderes als der Beschleunigung von Produktion, Transport und Konsumtion, standen — wie in den beiden „großen" Kriegen des 20. Jahrhunderts, vorerst zu schweigen von den zirka 160 Kriegen oder kriegerischen Handlungen, die seit 1945 stattgefunden haben und soeben stattfinden. Die erwähnten Maschinen der Produktion und des Transports arbeiten im Hinblick auf die Zeit direkt auf die Kriegsmaschinerien zu, mit denen erst die angestrebten Höchstbeschleunigungen erzielt werden können. Nur an den Montagebändern der Fabriken können so viele und so schnell Teile für Eisenbahnen, Schiffe und Flugzeuge, für Panzer und Kanonen produziert werden, mit denen dann die verschiedenen Geschosse in ihre Ziele befördert werden. Diese Explosivgeschosse schließlich bewirken nichts als die Zerstückelung und rasante Beschleunigung der Teile im Raum, ihre katastrophale Zerstreuung. Der innerste in der Struktur der linearen Zeit wirksame Antrieb ist bereits selbst gewaltsam, er realisiert sich nur konsequent im Krieg, in der Unterbrechung der Zeit.

Zerstreuungen

Nicht die spezielle Relativitätstheorie oder die Quantenmechanik, nicht Düsenflugzeuge und Raumfahrt, auch nicht die Psychoanalyse, Joyce oder der Surrealismus lösen in unserem Jahrhundert den linearen Zeitbegriff auf. Diese kulturellen Revolutionen spielen sich zwar in der Auseinandersetzung mit dem linearen Zeitkonzept ab, in der Malerei etwa bilden Impressionismus und Pointillismus eine entscheidende Grenze, von der ab die Bilder keine Geschichten, sondern simultane Zustände repräsentieren, oder beginnt in der Literatur mit dem inneren Monolog des Bewußtseinsstroms die radikale Ablösung von den klassischen Schemata. Tatsächlich ist es aber die Erfahrung des Krieges, der innersten und äußersten Konsequenz von nach linearen Entwürfen imaginierenden, produzierenden, konkurrierenden Gesellschaften, die diese Entwürfe abrupt unterbricht und in alle Winde zerstreut. Natürlich bereiten Theorien und Techniken das vor, arbeiten Diskurse und Maschinen am gleichen Projekt, den Bedingungen und Wirkungen der eindimensionalen Zeit, die sie immer häufiger in Frage stellen. So bleibt die spezielle Relativitätstheorie zwar ganz in den Parametern der Newtonschen Mechanik, denkt sie nur Implikationen des linearen Konzepts einmal konsequent zu Ende. Aber so gelangt sie sehr bald zu simultanen und sehr verschiedenen Zeit-Räumen, das heißt zur Auflösung des Zeitkontinuums aus seinen eigenen Voraussetzungen. Oder Ernst Machs bereits 1872 formulierte Analyse der logischen Struktur des Energieerhaltungssatzes: Für alle physikalisch irreversiblen Energieumwandlungsprozesse – und das sind nach dem zweiten Hauptsatz der Thermodynamik, der die Richtung der Zeit definiert, so ziemlich alle – gelangt Macht darin zur Kritik des Ursache-Wirkungs-Postulats, einer „müßigen Ansicht".[8] Auch diese Aufhebung einer zentralen Implikation der linearen Zeit ist durchaus konsequent, das Konzept enthält von Anfang an seinen immanenten Sprengstoff. Aber das sind, wie gesagt, nur Anzeichen der Zerrüttung, wenn sie sich auch zu Beginn des Jahrhunderts häufen, zwischen den beiden Kriegen endemisch auftreten, in sämtlichen sozialen Bereichen.

Zur globalen Entladung gelangt jener Sprengstoff erst im Krieg. Für den Krieg, im Krieg oder als Wirkung des Krieges werden jene industriellen und kulturellen Technologien entwickelt, die schließlich als Informationstechnologien mehr und mehr die Erfahrung von Zeit in den gegenwärtigen Gesellschaften bestimmen. Die Aufsprengung des linearen Zeitkonzepts wird von ihnen keineswegs rückgängig gemacht, ein Kontinuum irgendeiner Art rekonstruiert. Das mag mit dem Blick auf die informationelle Vernetzung der Erde und des Weltraums so scheinen. Tatsächlich wird die Auflösung, die Transformation der Lebenswelten in frei bewegliche, heterogene Partikel weitergetrieben, die Zerstreuung jeder Zeiterfahrung. P. Virilio hat diese Entwicklung der letzten Jahre mit der größten Aufmerksamkeit verfolgt. Er vergleicht die neuen Zeit-Räume mit den Konzepten der Quantenmechanik. „Es ist der Raum des Wirkungsquantums, einer Bild-Form, der zwar keine Wirklichkeit mehr entspricht, die aber die klassische Physik, den Newtonschen Zeit-Raum, außer Kraft gesetzt hat, und damit auch die strategischen und taktischen Bezugssysteme, die noch ein Davor und Danach, eine Gegenwart, eine Vergangenheit und eine Zukunft voraussetzen — ein System der Zeit- und Raumeinteilung, in dem die Protagonisten noch eine klar unterscheidbare Identität und einen klar unterscheidbaren Willen besaßen, in dem sie eine Stellung, eine Einstellung und Ausrichtung ihrer Kräfte besaßen. Heute hingegen verwischen sich Willen und Identität im Gewirr eines Geschwindigkeitsraumes, in dem sich Charaktere und Merkmale gegenseitig austauschen und ersetzen." [9]

Minimale Zeit

Der naturwissenschaftliche Beginn der Computergesellschaft muß wohl in N. Wieners Begründung der Kybernetik und C. Shannons Formulierung der Informationstheorie gesehen werden, beides für sich ganz abstrakte Theorien über die Natur von Regelungsvorgängen und den quantitativen Informationsgehalt von Nachrichten. In beiden spielt aber die Zeit eine zentrale Rolle, und zwar die minimale Zeit, Zeitpunkte. Genau unter dem Aspekt dieser radikal verkürzten Zeit wurden kybernetische oder informationelle Appara-

turen dann praktisch wirksam, insbesondere militärisch. Die Kybernetik untersucht, welche Regulatoren in einem System vorhanden sind, die Soll- und Ist-Werte vergleichen, deren Abweichungen korrigieren, und zwar augenblicklich, möglichst bevor ein falscher Wert an ein anderes System weitergegeben wird, das heißt die automatische Steuerung eines Systems in kürzester Zeit. Die Informationstheorie untersucht, welche Menge an Informationen *gleichzeitig* über einen gegebenen Kanal transportiert werden kann, unabhängig von Inhalt oder Bedeutung. Shannon entwickelte sie ausgehend von solchen quantitativen Problemen bei der Telefonübertragung. Information definiert nichts als den Ist-Zustand eines Systems zu einem festen Zeitpunkt, und Informationsübertragung die Weitergabe dieser von der Substanz oder den Elementen des Systems ganz unabhängigen Relation an ein anderes System in möglichst kurzer Zeit, im Idealfall der höchstmöglichen, der Lichtgeschwindigkeit.

Praktisch wirksam wird dies unter den Anforderungen der Kriegstechnologien. Auch die ganz normale Produktion steht, wie gesagt, unter Zeitdruck, aber nur in der militärischen hat die Zeit immer gleich tödliche Konsequenzen, umgekehrt proportional zur Geschwindigkeit der eigenen Aktion und Reaktion steht oder fällt die eigene oder die andere Seite. So ist die menschliche, an die Zeiten des Körpers gebundene Betätigung der Waffen schon bald, mit der Entwicklung der Fernwaffen schon völlig unzulänglich, sind die Hand und das Auge viel zu ungenaue, vor allem zu langsame Organe, um die modernen Waffen zu kontrollieren. Hier entfalten Kybernetik und Informationstheorie ihr vornehmstes, bis heute innovativstes Anwendungspotential. Der moderne Kampfplatz ist das automatische Schlachtfeld, überflogen von selbsttätig ihre Programme korrigierenden und so ihre Ziele findenden Exocet und cruise missile, von Interkontinentalraketen, die ihre Mehrfachsprengköpfe bereits 100 Kilometer über der Erde verstreuen, von wo aus diese sich wieder autonom ihre Ziele suchen. Das Ganze steht unter dem Zeitdruck nicht mehr von Tagen oder Stunden, sondern letztlich unter dem der Gleichzeitigkeit, der Simultaneität der Vorgänge. In Bruchteilen von Sekunden müssen Computer entscheiden, ob ein Alarm falsch war oder zu Recht gegeben wurde, denn der Anflug der Raketen dauert nur noch wenige Minuten. „Die alten Fernrohre der Astronomie, das Teleskop Galileis werden von einer ferngesteuerten Vernichtung abgelöst, welche im Nu oder beinahe im Nu eintritt, unabhängig von Entfernung und Zielstreuung... Der Schlagabtausch der Vernichtungsmittel verbindet sich dergestalt mit dem Informationsabtausch der Kommunikationsmittel: Die Augenblicklichkeit, mit der das Bild auf dem Fernsehschirm erscheint, verwandelt sich in ein augenblickliches Zielen, genauso nicht unterscheidbar wie die militärischen Ereignisse bei der Auslösung der Vergeltungsschläge, auf der die Abschreckung beruht." [10] Es gibt keine Fronten mehr im eigentlichen Sinne, vielmehr eine Art hochexplosiver Wolken, die sich mit größter Beschleunigung bewegen, und die in kürzester Zeit alle geordneten Formen, alle organischen oder anorganischen Architekturen in das archaische Vorbild einer gleichmäßig zerstreuten Unordnung verwandeln, in Wüste. So ist es auch nur konsequent, wenn die quantitativ wie qualitativ höchste informationstheoretische Intelligenz, zu schweigen von den Dollarsummen, derzeit auf ein Projekt gewendet wird, das besagte aggressive Wolke in den Griff bekommen soll, auf SDI. Diese noch immer „Verteidigungs"-Initiative genannte

Anstrengung — während Angriff und Verteidigung tendenziell ununterscheidbar werden, zu einem einzigen globalen, momentanen Ex- und Implosionsakt — hat zwei zentrale Probleme: die Entwicklung zielgenauer Laser, Teilchenbeschleuniger, die ihre Objekte in Lichtgeschwindigkeit zerstören, und die Konstruktion eines Supercomputers, der zirka 15 Milliarden Informationen auf einmal bearbeiten kann. Nicht mehr die lineare, mit dem menschlichen Wahrnehmungsvermögen registrierbare Zeit beherrscht die Militärstrategien, die Spitze der sozialen Evolution, sondern die Logik simultaner Operationen, die Punktzeit. [11]

Die militärische Forschung ist der Motor der neuen Technologien, der sogenannten Hochtechnologien, zumindest was die Geschwindigkeit der entwickelten Systeme anlangt. Mehr und mehr geht es dabei nicht um die Geschwindigkeit von Körpern — Transportfahrzeugen, Geschossen, Menschen —, auch wenn deren Auflösung immer der Horizont und Orientierungspunkt allen militärischen Denkens bleibt. Vielmehr geht es um die Geschwindigkeit der Information, ihrer Übertragung und Verarbeitung; diese beherrscht die militärischen wie die nichtmilitärischen Bereiche.

Man kann von einer Aufspaltung aller materiellen Bewegungen sprechen, die von den neuen Technologien vollzogen wird. Jeder Prozeß wird daraufhin untersucht, was an ihm Informationsprozeß ist oder in einen solchen transformiert werden kann. Dieser wird herausgefiltert und in einer eigenen Apparatur konzentriert, der Rest wird zum Träger der Information oder zum informierten, durch Informationen regulierten Objekt. Diese Aufspaltung hat enorme Auswirkungen auf die Zeit, die Dauer der Bewegungen. Überall, wo solche Informations- oder Regelungstechniken konstruiert und eingesetzt werden können, verkürzt sich die Bewegung radikal, ob Produktions- oder Transportbewegung. Das Postwesen bietet dafür anschauliche Beispiele. Solange Nachrichten zu Pferd, Postkutsche oder Eisenbahn transportiert wurden, war die Information direkt an den Transportkörper gebunden, das heißt an dessen Geschwindigkeit. Mit der Entwicklung des Telegrafen, des Telefons, der Fernseh-, Rundfunk-, der Kabel- und Satellitensysteme ist die Bewegung größerer materieller Körper prinzipiell überflüssig geworden. Die Information bewegt sich mit der Geschwindigkeit der Elektronen-, Radar-, Licht- und Laserstrahlen, tendenziell wird sie, zumindest für das menschliche Wahrnehmungsvermögen, simultan verfügbar. Es ist die Tendenz der Verdichtung und Ausbreitung der Informationssysteme, und zwar der militärischen wie der nichtmilitärischen — dieser Unterschied ist eh rein politisch und wird mit der zunehmenden Abhängigkeit der Politik von den Informationssystemen eingeebnet —, also die globale Vernetzung, welche die stärksten Auswirkungen auf das soziale und individuelle Handeln, die politischen Konstruktionen und subjektiven Selbstentwürfe hat, eben im Hinblick auf ihre Situierung in der Zeit, auf die Zeiterfahrung. Die Abspaltung und Vernetzung von Informationssystemen, die Entwicklung kleinster Selbststeuerungen, der Mikroprozessoren, und größter Datenverarbeitungsanlagen, der Supercomputer, ermöglichen die Verselbständigung von immer mehr Individuen, Gruppen, Gesellschaften, Lebenswelten. Von der Entwicklung kleinster Handwerks- oder Haushaltsmaschinen über die automatisch gesteuerten Schnellzüge bis zur Installation einer Satellitenschale um die Erde werden immer mehr Prozesse autonom, von längerfristigen raum-zeitlichen Strategien unabhängig. Ganz im Gegensatz zum Augenschein bewirkt die informationelle Vernetzung keine Verbindung der Individuen und Gesellschaften, sondern eine neue Partikularisation, eine Zerstreuung in Zeit und Raum von noch längst nicht absehbarer Qualität.

Ersetzung von Kommunikation durch Information

Mit einem — zugegeben — polemisch aufgefaßten Schlagwort könnte man den ganzen Prozeß als Ersetzung von Kommunikation durch Information bezeichnen. Im Maße, wie nämlich die Information in Apparaturen verselbständigt wird, wird sie ja nicht bloß für die Benutzer schneller und freier verfügbar. Zunächst wird sie aus ihnen herausverlagert, oder umgekehrt werden Menschen durch Einsatz von Informationstechnologien aus Prozessen herausgesetzt, aus integralen Bestandteilen eines Arbeits-, eines Handlungsprozesses werden sie erst zu Benutzern von Informationen, vor, neben oder nach denen jene Prozesse jetzt selbstgesteuert ablaufen. Jene zwingenden Verbindungen, die den arbeitenden und sprechenden Menschen in einen Konnex mit den anderen einspannten, mit denen er sich auf jener linearen Achse entwarf, werden durch die Informationstechnologie weitgehend zerbröselt. In diesen notwendigen Verbindungen — das meint hier Kommunikation — war er auf ein bestimmtes Gedächtnis, auf ein bestimmtes, in die Zukunft gerichtetes Zeitbewußtsein angewiesen, funktionierte die Erinnerung als Stachel für das, was nie mehr oder hoffentlich wieder passieren sollte. Indem aus diesem gleich imaginären wie realen Konnex so etwas wie reine Daten, Informationen genommen und in ein externes System eingespeichert werden, verlieren sie den kommunikativen Charakter, ihre Bedeutung für Arbeits-, Jahres-,

Lebenszeiten. Sie gewinnen statt dessen die Dimensionen der Elektronik, der Zugriffszeiten, die besondere Zeitlosigkeit, Simultaneität der Punktzeit. So arbeiten zwei Begegnungen aufeinander zu: Die informationellen Apparaturen, mit denen Produktions-, Transport- oder welche Prozesse auch immer gesteuert werden, werden autonomer, das heißt tendenziell zu jeder Zeit funktionsfähig und unabhängig von subjektiven Entwürfen. Diese wiederum, die Personen, da sie die Informationen für ihre Handlungen ebenfalls jederzeit abrufen können, unabhängig von biologischen oder sozialen Rhythmen, Zyklen, Linien, da sie nichts mehr erinnern müssen, so wenig, wie sie es vergessen können, bewegen oder besser halten sich in einem durchaus neuen, eigenartig gleichmäßigen, spannungslosen oder höchst gespannten Schwebezustand, jederzeit des Glücks oder der Katastrophe gewärtig, die ganz ohne Grund aufspringen oder über ihnen zusammenbrechen können. Dieser besondere Zustand einer ständig gespannten und ständig gelangweilten Aufmerksamkeit, der jede Beteiligung an Vergangenem oder Künftigem überflüssig erscheinen muß, diese gespannte Zerstreutheit ist Voraussetzung und Produkt jener Technologien, die die erwähnte Ersetzung von Kommunikation durch Information am greifbarsten betreiben, der sogenannten neuen Medien.

Momentane Kontakte

Es mag richtig sein, daß Rundfunk und Fernsehen, Video und Bildtelefon Menschen in Kontakt treten lassen, die ohne diese Medien nie etwas voneinander erfahren hätten. Wichtig ist aber, *wie* das geschieht, und hier wird die neue Zeitdimension, aus dem Druck der linearen Zeit entstanden, aber durchaus von anderer Quali-

tät, am deutlichsten sichtbar. Es handelt sich in aller Regel um Momentankommunikation, um den Austausch von Ist-Zuständen auf der einen oder anderen Seite des Kommunikationskanals, um Information eben und nichts weiter, die von den neuen Medien transportiert wird. Es ist die Verkürzung, Schrumpfung, Minimalisierung der historischen Dimension, die aus den technologischen Bedingungen dieser Kommunikation entspringt. Diese trennen den sprechenden, hörenden, wahrnehmenden und agierenden Körper radikal auf, konstruieren Kanäle, in denen die aus der Synästhesie gelösten körperlichen Aktionen und Reaktionen jetzt als einzelne, digitalisierte Seh-, Hör-, Geruchs- oder Tast-Informationen weitergegeben werden. Diesen isolierten, körperlosen Charakter behalten sie, auch wenn sie wieder zu sprechenden Bildern zusammengesetzt werden, aus den Leuchtpunkten der Diodenröhre das Fernsehbild, und auch noch, wenn sie als plastische Holografien wiedererstehen. Der seiner selbst bewußte Körper, der sich im linearen Zeitkonzept auf eine — möglichst bessere — Geschichte hin entwarf, verliert diesen Entwurf in dem Moment, wo er ihn als Datenkomplex einer selbstgeregelten Apparatur übergibt. Genau das aber ist das praktische, individuell wie sozial derzeit in Angriff genommene Projekt, das mit den Schlagworten der Informations- oder Mediengesellschaft nur angedeutet wird, deren Zeitdimension vielleicht noch am ehesten vom Begriff der Posthistoire eingefangen wird, denn es war und ist ja tatsächlich die Post einer der Hauptbetreiber dieses Projekts. Der durch den Krieg, durch den globalen Choc ausgelöste Zusammenbruch der Zeitentwürfe wird durch die neuen Technologien systematisch und ubiquitär. Die in ihrer Geschichte unterbrochenen Gesellschaften suchen neue Konzepte zu produzieren, und das gelingt in der Tat. Nur sind es durchweg Medienkonzepte, eine flimmernde Gleichzeitigkeit der ältesten wie der jüngsten Bilder und Modelle, die in der nächsten Sekunde wieder anderen Platz machen müssen. Das ermöglicht eine unglaubliche, bisher nicht existierende Intensität des Bildvergleichs, der raschen Erregung der Augen und Ohren, die diffizile Sensation der Sinne. Altern oder gar sterben können sie allerdings nicht mehr, dazu fehlt ihnen die Zeit, in der sie sich erinnern könnten.

[1] *Leroi-Gourhan, A.:* Hand und Wort. Frankfurt/M. 1980. S. 393. — [2] *Lehmann, J.:* Moses, der Mann aus Ägypten. Hamburg 1983. — [3] *Withrow, H. G.:* Reflections on the History of the Concept of Time. In: Studium Generale 23 (1970), S. 503. — [4] *Leroi-Gourhan, A.* (Anm. 1), S. 237 bis 265. — [5] *Maurice, K.* (Hrsg.): Die Welt als Uhr. Deutsche Uhren und Automaten 1550 – 1650, Ausstellungskatalog. München/Berlin 1980. — [6] *Zerubavel, E.:* Ritmi nascosti. Bologna 1985. Kap. 2, II. — [7] *Frank, K.-S.:* Grundzüge der Geschichte des christlichen Mönchtums. Darmstadt 1975. — [8] Siehe *Breger, H.:* Naturwissenschaftlicher Energiebegriff und historische Kritik. In: C. Gehrke (Hrsg.): Konkursbuch 14, Natur und Wissenschaft. Tübingen 1985. S. 75 bis 94. — [9] *Virilio, P.:* L'Espace Critique. Paris 1984. Davon Teil V, deutsch von M. Karbe, in: Tumult 7, Wetzlar 1985. S. 25. — [10] *Virilio, P.* (Anm. 9), S. 22. — [11] *Virilio, P.* (Anm. 9), S. 133.

Zeit-Verhältnisse
Über die veränderte Gegenwart von Zukunft und Vergangenheit

Hermann Lübbe, Zürich

Die Dynamik der wissenschaftlich-technischen Zivilisation bleibt auch für unsere Zeitstrukturen nicht ohne Auswirkungen: sie läßt Gegenwart schrumpfen. Die Zeiträume, die uns für die Verarbeitung des zivilisatorischen Wandels zur Verfügung stehen, werden kleiner, das Profil der Zeitanforderung, der wir unterliegen, ändert sich in entscheidender Weise.

Es ist meine Absicht, auf einige Änderungen unseres kulturellen Verhältnisses zur Zeit aufmerksam zu machen, die sich als Konsequenzen der Dynamik in der Evolution unserer wissenschaftlich-technischen Zivilisation verstehen lassen. Exemplarisch für unser modernes kulturelles Zeit-Verhältnis ist die immer noch zunehmende Intensität unserer Zuwendung zur Vergangenheit. Am Vorgang progressiver Musealisierung unserer kulturellen Gegenwart ist das ablesbar. Die Museumsdichte nimmt dramatisch zu. Für das Jahr 1971 zählte das Handbuch der Museen für die Bundesrepublik Deutschland mehr als 1500 Museen. Zehn Jahre später lag deren Zahl bereits bei knapp 1800. Vielleicht meint mancher, das sei spezifisch deutsch und überdies Ausdruck eines gewissen Mangels an Modernisierungsbereitschaft, dessen wir uns selbstkritisch im Augenblick ja gern bezichtigen. Dazu läßt sich sagen: Ganz unabhängig von deutschen Sonderproblemen und Son-

derbefindlichkeiten scheint die am Musealisierungstrend ablesbare Vergangenheitszugewandtheit generell mit dem Tempo zivilisatorischer Modernisierung zuzunehmen. Die Schweiz, zum Beispiel, wird ja in

Prof. Dr. **Hermann Lübbe,** geb. 1926 in Aurich/Ostfriesland. Studium der Philosophie und mehrerer sozialwissenschaftlicher Disziplinen in Göttingen, Münster, Freiburg i. Br., 1951 Promotion in Freiburg, 1956 Habilitation an der Universität Erlangen. 1956 bis 1963 Tätigkeit als Dozent und Professor an den Universitäten Erlangen, Hamburg, Köln und Münster. 1963 bis 1969 ord. Professor für Philosophie an der Ruhr-Universität Bochum. 1969 bis 1973 ord. Professor für Sozialphilosophie an der Universität Bielefeld. Seit 1971 ord. Professor für Philosophie und Politische Theorie an der Universität Zürich. Zahlreiche Buchpublikationen, u. a.: Zwischen Trend und Tradition. Überfordert uns die Gegenwart? Zürich 1981; Zeit-Verhältnisse. Zur Kulturphilosophie des Fortschritts. Graz, Wien, Köln 1983; Religion nach der Aufklärung. Graz, Wien, Köln 1986; Politischer Moralismus. Der Triumph der Gesinnung über die Urteilskraft. Berlin 1987.

Prof. Dr. Hermann Lübbe, Philosophisches Seminar, Universität Zürich, Rämistraße 71, 8006 Zürich/Schweiz

wirtschaftlicher Hinsicht und damit auch im Hinblick auf die wissenschaftlichen und technischen Voraussetzungen wirtschaftlicher Erfolge niemand ein rückständiges Land nennen wollen. Ganz im Gegenteil ist insoweit hier die Modernisierungsbereitschaft besonders groß, aber desgleichen auch, komplementär dazu, der Musealisierungswille. Wollten, bevölkerungsbezogen, die Deutschen so viele Museen haben, wie die Schweiz sie bereits hat, so müßten sie die Zahl ihrer Museen noch um das Zweieinhalbfache vermehren.

In der Präsentation von Zahlen, die statistisch den behaupteten kulturellen Musealisierungsprozeß spiegeln, ließe sich endlos fortfahren. Eine einzige Zahl sei noch genannt. Sie hat die Eigenschaft, daß man sie, sofern man nicht professionell

sachkundig ist, eher für unwahrscheinlich halten möchte und daher auch kaum erraten wird, nämlich die Zahl der Museumsbesucher in Deutschland. Sie hat sich in den letzten Jahren jahresbezogen jenseits der Fünfzigmillionengrenze eingependelt. Kurz: Das Vergangenheitsinteresse hat die Massen ergriffen. Es handelt sich hier um einen Bestand von erstrangiger kultureller Signifikanz.

Museum – nur nostalgisches Kontrastprogramm?

Es liegt nahe zu vermuten, daß Objekt musealer Vergangenheitsvergegenwärtigung in erster Linie die vormoderne Kultur sei – Vergegenwärtigung von Vergangenheit als nostalgisches Kontrastprogramm gegen-

Autogeschichte in Szene gesetzt – eine Schau der Relikte längst ausgelaufener Produktionen.

(Foto: Mercedes-Benz-Museum 86001/1)

über der technischen Zivilisation. Sieht man genauer hin, so sieht man, daß diese Deutung den Kern der Sache nicht trifft. Die technische Zivilisation ist vielmehr selbst voll in den Musealisierungstrend einbezogen. Die Technik-Museen haben sich bekanntlich überall als besonders erfolgreiche Museen erwiesen, und für eines der größten unter ihnen, dem Deutschen Museum in München, gilt das in ausgeprägtem Maße. Damit stimmt überein, daß auch unsere großen Industriefirmen höchst vergangenheitsfreudig sind. Es ist zur Regel geworden, daß sie nicht nur, auf den großen Messen, eine Schau ihrer laufenden Produktion anzubieten haben, vielmehr desgleichen auch, nämlich im Firmenmuseum, eine Schau der Relikte längst ausgelaufener Produktionen.

Ich möchte der Versuchung widerstehen, dieses schöne Musealisierungsthema deskriptiv bis in interessante Details hinein auszumalen. Ich möchte auf die kulturspezifischen Temporalitätsstrukturen aufmerksam machen, die sich an den skizzierten Beständen ablesen lassen.

Plunder wird zur Antiquität

Was ist ein Museum? Der wichtigste Bestandteil der einschlägigen offiziellen Definition des International Council of Museums (ICOM) ist, daß das Museum ein Konservierungs- und Ausstellungsort von Relikten früherer Epochen unserer kulturellen Evolution sei. Ersichtlich nimmt nun die Menge der Kulturrelikte pro Zeiteinheit mit der Geschwindigkeit zu, mit der sich unsere Kultur von der Wissenschaft bis zur Wirtschaft und von der Technik bis zur Kunst strukturell ändert. Je rascher unsere Zivilisation sich evolutionär ändert, um so größer wird in jeder Gegenwart der Anteil derjenigen Zivilisationselemente, die bereits veraltet sind. Anders gesagt:

Die Menge des Ungleichzeitigen nimmt in jeder kulturellen Gegenwart mit der Geschwindigkeit ihrer evolutionären Dynamik zu. Das Museum aber, so hatten wir uns von ICOM offiziell bestätigen lassen, ist ja nichts anderes als der kulturelle Ort der Bewahrung und Präsentation von Kulturrelikten, und eben deswegen muß mit dem änderungsgeschwindigkeitsabhängigen Anfall von Kulturrelikten pro Zeiteinheit auch die Museumskapazität zunehmen. Mit der Vergegenwärtigung dieses schlichten Zusammenhangs ist freilich noch nicht erklärt, wieso, was an Kulturrelikten evolutionär elidiert wird, nicht einfach dem normalen Gang alten Eisens überantwortet bleibt. Wieso wirft gerade die sogenannte Wegwerfgesellschaft nichts mehr weg, sobald sich über es auch nur ein leichter Anhauch des Historischen legt? Wieso werden abgelegte Gebrauchsgegenstände, Plunder also, heute massenhaft in den Adelsstand von Antiquitäten erhoben? Diese Frage ist eine Schlüsselfrage zum Verständnis der kulturellen Verfassung unserer Gegenwart. Bevor ich die Antwort, in tunlicher Kürze, gebe, möchte ich aber noch ein wenig beim Thema der Temporalstrukturen und ihrer Analyse verbleiben. Mit der Geschwindigkeit in der Abfolge wissenschaftlicher, technischer und sonstiger kultureller Innovationen schrumpft zugleich die chronologische Ausdehnung der Gegenwart, das heißt das Ausmaß der Zeit nimmt ab, die wir aus der Perspektive der Gegenwart als Zeit analog strukturierter und insofern nicht veralteter Kultur wiederzuerkennen vermögen. Umgekehrt formuliert: Je größer die Menge der unsere Zivilisation strukturell verändernden Ereignisse pro Zeiteinheit wird, um so näher rückt uns, chronologisch gesehen, diejenige Vergangenheit, in der wir unsere Gegenwart nur noch teilweise wiederzuerkennen vermögen und die insoweit als fremd gewordene Vergangenheit uns erscheinen muß.

Unterschiedliche historische Bewußtheit

Ich möchte diese durch das Evolutionstempo bedingte Verkürzung des chronologischen Ausmaßes der Gegenwart und damit des chronologischen Näherrückens fremd gewordener Vergangenheit mit einem Vergleich unterschiedlicher Grade historischer Bewußtheit deutlich zu machen versuchen. In seinem Kommentar zu den Discorsi des Titus Livius glaubte Machiavelli, über eine chronologische Distanz von weit mehr als anderthalb Jahrtausenden hinweg Exempel römischer Militär- und Politikgeschichte in der Absicht nutzen zu können, daraus für gegenwärtige Handlungszwecke militärische und politische Regeln abzuziehen. Das bedeutet: Über diese enorme chronologische Distanz hinweg hielt Machiavelli die Strukturen des Handelns und damit partiell auch die wesentlichen technischen Elemente der Handlungssysteme für vergleichbar. Kurz:

Museale Vergangenheitsbewältigung als nostalgisches Kontrastprogramm der technischen Zivilisation? (Hier: Räderuhren im Deutschen Museum, München)
(Foto: Deutsches Museum, München)

Die Gegenwart, in der er sich selbst sah, erstreckte sich ihm bis in die Zeit des Alten Rom hinein. Demgegenüber ist es ersichtlich absurd, annehmen zu wollen, daß die militärgeschichtliche Unterrichtung angehender Luftwaffenoffiziere über Luftschlachten und Kampftechniken des Ersten Weltkriegs den Zweck habe, ihnen an diesen Exempeln geltende taktische Regeln zu demonstrieren, und es ist evident, warum das absurd wäre: Die Dynamik der militärtechnischen Evolution hat einen Grad erreicht, der in unserer Gegenwart 50 Jahre eine größere historische Distanz bedeuten läßt, als 1 500 Jahre ein halbes Jahrtausend früher bedeuteten.

Vor einigen Jahren hatte ich einmal, in offizieller Funktion, ein Waffenmuseum zu eröffnen, und bei solcher Gelegenheit ist es nahezu unvermeidbar, daß man seine Genugtuung darüber zum Ausdruck bringt, daß so viele Waffen ins Museum verschwunden sind − wohlgesichert hinter roten Absperrkordeln unter der strengen Aufsicht von Oberkustoden. Beim zweiten Blick auf den fraglichen Bestand hält diese Genugtuung freilich nicht vor. Ersichtlich expandieren ja unsere Waffenmuseen gegenwärtig nicht deswegen so rasch, weil wir von Waffen nichts mehr wissen wollen; sie füllen vielmehr deswegen die Museen, weil außerhalb der Museen die Dynamik der waffentechnologischen Evolution größer als je zuvor ist.

Sicherung der Wiedererkennbarkeit

Wieso werfen wir angesichts dieses einleuchtenden Zusammenhangs von Fortschritt und Reliktanfall die Relikte nicht zum alten Eisen, sondern konservieren sie, jedenfalls in repräsentativen Exemplaren, mit erheblichem Kostenaufwand? Was ist unser Interesse an dieser Vergegenwärtigung des Veralteten?

Die kürzeste Antwort auf diese Frage, die mir bislang vorgekommen ist, stammt von dem Städtebauer und Architekten Benedikt Huber, der sagt, daß, wenn die Bausubstanz unserer Städte pro Jahr in einer Größenordnung zwischen zwei und drei Prozent durch Ersatzbau oder Erweiterungsbau verändert wird, unsere Städte die fürs Lebensgefühl ihrer Bewohner so elementare Anmutungsqualität der Vertrautheit verlieren. Sie werden, buchstäblich, vor unseren eigenen Augen zu fremden.

Ersichtlich bezieht sich genau auf diese Erfahrung die gleichfalls historisch singulär expandierte Aktivität unserer Denkmalschützer. Sie sichern Elemente der Wiedererkennbarkeit. Unsere Denkmalschützer betreiben eine Praxis, die sich zu kulturellen Beständen änderungstempobedingten Vertrautheitsschwundes kompensatorisch verhält.

Funktion historischen Bewußtseins

Das historische Bewußtsein ist ein kultureller Bestand, der sich gar nicht ausbilden kann, so lange die Geschwindigkeit in der evolutionären Änderung von Kulturen so gering ist, daß diese Änderung für die jeweiligen Zeitgenossenschaften nicht bemerkbar ist. Das historische Bewußtsein entsteht, idealtypisch gesprochen, dann und erst dann, wenn die Geschwindigkeit in der gerichteten Änderung zivilisatorischer Strukturen auf einen Grad angewachsen ist, daß diese Änderungen aus dem Blickpunkt einer einzigen Generation unübersehbar und aufdringlich werden. Was aber ist alsdann die Funktion des historischen Bewußtseins? Wozu hält es fremd gewordene Vergangenheiten gegenwärtig? Die Beantwortung dieser Frage setzt die Einsicht voraus, daß zur Identität von Kulturen ihre Fähigkeit gehört, sich ihre Vergangenheiten zurechnungsfähig zu

halten. Dieses Problem ist ein Problem ohne sonderliche Schärfe, so lange wir uns in unserer jeweiligen kulturellen Gegenwart über chronologisch große Zeiträume hinweg in unseren Vergangenheiten einigermaßen mühelos wiederzuerkennen vermögen. Rückt aber, abhängig von der Änderungsgeschwindigkeit, die fremde, nicht mehr ohne weiteres verständliche Vergangenheit der Gegenwart immer näher, so bedarf es zur Aneignung der fremd gewordenen Vergangenheit als eigener Vergangenheit einer speziellen Bemühung, und eben diese Bemühung ist es, die das historische Bewußtsein kennzeichnet. Es hält Vergangenheiten als eigene Vergangenheiten zuschreibungsfähig und die Vergangenheiten anderer diesen. Nur durch Leistungen des historischen Bewußtseins sind wir in dynamischen Kulturen überhaupt in der Lage zu sagen, wer wir sind. Das historische Bewußtsein ist das Medium kultureller Identitätsvergewisserung. Entsprechend sind auch die historischen Kulturwissenschaften, in ihrem Verhältnis zu den theoriebildenden empirischen Wissenschaften, nicht etwa ein vielleicht liebenswertes Relikt aus früheren Epochen unserer Wissenschaftskulturgeschichte. Die Sache verhält sich genau umgekehrt: Je rascher sich unsere Zivilisation über technische Transformation und wirtschaftliche Nutzung unseres naturwissenschaftlichen Wissens ändert, um so größer wird zugleich unsere Angewiesenheit auf die skizzierten Leistungen des historischen Bewußtseins. Eben deswegen kann ja auch gar keine Rede davon sein, daß die historischen Kulturwissenschaften im Schatten des Fortschritts der Naturwissenschaften verkümmerten. Erst in diesem Schatten überhaupt vermögen sie sich zu ihrer vollen Blüte zu entfalten, und sie tun das.

Das Beispiel des Denkmalschutzes ist in besonderer Weise geeignet, nun noch einmal abschließend strukturelle Veränderungen im Vergangenheitsverhältnis unserer Gegenwart sichtbar zu machen. Je größer das Bautempo ist, je rascher sich auch die Baustile ändern, um so mehr expandiert zugleich diejenige Vergangenheit zur Gegenwart hin, die wir aus den erläuterten Gründen in die Kultur des historischen Bewußtseins einbeziehen. Das bedeutet: Die Zahl der Jahre wird immer geringer, die vergangen sein müssen, damit die Architektur die Chance gewinnt, zum Objekt öffentlich-rechtlicher Denkmalspflege zu werden. Noch vor fünf Jahren standen mir für diesen Bestand hauptsächlich Beispiele aus dem Beginn der dreißiger Jahre zur Verfügung. Inzwischen gibt es bereits Beispiele aus der Baugeschichte der fünfziger Jahre, der Jahre des damals sogenannten Wirtschaftswunders, die Denkmäler geworden sind – die Rechnungshoffassade in Frankfurt zum Beispiel. Auch die sechziger Jahre sind inzwischen denkmalsfähig geworden. Für das Drei-Scheiben-Hochhaus, das Thyssen-Haus in Düsseldorf, zum Beispiel, gilt das.

Fremdheit der Vergangenheit – Unbekanntheit der Zukunft

Zur Veränderung der Gegenwart der Vergangenheit verhält sich die Veränderung der Gegenwart der Zukunft genau komplementär. Je rascher sich in Abhängigkeit von der Geschwindigkeit wissenschaftlicher, technischer und wirtschaftlicher Innovationen unsere Zivilisation in ihren Strukturen ändert, um so mehr verkürzen sich zugleich die Jahre, über die hinaus wir damit rechnen dürfen, daß die Zukunft der Gegenwart in wesentlichen strukturellen Hinsichten gleichen werde. Komplementär zur Expansion derjenigen Vergangenheit, die wir ohne spezielle Bemühungen als eigene Vergangenheit gar nicht mehr

identifizieren und verstehen können, expandiert auch der Zeitraum der Zukunft, für die wir mit anderen, uns gegenwärtig noch fremden Lebensverhältnissen rechnen müssen. Anders formuliert: Auch in ihrer Zukunftsdimension schrumpft in dynamischen Zivilisationen die Gegenwart. Der zunehmenden Fremdheit unserer Vergangenheiten entspricht die zunehmende Unbekanntheit der Zukunft, mit der wir zu rechnen haben, aber eben ihrer Unbekanntheit wegen immer weniger tatsächlich rechnen können.

Schneisen ins Dickicht der Zukunft

Selbstverständlich kennt unsere Zivilisation – komplementär zum historischen Bewußtsein und seinen Bemühungen, die Vergangenheit durchsichtig zu halten – auch Bemühungen, uns die Zukunft verständlich zu machen. Ich erwähne die Zukunftswissenschaft, die sogenannte Futurologie, als prototypisch für diese Bemühungen. Wissenschaftler wissen natürlich, daß es eine eigene Disziplin, die neben anderen Disziplinen als speziellen Gegenstand die Zukunft zu analysieren hätte, gar nicht gibt. Was es gibt, sind Möglichkeiten der Nutzung der Prognosepotentiale empirisch gehaltvoller theoretischer Wissenschaften für Handlungszwecke, und das ist es, worum es sich bei der sogenannten Zukunftsforschung handelt. Bei ihrem ersten Auftreten – in Deutschland Ende der fünfziger, Anfang der sechziger Jahre – verbreiteten die als Zukunftsforscher sich betätigenden Wissenschaftler und Publizisten gelegentlich eine gewisse euphorische Stimmung, als sei es jetzt endlich möglich geworden, den Vorhang beiseitezuschieben, der den Blick der Menschen in die Zukunft hinein so lange verhängt gemacht habe. Schaut man genauer hin, so wird sichtbar, daß man den Bestand mit genau umgekehrtem Richtungssinn interpretieren muß. Die tatsächliche Funktion der Zukunftsforscher ist es, mit künstlichen Mitteln der Wissenschaft Schneisen ins objektiv dichter werdende Dickicht der Zukunft zu schlagen. Stabile, das heißt relativ veränderungslose Zivilisationen brauchen weder ein historisches Bewußtsein, um sich ihre Vergangenheit verständlich zu machen, noch brauchen sie Zukunftsforscher, um die zunehmende Undurchsichtigkeit des Zukunftshorizonts hier und da ein wenig aufzuhellen. Beide Bemühungen — die historiographischen ebenso wie die prognostischen — sind Versuche zur künstlichen Expansion des Gegenwartshorizonts unter Bedingungen eines Prozesses objektiver Schrumpfung dieses Horizonts.

Ich erspare es mir, Beispiele gelingender und mißlingender Prognosen zivilisatorischer Verläufe zu nennen. Erwähnen möchte ich lediglich, daß es einen Grund gibt zu behaupten, daß die zukünftige Entwicklung einer wissenschaftlichen Zivilisation, im ganzen, prinzipiell nicht prognostizierbar ist. Das ist eine anspruchsvolle Behauptung. Das Argument, das diese Behauptung begründet, stammt vom austrobritischen Wissenschaftstheoretiker Popper, und ich möchte es daher das Popper-Theorem nennen. Es besagt: Wir mögen ja, immerhin, mit Hilfe der Zukunftswissenschaft alles Mögliche über die Zukunft wissen; nur eines können wir prinzipiell nicht wissen, nämlich das, was wir künftig wissen werden, denn sonst wüßten wir es ja bereits jetzt. Und je größer, über seine technologische Umsetzung und wirtschaftliche Nutzung, die faktorielle Bedeutung unseres künftigen Wissens für die Veränderung der Strukturen unserer Zivilisation ist, um so mehr gilt eben die grundsätzliche Nichtvorsehbarkeit dieser Entwicklung.

Rationalitätsverluste

Nach dieser Analyse struktureller Veränderungen in der Gegenwart von Zukunft und Vergangenheit möchte ich jetzt noch auf einige wenige Folgeprobleme zivilisatorischer Wandlungsdynamik aufmerksam machen, so weit sie geeignet sind, uns erkennen zu lassen, daß wir mit Grenzen unserer individuellen und institutionellen Kapazitäten zur Verarbeitung des zivilisatorischen Wandels rechnen müssen. Ich erwähne an erster Stelle einen Bestand, den ich unter das Stichwort „Rationalitätsverluste" bringen möchte. Rationales Handeln setzt ja, unter anderem, stets eine gewisse Konstanz unserer Annahmen über die Realität voraus, in die wir durch unser Handeln verändernd eingreifen. Genau diese Konstanz unserer Handlungsrationalität verbürgenden Annahmen über die Realität nimmt aber in einer dynamischen wissenschaftlichen Zivilisation ab — teils durch die wissenschaftspraktisch bedingte dynamische Veränderung dessen, was wir wissen, teils aber auch durch die Folgen und Nebenfolgen unseres Handelns, die mit der Komplexität des zivilisatorischen Gesamtsystems an Eingriffstiefe ständig zunehmen. Immer häufiger kommt es vor, daß die Folgen unserer Handlungen über längere Fristen hinweg wirksam bleiben, als die Zwecke und Funktionen Geltung behalten, auf die unser Handeln bezogen war. Im Exempel heißt das: Die Zahl der Jahre nimmt ab, über die im Schulbereich, im Hochschulbereich und im Forschungsbereich einschlägige Zweckbauten und ihre Einrichtungen funktionsstabil bleiben, das heißt nicht umgebaut, ausgebaut und umstrukturiert werden müssen. Und über Jahrzehnte hinweg — ein anderes Beispiel — hat es nicht nur den Ausbau des Straßenverkehrssystems gegeben, vielmehr mit der Zunahme der Leistungsfähigkeit dieses

Verkehrssystems auch Verkehrsbehinderungen als Folge ständiger Bemühungen, das System über ursprüngliche Plandaten hinaus durch Um- und Ausbauten auf höhere Kapazitäten zu bringen.

Traditionsgeltungsschwund

Als eine weitere Folge, die uns gewisse Grenzen rationaler Verarbeitbarkeit von Veränderung erkennen läßt, will ich einen Bestand nennen, für den das Stichwort „Traditionsgeltungsschwund" heißen könnte. Traditionen – das sind ja nichts anderes als orientierungssichernde, handlungsleitende kulturelle Selbstverständlichkeiten. Eben diese altern in einer dynamischen Zivilisation sehr rasch. Es ist daher durchaus richtig, daß in einer dynamischen Zivilisation immer wieder einmal Befreiung von mißleitenden Traditionsrelikten fällig ist. Im ganzen jedoch ist unter dem Gesichtspunkt der Traditionsgeltung das dominante Problem in einer dynamischen Zivilisation nicht deren Belastung durch petrifizierte Traditionsdecken, vielmehr die Schwierigkeit, handlungs- und entscheidungslastende Traditionen neu bilden zu können. Das Maß der kulturellen Selbstverständlichkeiten nimmt in einer dynamischen Zivilisation ab, und damit nimmt der Zwang zur kompensatorischen Beschaffung benötigter Orientierungen zu. Die sogenannte wissenschaftliche Politikberatung läßt sich als ein Versuch interpretieren, in öffentlichen Handlungszusammenhängen von Politik und Verwaltung „änderungsbedingten Traditionsgeltungsschwund" zu kompensieren. Als auch bei uns Einrichtungen wissenschaftlicher Politik- und Verwaltungsberatung vor etwa einem Vierteljahrhundert in größerer Zahl geschaffen wurden, schmeichelten sich nicht wenige Wissenschaftler, die in diesen Einrichtungen Platz nahmen, end-

lich würden Elemente wissenschaftlicher Rationalität in das öffentliche Handeln eingespeist, von denen man dann wohl annahm, daß sie bislang nicht darinnen gewesen seien. In der Tat: Wissenschaftliche Gutachten, die ja immer wieder einmal durchaus brauchbar sind, standen früher keinem Minister zur Verfügung. Indessen brauchte er sie auch gar nicht, und das markiert den Unterschied zwischen den Entscheidungssituationen, in denen sich unsere politisch Verantwortlichen früher befanden und heute noch befinden.

Erfahrungsverluste

Als weiteres und letztes Stichwort für kulturelle Belastungsfolgen der erreichten Geschwindigkeit in der Änderung der Strukturen unserer zivilisatorischen Lebenswelt will ich das Stichwort „Erfahrungsverluste" nennen. Was ist gemeint? Den Bestand der Erfahrungsverluste verdeutlicht man sich am besten mit Rekurs auf ein Datum unserer Sozialgeschichte, welches besagt, daß vor etwa zweihundert Jahren, das heißt vor dem Beginn des eigentlichen Industrialisierungsprozesses, mehr als drei Viertel der Angehörigen unserer Gesellschaft in der Landwirtschaft tätig waren. Es liegt mir vollständig fern, diesen Bestand zu romantisieren; allein schon der Vergleich durchschnittlicher Lebenserwartung damals und heute dürfte genügen, um eine solche Romantisierung als degoutant erkennen zu lassen. Gleichwohl: Einer der Lebensvorzüge einfacher strukturierter, stabilerer Gesellschaften bestand darin, daß die Vertrautheit des Individuums mit den realen Bedingungen seiner physischen und sozialen Existenz ungleich größer war als sie es heute ist. Man kann das auch so ausdrücken: Das Ausmaß der Autarkie der eigenen Lebenserfahrung war größer als sie es heute ist. Um das zu erkennen, genügt es, sich zu fragen, was wir denn als moderne Zivilisationsgenossen heute noch aktiv und von den realen Bedingungen unserer physischen und sozialen Existenz zu wissen. Man braucht nur diese Frage zu stellen, um zu erkennen, daß noch nie eine Zivilisationsgenossenschaft ihre Lebensbedingungen weniger verstanden hat als unsere eigene.

Angewiesenheit auf Vertrauen

Für den Zusammenhalt moderner Gesellschaften bedeutet das, daß diese Gesellschaften mehr als jede Gesellschaft zuvor auf den Sozialkitt des Vertrauens angewiesen sind, des Vertrauens näherhin in die Solidität der Leistungen des jeweils benachbarten Fachmanns. Man kann sich diese unsere Angewiesenheit auf Vertrauen eindrucksvoll vor Augen rücken, indem man sich die Fülle der einschlägigen Vertrauensakte vor Augen führt, die wir tagtäglich setzen — vom Einnehmen des ärztlich verordneten Medikaments bis zum Besteigen des Flugzeugs.

Wenn es richtig ist, daß komplizierte und dynamische Gesellschaften mehr als einfach strukturierte und stabile Gesellschaften auf Vertrauen angewiesen sind, dann vermag man zugleich zu ermessen, was es bedeutet, wenn dieser so hoch benötigte Vertrauenskitt hier und da bröckelig wird. Genau das geschieht aber, wenn, wie das bei öffentlichen Anhörungen insbesondere zu technologischen Großprojekten gelegentlich geschieht — schlimmstenfalls sogar vor den Augen der Fernsehkameras und damit vor dem Wähler — die Fachleute, auf die wir uns doch müßten verlassen können, sich bis hin zu Anzeichen moralischer Erbitterung gegeneinander uneins zeigen. Die naheliegende Konsequenz ist, daß die Akzeptanz der technologischen Evolution abnimmt — mit den

Schwierigkeiten, die sich daraus für die Technologiepolitik ergeben. In Gesellschaften, die nicht nur, wie die unsrige, Wahlen kennen, sondern auch Abstimmungen zu Sachvorlagen, nimmt entsprechend die Geneigtheit, „Nein" zu sagen, zu. Dieses „Nein" ist dabei nicht das Nein der begründeten Ablehnung. Es handelt sich vielmehr um ein Moratoriums-Nein — um das Nein der Urteilsverweigerung. Anders herum formuliert: Der Begründungsaufwand zur Plausibilisierung von technologischen Fälligkeiten im Interesse der Zukunftssicherung wird ständig größer.

Spezifische Belastungsfolgen

Auch das Bildungssystem ist in signifikanter Weise von Nebenfolgen der spezifischen Temporalitätsstruktur dynamischer Gesellschaften betroffen. Die Menge der verfügbaren wissenschaftspraktisch erzeugten Informationen wird ständig größer, und die Halbwertszeit unserer Lehrbücher geringer. In einer solchen Situation stehen unsere Bildungseinrichtungen unter der Dauerforderung der Lehrplanreform — von der Hochschule über die Volkshochschule bis hin zur Volksschule. Grenzen der Möglichkeiten zur kulturellen Verarbeitung dieser Dynamik erkennt man, wenn man sich klar macht, daß über Maßnahmen fälliger Schulreform in Permanenz die Schule der Kinder schließlich den Eltern zu einer fremden Schule werden muß. Unsere Kultusminister rühmen sich alsdann, Kurse eingerichtet zu haben, die die Eltern instand setzen, ihren Kindern bei den Schularbeiten wieder helfen zu können. Aber ersichtlich kann man diesen Prozeß nicht beliebig fortsetzen. An einem ungewissen Punkt wäre ein Stand der Entwicklung erreicht, bei welchem die zwei Generationen, wie sie heute im sozialen Kleinverband einer Familie zusammenleben, sich wechselseitig im Verhältnis zu-einander historisch werden. Je rascher die Bildungsprogramme veralten, um so schwieriger wird es, erwachsen zu werden. Allein die anwachsende Schwierigkeit, die heute Eltern haben, für ihre Kinder als Instanzen der Berufsberatung tätig zu sein, läßt uns das erkennen. In einer dynamischen Zivilisation nehmen daher in der Konsequenz der wachsenden historischen Distanz zwischen den Generationen die Generationenkonflikte nach Menge und Intensität zu. Es handelt sich hierbei um psychosoziale Folgen der Diskrepanz, die sich zwischen den Lebenswelten der Elterngeneration und der weitgehend unbekannten Lebenswelt, in die die Kinder eintreten werden, auftut.

Auf der anderen Lebensseite gibt es in einer dynamischen Zivilisation in Abhängigkeit von der Geschwindigkeit der Änderung unserer zivilisatorischen Lebenswelten auch spezifische Alterungsprobleme. So nimmt mit der Änderung unserer Berufswelten die Zahl der Jahre ab, über die hin man jenseits der Pensionsgrenze noch in der Lage ist, aktiv und begründet über die Berufswelt, die man verlassen hat, zu urteilen. Damit verfällt, in wesentlichen Lebenshinsichten, die Ratgeberkompetenz der Alten; die Angewiesenheit der Alten auf kompensatorische Beschäftigungs-und Aktivierungsprogramme, die vom produktiven Mechanismus der Gesellschaft abgekoppelt sind, nimmt zu.

Mit Muße und Gelassenheit

In Abhängigkeit von der progressiven Akkumulation wissenschaftlicher Information, in Abhängigkeit näherhin von der wirtschaftlichen Nutzung technologisch umgesetzter wissenschaftlicher Information ändert sich unsere Zivilisation in ihren Strukturen rascher, als je zuvor eine Zivili-sation es getan hat. Die Ausdehnung der Gegenwart schrumpft; die Vergangenheit, die sich zur Gegenwart als eine fremde verhält, rückt, im Abstand von Jahren gemessen, der Gegenwart immer näher, und analog rückt auch jene Zukunft der Gegenwart immer näher, die nach dem Muster der Gegenwart nicht mehr beurteilt werden kann. Damit nehmen zugleich die Zeiträume ab, die uns für die individuelle und institutionelle Verarbeitung des zivilisatorischen Wandels zur Verfügung stehen. Entsprechend sind wir gezwungen, die Geschwindigkeit unserer Innovationsverarbeitung zu erhöhen, und wir kennen, zum Beispiel, die modernen Datenspeicher- und Datenabruftechniken als Techniken mit dem Hauptzweck fälliger Steigerung der Innovationsverarbeitungsgeschwindigkeit. Damit ändert sich in entscheidender Weise das Profil der Zeitanforderung, der wir in dynamischen Gesellschaften unterliegen. Komplementär zum skizzierten Prozeß der Schrumpfung der Gegenwart expandieren entsprechend die Zeiträume, die wir in die Zukunft hinein bereits planerisch verbraucht haben. Der Terminkalender ist entsprechend stets wohlgefüllt und die Zahl der Monate nimmt zu, über die hin er es ist. Die Kalenderindustrie hat sich darauf mit der Produktion von Mehrjahreskalendern bekanntlich längst eingestellt. Zeitverbringungsagenden, also der Umgang mit der Zeit unserer Tage und Jahre, haben stets zu den reifsten Leistungen der Kultur gehört. In einer dynamischen Zivilisation nehmen aber die Chancen, Zeitverbringungsagenden zur Reife zu bringen, ab und damit die Schwierigkeiten zu, der Gelassenheit und der Muße fähig zu bleiben. Muße und Gelassenheit sind es daher, die man unter Aspekten moderner Zeitverhältnisse jedem Zeitgenossen mit besonderem Nachdruck kompensatorisch zu wünschen hat.

Eine historische Betrachtung über den Anlaß zu feiern

Horst Fuhrmann, München

Es wird heute viel gefeiert — nicht nur alle „Jubeljahre". Was aber macht inmitten der vielen Anlässe das Besondere eines Jubiläums aus?

Das Jubiläum oder das Jubeljahr, der „annus iubileus", hat seinen festen Beginn: Es ist das Jahr 1300, das Heilige Jahr, das Papst Bonifaz VIII. (1294 bis 1303) eingerichtet hat. Die Bezeichnung „Jubiläum" oder „Jubeljahr" trug dieses Heilige Jahr von Anfang an, denn man war sich der Herleitung aus dem Alten Testament und vom hebräischen Wort „Jobel" bewußt. „Jobel", das heißt: der Widder, das Widderhorn sowie der Klang dieses Horns, wenn nach sieben mal sieben Jahren das 50. Jahr angekündigt wird: der Beginn des „Versöhnungsjahres", in dem (wie es im Alten Testament Lev. 25, 10 steht) „jedermann wieder zu dem Seinen kommen soll" und die Schulden erlassen werden. Mit dem hebräischen Wort „Jobel" verband man das griechische ἄφεσις und das lateinische „Remissio", d. h. Freilassung oder Nachlaß, und der große enzyklopädische Lehrmeister des Mittelalters Isidor von Sevilla († 636) schrieb um 600: „Unter Jubel versteht man das Jahr des Nachlasses".

Mit diesem aus dem Ernst des Alten Testaments kommenden „Jubel" konnte das lateinische Ohr ein eigenes, freudvolles Wort verbinden: „iubilare" und „iubilum", den aus ländlicher Umgebung hervorgegangenen Zuruf, das Frohlocken, das auch Gott und seiner Güte gelten konnte: „In dulci iubilo, singet und sit vro", wie es in dem bekannten mittelalterlichen lateinisch-deutschen Weihnachtslied heißt, und der Meßgesang kannte den „Jubilus" des Alleluja.

Das Jubeljahr 1300 versprach allen Römern, die die Basiliken der Apostel Petrus und Paulus an dreißig Tagen, und allen Pilgern, die diese an 15 Tagen büßend und bekennend besuchten, den „vollkommenen Nachlaß der Sündenstrafen". Zu-

Prof. Dr. **Horst Fuhrmann,** geb. 1926 in Kreuzberg/Schlesien. Seit 1962 Ordinarius für Geschichte an der Universität Tübingen, später in Regensburg. Seit 1971 Präsident der Monumenta Germaniae Historica mit Sitz in München. Zahlreiche Ehrungen für seine Forschungen über mittelalterliche Fälschungen, zur Rechtsgeschichte und zur Quellenkunde. Ehrendoktor der Universitäten Tübingen und Bologna. 1981 Preis Cultore di Roma, 1986 Orden Pour le Mérite.

Prof. Dr. Horst Fuhrmann, Sonnenwinkel 10, 8031 Steinebach/Wörthsee

gleich wird in der Stiftungsbulle festgelegt, daß „in jedem hundertsten Jahr" ein neues Jubeljahr mit wiederum vollkommenem Ablaß folgen soll. 100 Jahre sind eine lange Zeit, und Papst Clemens VI. (1342 bis 1352) hat 1343 den Abstand auf 50 Jahre verkürzt, „weil — wie ein zeitgenössischer Chronist schrieb — das Leben der Menschen dahingleitet und abnimmt und die Krankheit die Welt überschwemmt". 1350 war dementsprechend ein neues Jubiläum, ein neues Heiliges Jahr, zu einer Zeit, als weite Teile Europas unter den Folgen einer verheerenden Pest litten. Aber auch 50 Jahre waren für ein mittelalterliches Menschenleben sehr lang, zu lang, wenn die durchschnittliche Lebenserwartung bei etwas über 30 Jahren lag. Papst Urban VI. (1378 bis 1389) verringerte die Frist auf 33 Jahre: die Lebenszeit Christi, dessen Opfertod den Sündennachlaß ermöglichte. Aber auch damit war der bis in unsere Zeit reichende Rhythmus noch nicht gefunden: 1475 ist der heute gültige Zyklus von 25 Jahren eingerichtet worden, so daß das Wort „Jubiläum" eine Bedeutung erhalten hat, die zum Beispiel im Grimmschen Wörterbuch (1877) so umschrieben ist: „Jubiläum . . . jubelfest . . . (ursprünglich) im geistlichen sinn . . .: heute im allgemeinen gebrauche, von einer hundert-, fünfzig-, fünfundzwanzigjährigen gedenkfeier." Das „echte" Jubiläum orientiert sich an der Zeiteinheit von 25 Jahren.

Beim Jubel gibt es nichts zu lachen

Was veranlaßte Papst Bonifaz VIII., einen nüchternen Juristen, ein Jubiläum im Jahre 1300 anzusagen? Bonifaz erinnert in der Verkündungsbulle an die Pflicht seines Amtes, für das Seelenheil jedes einzelnen zu sorgen, und die damalige Christenheit nahm das Angebot des Papstes, in Rom den bislang nur bei Teilnahme am Kreuzzug bewilligten vollkommenen Ablaß zu erlangen, geradezu begierig auf.

Die Chronisten des Heiligen Jahres 1300 berichten einmütig von der tiefen Ergriffenheit der Pilger: „Wenn sie in der sonnigen Ferne den finsteren Wald der Türme der Heiligen Stadt erscheinen sahen, so erhoben sie den Jubelruf ,Roma, Roma', wie Schiffer, die nach langer Fahrt auftauchendes Land entdeckten. Sie warfen sich zum Gebet nieder und richteten sich auf mit dem inbrünstigen Ruf. ,St. Petrus und Paulus, Gnade!'" Die Sehnsucht nach vollkommenem Ablaß trieb die Menschen, nicht die Erwartung eines Festes voll diesseitiger Freude.

Wie schwer ein Mensch damaliger Zeit an seiner Existenz trug, ständig erinnert an seine Sündhaftigkeit, dafür gibt es viele Zeugnisse. Er wurde auch darüber belehrt, daß die Sündhaftigkeit der Menschen ihre Lebenszeit ständig mehr verkürze, denn „lesen wir nicht in der Bibel, daß die Urväter 100 und 120 Jahre alt geworden sind?" (so Papst Innozenz III., 1198 bis 1215). Die Überzeugung jener Zeit, daß die Lebenserwartung jetzt und in Zukunft abnehme, war ja ein Grund, die Jubiläumsfristen zu verringern.

Diese Gesinnung ließ für Lebensfreude und damit Festesfreude kaum Raum. Heiterkeit und Lachen ist auch genau das, was der fromme Christ vermeiden sollte, denn: „das fröhliche Fleisch verführt zur Sünde" (so die Synode von Hohenaltheim 916). Das Lachen — nach Aristoteles († 322 v. Chr.) ein Wesensmerkmal des Menschen, das ihn von der Tier-, aber auch von der Götterwelt abhebt — galt als Defekt menschlichen Fleisches. Schon die Kirchenväter konnten sich nicht genugtun mit der Drohung, wer jetzt lache, werde im Jenseits weinen, denn Christus habe in der Bergpredigt verkündet: „Weh Euch, die Ihr lacht, denn Ihr werdet trauern." Der Kirchenvater Augustinus († 430) hat eine Formulierung gefunden, die sprichwortartig umlief: „Es lachen die Menschen, es weinen die Menschen, und daß die Menschen lachen, muß man beweinen." Der große Prediger des Hochmittelalters Abt Bernhard von Clairvaux († 1153) hielt seinem Freund Humbert von Igny, der in seinen Armen verschieden war, an der Totenbahre die Leichenrede. Als besondere Leistung hob er den tiefen Ernst in der Haltung des Verstorbenen hervor, „auf dessen Gesicht nie ein Lachen erschienen" sei. Nicht nur die Sündhaftigkeit des Menschen verbot das Lachen: Christus habe dreimal geweint, aber niemals gelacht, das lehrte Petrus Cantor († 1197) an der Schule von Notre Dame in Paris.

Aber sollte es nicht so etwas wie Heiterkeit der Seele geben, die freudvolle Hoffnung auf die Gnadenmittel und den Erlöser? Sehr wohl, antwortete der berühmte Scholastiker Hugo von St. Victor († 1141), eine Generation älter als Petrus Cantor, aber „man muß wissen, daß die geistliche Freude den Geist niemals zum Lachen freigibt". Gelöstes, um nicht zu sagen: hemmungsloses Lachen wird mit mancherlei Gründen und in unterschiedlicher Schärfe abgelehnt, ist freilich trotz seines Unwertes nicht ganz zu unterdrücken. Der Mönchsvater Benedikt († ca. 547?) hilft sich mit einem Schriftzitat: „Der Tor hebt seine Stimme zum Gelächter, der Weise aber wird kaum schweigend lachen" (Sirach 21, 23).

Um dieses Wort dreht sich der großartige Disput, den Umberto Eco an zentraler Stelle seines Erfolgsromans „Der Name der Rose" angeblich im Jahre 1327 William von Baskerville und Jorge von Burgos führen läßt. Es steckt ein Stück Wahrheit in Ecos Fiktion, wenn eine angeblich verschollene Schrift des Aristoteles „Über das Lachen" als das Buch ausgegeben wird,

dessen Verbreitung das kirchliche Zusammenleben erschüttern könnte und dessen Lektüre deshalb der finster-fanatische Klosterbibliothekar mit mörderischen Mitteln verhindert. Eco trifft hier durchaus mittelalterliche Mentalität.

Unziemliche Freuden

So sehr Lachen, Heiterkeit und Daseinsfreude als heilsgefährdend angesehen wurden, so hat doch immer wieder befreiender Unernst den drückenden Ernst durchbrochen, und beides mischte sich in einer uns zuweilen fremdartigen Widersprüchlichkeit. Jacob Burckhardt (1818 bis 1897) sprach vom Unverständnis des modernen Europäers „für das Bunte und Zufällige" seines Mittelalters, von seinem „abgeschmackten Haß" auf das „Verschiedene, Vielartige": auf der einen Seite tiefe Frömmigkeit bei den von der Kirche eingerichteten Festen, auf der anderen Seite unpassende Freude und grausames Vergnügen.

Kaiser Heinrich II. (1002 bis 1024), der Heilige, wußte um die kümmerlichen Lateinkenntnisse des ehrenwerten Bischofs Meinwerk von Paderborn (1009 bis 1036), und er stiftete einen Kaplan an, an der Stelle des Missale, wo für den König und sein Gefolge gebetet wird: „pro omnibus famulis et famulabus" (für alle Diener und Dienerinnen) durch Rasur den Wortlaut: „pro omnibus mulis et mulabus" herzustellen. Meinwerk trug denn auch während der Feiertagsmesse vor „für alle Maulesel und Mauleselinnen": zum Gespött des Kaisers. Vielleicht sollte ich die Fortsetzung der Geschichte auch berichten: der bloßgestellte Meinwerk hat den schuldigen Kaplan vor versammeltem Domkapitel grausam auspeitschen lassen, ihn dann neu eingekleidet und zum Kaiser geschickt. Der fromme Kaiser, selbst ursprünglich zum Geistlichen bestimmt, hatte nichts an dem liturgischen Schabernack während der Feier gefunden, und der blamierte Bischof hat sich unchristlich gerächt.

Wenn das stimmt, was die Historiker behaupten: daß die Verinnerlichung des Christentums eigentlich erst im 11. Jahrhundert, angezeigt durch die Kirchenreform, erfolgt sei, so erscheint manches verständlicher. Zum Beispiel das, was um 800 Erzbischof Arn von Salzburg (785 bis 821), zu dessen Kirchenprovinz auch Altbayern gehörte, in einer erst kürzlich entdeckten Predigt behauptet. Es gäbe Laien, die an einem Feiertag zu einem Gelage kämen und (um sich lästiger Buß- und Fastenauflage zu entziehen) die Priester anwiesen, ihnen aufzuerlegen, trotz Buße Fleisch zu essen und Wein zu trinken, während der grundhörige Priester gleichsam als sühnendes Kompensativ Messe lesen und Psalmen singen sollte. Der schlemmende Grundherr hatte sicherlich ein vortreffliches Gewissen dabei und glaubte den Himmel nicht verspielt, denn zur Übertretung war doch gleich die aufhebende Sakramentalleistung mitgeliefert worden, entsprechend der damaligen Rechtsauffassung, daß die Tat irgendwie geahndet werden müsse, das Motiv jedoch keine Rolle spiele.

Die animalische Freude brach sich auch in frömmsten Zeiten Bahn: Die Carmina Burana, die Lieder aus Benediktbeuern, legen in ihrer überströmenden Daseinslust Zeugnis davon ab. Spielleute, die von Festivität zu Festivität zogen, zählten zwar zu den unehrenhaften Leuten, gehörten aber mit ihren derben Späßen zur Festausstattung, waren allerdings nicht immer gern gesehen; der düster-ernste König Heinrich III. (1039 bis 1056) hat sie 1043 von seiner Hochzeitsfeier verscheucht. Ständig werden die Priester aufgefordert, frivole Festgelage zu meiden, und ein römisches Konzil von 826 verbietet, wie es

heißt, „besonders den Frauen", üppige Festgelage an Heiligentagen auszurichten. Zahllos sind die Anweisungen, Leichenfeiern nicht in sinnlose Gastereien ausarten zu lassen, und frühmittelalterliche Konzilien untersagten streng den Tanz in der Kirche. Mit einigem Gruseln überlieferte man das „Tanzlied von Kölbigk" im Anhaltischen, wo angeblich in der Christnacht des Jahres 1021 zwölf junge Männer in der Vorhalle der Kirche zu tanzen anfingen und als Strafe ein geschlagenes Jahr hindurch haben tanzen müssen. Der theologischen Definition christlicher Freude (sie bestände darin, „Gottes Herrlichkeit zu schauen") hat man allerorten sicherlich zugestimmt und dennoch das obszöne „Nonnenkonzil" von Remiremont gelesen, das den Verfasser in unseren Tagen wegen Religionsfrevel vor den Richter brächte.

Die Feste im Jahresablauf

Ohne Frage: Der Drang nach Freude und Feiern bestand auch damals, und das Kirchenjahr gliederte das Leben der Menschen in Fest- und Arbeitstage. Um die vielen feststehenden Feier- und Heiligentage im Kopf zu behalten, dichtete man wunderliche Merkverse, zum Beispiel für die erste Hälfte des Januar den Hexameter: Císio Jánus Epí sibi víndicat Óc Feli Márcel, was heißen soll: „Circumcisionem Janus sibi vindicat Epiphaniam, Octavam, Felicem, Marcellum" und was bedeuten soll: Der Monat Januar hat die Festtage 1. Januar (Circumcisio, Beschneidung des Herrn), 6. (Epiphanias), 13. (Oktav nach Epiphanias), 14. (Felix), 16. (Marcellus). Neben den großen Festen Ostern, Pfingsten und Weihnachten gliederten viele kleinere das Jahr: An Michaelis, den 29. September, knüpften sich Schulschluß, Jahrmärkte, Erntebräuche; zum Martinstag, zum 11. November, kündigte man, wech-

selte das Gesinde, zahlte Steuern und ent-
richtete Abgaben. An Feiertagen nahm
man bevorzugt wichtige politische Handlungen vor: Kaiser und Könige ließen sich
an Sonntagen oder an hohen Feiertagen
krönen, päpstliche Bannbullen wurden
häufig am Gründonnerstag erlassen, die
Hanse versammelte sich zu Pfingsten.
Reichs- und Hoftage, Verträge und Bünd-
nisse wurden auf solche Feiertage festge-
setzt. Der heilige Tag, der Feiertag, war
nicht eine Zeit des erholsamen Nichtstuns,
sondern besonders wichtigen Handelns.
Selbst Schlachten, wie die Lechfeld-
schlacht Ottos I. 955 oder der Ungarnsieg
Heinrichs I. 933, fanden an Tagen statt, an
denen man das Gedenken bestimmter Heiliger — des Laurentius und des Longinus —
feierte, deren Hilfe man erbat. Brach man
zu einem Feldzug auf, so wählte man bevorzugt den 15. August: das Fest Mariä
Himmelfahrt, wie überhaupt die „Him-
melskönigin" als einer der tüchtigsten
Schlachtenhelfer angesehen wurde.

Die Zahl der Festtage hat vom Frühmit-
telalter an im Laufe der Jahrhunderte zugenommen, war jedoch, wie auch heute, von
Gegend zu Gegend höchst unterschiedlich. Papst Gregor IX. (1227 bis 1241) hat
1232 bestimmt, daß es 85 arbeitsfreie und
der Hinwendung zu Gott gewidmete Tage
geben soll, die Diözesanfeste nicht einge-
rechnet. In der Zeit vom 13. bis zum 18.
Jahrhundert gab es in manchen Diözesen
weit mehr als hundert arbeitsfreie Tage,
gar nicht so viel weniger als ein heutiger
Arbeitnehmer erhält, dessen Freizeit mit
Sonntagen, freien Samstagen, Feiertagen
und Urlaub bei ca. 140 Tagen liegt. Vom 18.
Jahrhundert an — mit der Aufklärung und
bereits vor der Industrialisierung — setzte
eine teilweise radikale Verminderung der
Zahl der Feiertage ein.

Verletzungen der Feiertagsruhe wurden,
zumal im Mittelalter, streng geahndet, und
man erzählte sich viel über himmlische
Strafen, die den Sünder trafen, wie den am
Sonntag arbeitenden Holzknecht, der auf
den Mond versetzt wurde. Andererseits
war zum Beispiel für einen Bauern Feier-
tagsarbeit unvermeidbar, aber die Zulässigkeit war strikt geregelt. Doch selbst
hier, wo der Arbeitsfluß nicht unterbrochen werden konnte, erinnerte die Legen-
de gern an den Lohn frommen Innehal-
tens. Als der gottesfürchtige Bauer Isidor
seinen Pflug trotz dringender Arbeit ver-
ließ, um in der nahegelegenen Kirche zu
beten, zog ein Engel weiter die Furchen.

Was an Anlässen zu feiern bislang beschrieben wurde, bewegt sich im Rahmen
des normalen Kirchenjahres mit seiner
ständigen Wiederholung. Aber auch geschichtliche Ereignisse bleiben nicht mit
ihrem punktuellen Datum in Erinnerung,
sondern in der jährlichen Wiederkehr ihres
Gedenktages. Daß Kaiser Heraklius I.
(575 bis 641) das Kreuz Christi bei der Eroberung Jerusalems 628 wiedergewann,
daran dachte im Mittelalter kaum jemand,
wenn er am 3. Mai das Hohe „Fest der
Kreuzauffindung" (Inventio sanctae cru-
cis) beging: Geschichte wird zum jährlich
wiederkehrenden Fest, ohne Interesse für
die Historizität des Ereignisses, und nie-
mandem fiel es ein, etwa die zweihundert-
oder dreihundertjährige Wiederkehr des
Tages der Kreuzauffindung zu feiern. „Auf
die alljährliche Wiederholung kommt es
an, nicht auf das historische und als solches
immer mehr entschwindende Datum"
(J. Hennig).

Vergessener Geburtstag — erinnerter Todestag

Über der ständigen Wiederkehr der Ge-
denk- und Feiertage vergingen die Jahre,
und viele Menschen damaliger Zeit konnten nicht sagen, in welchem Lebensjahr sie

standen, wann genau sie geboren waren. Es mutet grotesk an, wenn wir von manchem großen Herrn, der das Schicksal Europas gestaltet hat, das Jahr seiner Geburt nicht mit Sicherheit anzugeben wissen: Für Karl den Großen († 814) galt lange 742 als wahrscheinlich, aber neuere Forschungen lassen 747 durchaus einleuchtend erscheinen. Vom vielleicht volkstümlichsten Kaiser des deutschen Mittelalters, Friedrich I. Barbarossa († 1190), können wir nur den Zeitraum angeben, innerhalb dessen seine Geburt liegen dürfte: 1122, spätestens 1124/25. Mit den Todesjahren steht es zwar besser, aber ähnlich. Was wir am besten angeben können, ist nicht das Todesjahr, sondern der Todestag, und von vielen Heiligen, echten oder fiktiven Ereignissen kennen wir kaum mehr als eben den Todestag oder den Tag des Ereignisses. Starb jemand, dem sich ein geistlicher Konvent in irgendeiner Weise verbunden fühlte, so wurde sein Name unter dem Datum des Todestags ohne das Jahr eingetragen, damit seiner am jeweiligen Todestag gedacht und für seine Seele gebetet werden konnte. In den auf uns gekommenen Nekrologien, den Totenbüchern, sind über die Tage des Jahres verteilt viele Tausend Namen verzeichnet, in den mittelalterlichen Totenbüchern des Klosterverbandes von Cluny zum Beispiel etwa 96 000. Dank moderner EDV-Technik, die mehr speichern und kombinieren kann als ein menschliches Gehirn, werden wir bei manchen Einträgen in die Lage versetzt, den einen oder anderen Namen zu identifizieren.

Daß Lebenszeiten und Lebensalter damaliger Menschen häufig so schwer auszumachen sind, hängt auch mit der geringen Beachtung des Geburtstags zusammen. In der heidnischen Antike war der Geburtstag mit kultischem Aufwand gefeiert worden. Das Geburtstagsfest galt dem lebensbegleitenden Genius, dessen Altar mit Blumen und Kränzen geschmückt wurde; dem Festgott wurde geopfert, Freunde brachten Glückwünsche und Geschenke, Gelehrte ihre Bücher, wie Censorinus seine Schrift „Über den Geburtstag" seinem Gönner im Jahre 238 sinnigerweise an dessen Geburtstag dediziert hat. Die Stadt Rom feierte ihren Geburtstag, zu dem Horaz († 8 v. Chr.) die Festkantate schrieb. Groß aufgezogen wurden die Geburtstagsfeiern für den Kaiser mit Paraden, öffentlichen Festgelagen, Zirkusspielen, Tierhetzen. Für den Christen waren das abstoßende Schauspiele. Der stets aggressive Kirchenschriftsteller Tertullian († ca. 230) lehnte solcherart Festesaufwand ab: von den Christen werde auch der Tag des kaiserlichen Geburtstages mit Keuschheit, Mäßigkeit und Rechtschaffenheit begangen. Christliche Rigoristen lehnten überhaupt ab, den Geburtstag zu feiern, denn bedeute die Geburt nicht den Eintritt in die erlösungsbedürftige Welt und die Gefangennahme der Seele durch den sündhaften Körper? Es lassen sich reihenweise christliche Zeugnisse anführen, die das Eintreten des Menschen in die Welt als großes Unglück bezeichnen: in jenes Jammertal des Psalmisten, wo das „Elend des Menschseins" beginnt und wo dem Gläubigen das Lachen vergeht. Lediglich Sünder könnten sich, so schreibt Origenes († 254), über die Geburt freuen, wie denn auch in der Bibel nur der Pharao und Herodes ihren Geburtstag gefeiert hätten: beide durch Blutvergießen.

Als eigentlicher Geburtstag, als Geburt für Gott, galt schon bei manchen Kirchenvätern der Tauftag, an dem der Mensch „wiedergeboren wird aus dem Wasser und dem Heiligen Geist", der Tag der „Bluttaufe" (Martyrium) oder der Todestag als Tag der Vollendung des immer gefährdeten Lebensweges und das Eingehen in den

Frieden Gottes. Der Feiertag eines Heiligen — sein „dies natalicius", sein Geburtstag — ist deshalb stets der „dies obitus", der
Tag seines Hinscheidens, denn ein Heiliger
wird — himmlischer Fürbitter, der er ist —
für die Christenheit erst lebendig, wenn er
stirbt, wenn er bei Gott ist. Als „dies nata-
lis", als Geburtstag, wurde auch das Eintreten in einen geistlichen Stand angesehen; der Mönch, der Priester begingen
diesen Tag feierlich, und berühmt sind die
seit dem 4. Jahrhundert aufkommenden
„Geburtstags"-Predigten mancher Päpste
anläßlich der Feier der Wiederkehr ihres
Weihetages. Ein Papst mit seiner Binde-
und Lösegewalt wird durch die Weihe geboren, nicht durch das Eintreten in diese
sündhafte Welt.

Der Geburtstag als Tag körperlicher Geburt wird erst wieder gegen Ende des Mittelalters da und dort zaghaft gefeiert. Kaiser Friedrich II. († 1250) hat 1233 die Feier
des Stephanstages (26. Dezember), seines
Geburtstages, befohlen, und der Früh-
humanist Albertinus Mussatus († 1329)
verfaßte ein Gedicht anläßlich seines 56.
Geburtstages, zwar des Tages, aber nicht
des Jahres sicher, denn er macht den Vor-
behalt: wenn meine Mutter mich richtig
unterrichtet hat. Der Namenstag, vorher
nur selten gefeiert, erhielt in der Zeit der
katholischen Reform besonderes Gewicht,
als man der protestantischen Ablehnung
der Heiligenverehrung zu begegnen suchte; das Konzil von Trient im 16. Jahrhundert war auch hier richtungsweisend: es
hat den katholischen Gläubigen nachdrücklich empfohlen, jedem Täufling
einen Heiligennamen zu geben und diesen
Namenstag festlich zu begehen. Ein Theo-
logie-Lexikon vermerkt dazu noch heute:
„Geburtstag wird bei den Katholiken im
Hinblick auf die Erbsünde gewöhnlich
nicht gefeiert ... Über dem Geburtstag
steht der Namenstag, weil er an den Tauftag, den Geburtstag für den Himmel und
die Gemeinschaft der Heiligen, erinnert."

Staufische Feste

Aber das in das Kirchenjahr eingebettete
Fest ist von der Feier zu trennen, denn (um
einen modernen Theologen zu zitieren)
„jedes Fest schließt eine Feier ein, aber
nicht jede Feier ist ein Fest" (Th. Klauser).
Es gab und gibt im privaten wie im öffentlichen Leben genug Ereignisse, deren
außerhalb des Kirchenjahres mit Feiern gedacht wird: Taufe, Verlöbnis, Hochzeit,
Beerdigung, und standes- und epochenbe-
dingt zum Beispiel Schwertleite, Wahl,
Weihe, Investitur, Belehnung, Zunftfeste
oder bei einem Herrscher und seiner Umgebung: Krönung, Reichs- und Hoftage,
Synoden usw. Wohl enthielten auch diese
Feiern in früheren Zeiten noch einen litur-
gisch-kirchlichen Kern, aber sie uferten
teilweise aus zu riesigen Selbstdarstellun-
gen mit weitgehend weltlichem Spiel.

Auf dem Höhepunkt seiner Macht —
nach dem Frieden von Venedig 1177 und
nach dem Sturz Heinrichs des Löwen 1180
— feierte Friedrich Barbarossa Pfingsten
1184 den Hoftag zu Mainz, in dessen Mittelpunkt die Schwertleite — die Aufnahme
in den Ritterstand — seiner beiden ältesten
Söhne stand. Die Zeitgenossen waren vom
Aufwand und vom Verlauf überwältigt,
und die Quellen nennen 40 000, ja 70 000
Teilnehmer, die aus ganz Europa zusam-
mengekommen seien. Vielleicht sind die
Zahlen nicht einmal sehr übertrieben,
wenn wirklich 20 000 Ritter auf den Mainzer Hofwiesen zu Kampfspielen aufgerit-
ten sind. Dichter haben das Fest besungen:
Kein Fest, sagt Heinrich von Veldeke († ca.
1190) in seiner „Eneid", war je so prächtig
wie jenes, als Aeneas die Lavinia heiratete
(in der Vorzeit Roms also) — ausgenom-
men das Fest von Mainz, „dâ der Kaiser

Friederîch / gaf twein sînen sonen swert";
für Guiot de Provins († ca. 1205) hatte dieses Mainzer Hoffest den Rang der Feste
Alexanders des Großen und König Artus',
des Meisters der Tafelrunde. Für beide
Dichter gibt es Entsprechungen des Mainzer Pfingstfestes nur im Mythos. Zu diesem Fest gehörten Turniere, Musikdarbie-
tungen, Tanz: Ausdruck einer ritterlich-
höfischen Kultur. Aber den Auftakt gab
eine kirchliche Messe, wie zu der Resonanz, die das Fest auslöste, auch Stimmen
kirchlicher Kritik gehörten: Gottes Strafe
sei es gewesen, daß ein Wolkenbruch einen
Teil der riesigen Zeltstadt mitsamt einer
aus Holz gezimmerten Kapelle zum Ein-
sturz gebracht habe. Selbst in diesem
höfisch-weltlichen Treiben hat die Kirche
eine gestaltende und mahnende Funktion.

Burgundische Bankette

Gehen wir rund drei Jahrhunderte weiter
in das 15. Jahrhundert, in die Zeit nach der
großen Pest, durch die das Lebensgefühl in
allen Teilen Europas verändert, intensiviert
wurde. Gerade das Bewußtsein der Hinfäl-
ligkeit verschrieb die Menschen dem Genuß des Augenblicks und ließ sie Feste von
barbarischer Prunkhaftigkeit gestalten.
Denn, „je größer der Kontrast zu dem
Elend des täglichen Lebens ist, um so
unentbehrlicher wird das Fest, und um so
stärkere Mittel sind nötig, um im Rausch
von Schönheit und Genuß jene Sänftigung
der Wirklichkeit zu empfinden, ohne die
das Leben schal ist. Das fünfzehnte Jahrhundert ist eine Zeit heftiger Depressionen
und gründlichen Pessimismus." (J. Huizin-
ga). Das weltliche Fest löste sich von der
kirchlichen Form — von der Liturgie und
auch vom Zusammenwirken mit ihr — und
wurde zum Selbstzweck.

Bewundert wurden damals die Feste des
burgundischen Hofadels, der sich über-

schlug an Leistungen des Geschmacks und
der Geschmacklosigkeit. Da wurden Rie-
senpasteten aufgefahren, in deren Innern
20 Musikanten verschiedene Instrumente
spielten, Wunderwerke der Technik tauch-
ten auf: ein Walfisch, ein Vogel, der aus
dem Maul eines Drachens flog. 1468 wurde
der über 10 m hohe Turm von Gorkum als
Tafelaufsatz aufgestellt, aus dessen Schall-
löchern mechanische Wildschweine Trom-
pete bliesen und Ziegen eine klangvolle
Motette vortrugen. Immerhin gab es hier
etwas zu feiern: es war die Hochzeit Herzog Karls des Kühnen von Burgund
(† 1477) mit Margaretha von York. Der
burgundische Hofadel veranstaltete aber
auch Feste, hauptsächlich Bankette, bei
denen sich ein Fest aus dem anderen entwickelte. Ein Gastgeber bot einem ange-
sehenen Gast einen Kranz; nahm dieser
ihn an, so war ihm die Ausrichtung der
nächsten fête übertragen und so fort. Die
Ausgestaltung wurde immer üppiger, immer protziger, ging von den Rittern über
die großen Herren zu den Prinzen, und am
Ende stand zum Beispiel 1454 ein Riesen-
bankett des Herzogs Philipp des Guten
(1419 bis 1467) in Lille.

Dennoch wäre die Annahme nicht richtig, diese Hofgesellschaft hätte sich einem
platten Hedonismus hingegeben. Auf je-
nem Festessen Philipps von 1454 haben die
ritterlichen Gäste bei aufgetragenem Fasan
das sicherlich ernstgemeinte Gelübde ab-
gelegt, auf Kreuzfahrt wider die Türken zu
gehen, denn ein Jahr zuvor war Konstanti-
nopel gefallen. In unmittelbarer Nachbar-
schaft zu dieser prassenden Gesellschaft
gab es oft an demselben Ort die abgeschie-
dene und nach innen gerichtete Welt der
„Devotio moderna", die Häuser der Win-
desheimer Brüder mit ihrer Christus-
Mystik und dem Suchen nach biblischer
Wahrheit. Margaretha von York, deren
Hochzeit — wie gesagt — mit festivalarti-

gem Prunk, um nicht zu sagen: Firlefanz gefeiert wurde, war eine tiefreligiöse Frau, die eben jene reformierten Klöster förderte. Eine der vornehmsten Damen am burgundischen Hof, Beatrix von Ravestein, trug unter ihrer Prunkrobe „auf nacktem Fleisch", wie es heißt, ein härenes Gewand und fastete, wenn es das Hofleben zuließ.

Barocker Pomp

Rund 200 Jahre später, im Zeitalter des Barock, erreichte die Kunst, Feste zu feiern, eine neue Stufe. Der Aufwand ist so groß und die Festfolge ist so dicht wie nie zuvor. Es sind so gut wie allein die Höfe, die diese Feste gestalten, denn die barokken Feste dienen sowohl der politischen Repräsentation, wie sie geradezu die Art zu leben darstellen. Ein Fest löst das andere ab, ohne daß sich die Teilnehmer Ruhe gönnen. Außerhalb des Hofes verläuft das Leben im natürlichen Rhythmus von Festtag und Werktag. „In der höfischen Welt jedoch ist ... alle Zeit Festzeit. Das höfische Leben ist totales Fest. In ihm gibt es nichts als das Fest, außer ihm keinen Alltag und keine Arbeit, nichts als die leere Zeit und die lange Weile ... So scheint die Jagd nach dem Vergnügen nichts als Flucht aus der Langeweile, dem Gespenst, das auf den Schlössern des Landadels umgeht und die Provinz entvölkert" (R. Alewyn). Die Höfe Europas werden „das Vorbild einer ganzen Geselligkeit", wie Jacob Burckhardt sich ausdrückte, und sie überbieten sich in der Ausgestaltung dieser Feste.

Anlaß zum Feiern ist häufig nichts als die Einladung des Potentaten. Ganze Länder werden ausgeplündert, um Schlösser wahnwitzigen Ausmaßes zu errichten und um jene Feste der großen Illusion — häufig bei Nacht — zu veranstalten, für deren Kompositionen und Durchführung ganze Heere von Bediensteten und Beauftragten aufgeboten und bezahlt werden mußten, in einem bankrotten Finale manchmal nicht bezahlt werden konnten. Es sind die Feste der späten Medici in Florenz, die zunächst bestaunt werden, in Konkurrenz zum päpstlichen Rom und zum Mantua der Gonzaga, doch wird bald alles überstrahlt vom Hof der Bourbonen, vornehmlich Ludwigs XIV. (1643 bis 1715). Diese auf Repräsentation ausgerichteten Feste liefen ab ohne ein kirchliches Regulativ, das sich noch im Burgund des 15. Jahrhunderts angedeutet hatte. Selbst die religiösen Feste des bigotten Cosimo III. Medici († 1723) wurden von einem prunkenden barocken Pathos getragen, das die Kunstform über den Inhalt stellte.

Heutige Anlässe zu „feiern"

Die an ein Kirchenfest sich haltende Mainzer Pfingstfeier von 1184, der raffinierte Aufwand burgundischer Adelsfeste im 15. Jahrhundert und die entleerte Pracht barocker Repräsentationsdarbietungen sind verschiedene Arten und Stufen des Feierns; um mit Sigmund Freud zu sprechen: des „gestatteten Exzesses". Immer größer wird die Entfernung zur kirchlichen Mahnung, des diesseitigen Jammertales gewärtig zu sein, und selbst den Kirchenfesten ist der drückende, ja grimmige Ernst früherer Zeiten genommen. Von der kirchlichen Feier sondert sich das weltliche Fest ab, und als Anlaß zu feiern gilt nicht mehr unbedingt ein feierlicher Anlaß, denn Diesseitsfreude wird von der Jenseitssehnsucht getrennt.

Zu den alten, zum Teil profanisierten Festen treten bis auf unsere Zeit neue, die einen ganz anderen Ursprung und Inhalt haben. Da sind die „nationalen Gedenktage", die Sedan- und Reichsgründungstage, der 17. Juni, der 4. Juli, der 14. Juli usw.; da ist der 1. Mai, der am amerikanischen Moving Day des Jahres 1886 mit Blut erstritten wurde und der bald — entsprechend dem gesellschaftlichen Selbstverständnis — sehr verschieden gefeiert wurde und wird: mit Arbeitsruhe als einer Art „Probe für einen Generalstreik" (Aristide Briand, 1862 bis 1932) oder mit der Perversion des „Zwanges zu freiwilliger Arbeit" (Maxim Gorki, 1868 bis 1936), zu der die riesigen Aufmärsche gehören. Da sind auch sonderbare, durchaus liebenswürdige Blüten: der 14. Februar, der Valentinstag, den eine tüchtige Blumenindustrie nachdrücklich ins Bewußtsein rückt; der Muttertag, den eine dankbare Tochter ihrer kurz vorher verstorbenen Mutter 1907 in Philadelphia ausgerufen hat und der zu ungemeiner kommerzieller Pracht hochgejubelt worden ist. Hinzu treten die zahlreichen Feiern in unserem privaten Bereich.

Ich halte inne angesichts der geradezu ungehemmten Fülle von Anlässen zu feiern, um zu fragen: was heißt eigentlich heute „Feiertag"? Ich schlage ein druckfrisches Konversationslexikon auf und finde als erste Bedeutung: „arbeitsfreier Tag". Wir alle kennen den Jargon vom „Krankfeiern", von der „Feierschicht", die nichts anderes bedeutet als Nichtstun. In dem Sinne eines „far niente" ist das Jubiläum seines einstigen Inhalts, eine Möglichkeit des Sünden- und Schuldnachlasses zu sein, beraubt. Dabei stände es manchen Jubelfeiern heutiger Tage nicht schlecht an, den ursprünglichen Sinn mitzudenken. Ließe sich nicht zum Beispiel einer Einrichtung der Wissenschaft — die Bayerische Akademie feierte ihr 225jähriges Bestehen, die Max-Planck-Gesellschaft ihr 75jähriges — die Frage vorlegen, ob sie durch ihr unbeirrtes und fortschrittsgebundenes Tun Schuld auf sich lade, zumindest auf sich geladen habe und eines „Ablasses" bedürfe?

Kein Krieg und keine Grausamkeit haben die Welt so stark verändert wie die Wissenschaft und die von ihr herbeigeführten und bereitgestellten Möglichkeiten. An nicht wenigen Stellen ist die Wissenschaft aufgerufen, manche im Ursprung von ihr selbst ausgelösten Schäden zu beheben. Hebt Wissenschaft Wissen auf, so daß die Endbilanz gleich Null ist?

Wissenschaft bedeutet zugleich mit dem Forschungszwang die Herbeiführung von Irreversiblem; nicht einmal unsere Gesinnung kann in den Zustand einer intellektuellen Unschuld zurückversetzt werden; unsere Überzeugung von der Rationabilität der Welt geht davon aus, „daß man, wenn man nur wolle, ... alle Dinge — im Prinzip — durch Berechnen beherrschen könne." Macht diese von Max Weber (1864 bis 1920) behauptete „Beherrschung" die Welt bewohnbarer und uns glücklicher?

Vom Sinn des Jubiläums

Wenn in der Vergangenheit wissenschaftliche Einrichtungen ihre Jubiläen begingen, verband sich meist der Stolz über das Geleistete mit einem ungebrochenen Fortschrittsglauben. Man solle die Wissenschaft nur wirken lassen, sie werde es schon recht machen. Bei der Hundertfünfzigjahrfeier der Bayerischen Akademie der Wissenschaften im Jahre 1909 schloß der Historiker Karl Theodor von Heigel (1842 bis 1915) seine Festrede mit einem Wort des Geologen Leopold von Buch (1774 bis 1853): „Gott schütze die Freiheit der Akademien, welche zum regen Leben reiner Wissenschaftsmänner notwendig ist." Und der Jubiläumsredner Friedrich Baethgen (1890 bis 1972), auch er Historiker, beschrieb 1959 mit Goethe das vorwärtsdrängend Faustische in der Brust des Gelehrten: „Im Weiterschreiten find er Qual und Glück, er, unbefriedigt jeden Augenblick."

Heute, wo uns die Selbstsicherheit verläßt, sollte an den ursprünglichen Sinn eines Jubiläums als einer Gelegenheit erinnert werden, über so etwas wie Schuld und Versäumnis nachzudenken und am Ende vielleicht Schuldnachlaß zu erbitten, andererseits auch, wie ein zeitgenössischer Kommentator der Verkündigungsbulle Bonifaz' VIII. schrieb: Schuldnachlaß zu gewähren, beides ein Grund zum Feiern.

In dieser Ambivalenz sei das Wort „Jubiläum" in seiner alten Bedeutung begriffen; es sollte im privaten wie im öffentlichen Leben über die vielfach banale Feierei der eigenen Existenz hinaus der Frage Raum geben, ob nicht Grund vorhanden sei, Schuldnachlaß zu erbitten und Schuldnachlaß zu gewähren.

Der Beitrag ist mit freundlicher Genehmigung des Verlages entnommen aus: Horst Fuhrmann: Einladung ins Mittelalter. C. H. Beck Verlag, München.